전환기 제주도 지역개발 정책의 성찰과 방향

도서출판 각

전환기 제주도 지역개발 정책의 성찰과 방향

엮은이 · 제주불교사회문화원
펴낸이 · 박 경 훈
펴낸곳 · 도서출판 각

초판 인쇄 · 2003년 2월 13일
초판 발행 · 2003년 2월 17일

도서출판 각
주소 · 제주도 제주시 용담1동 264-1번지 3층
전화 · 064-725-4410
팩스 · 064-756-4409
e-mail · gakgak@empal.com
등록번호 · 제 80호
등록일 · 1999년 2월 3일

값 10,000원

ISBN 89-89719-20-8
* 잘못된 책은 서점에서 바꾸어 드립니다.

차 례

제주도 지역개발정책의 전개와 성격 / 이상철 ─────────── 5
제주개발의 발전가치에 대한 비판적 성찰 / 고충석 ─────── 29
제주지역경제정책의 허와 실 / 김태보 ───────────── 49
제주 지역농업의 과거·현재 검토와 전개방향 / 강경선 ───── 81
민선자치 이후 제주관광발전의 음미 / 장성수 ───────── 129
제주국제자유도시 정책의 성찰과 대안 / 송재호 ──────── 143
개발과 보존에 관한 패러다임의 새로운 길을 찾는 환경정책의 방향 / 강영훈 173
지역개발에 소외된 문화정책, 그러나 미래는 문화의 시대이다 / 박경훈 ── 197
제주도 지역개발정책과 주민운동의 전망 / 조성윤 ─────── 225
세계화 시대의 제주 지역발전전략 / 고호성 ───────── 249

제주도 지역개발정책의 전개와 성격

이상철 (제주대학교 사회학과 교수)

I. 성찰의 필요성

한국사회의 산업화와 함께 제주도의 개발이 시작된 지 40여 년이 지났다. 그동안 제주도는 크게 변했다. 산업구조는 농수산업에서 관광산업 중심으로 바뀌었다. 자급자족적이던 경제는 한국과 세계시장에 편입된 시장경제체제로 변했다. 인구는 두 배 가량 늘고, 도시화의 진척도 크다. 주민들의 삶의 양식과 태도도 바뀌고 있다. 그 결과 현재 제주는 농업사회에서 산업사회를 넘어 탈산업사회의 징후까지 일부 보이고 있다.

이러한 변화는 대부분 개발에 의해 야기된 것이다. 그리고 개발은 개발정책에 기초해 추진되어 왔다. 정책은 시기에 따라 주관기관, 명칭과 내용, 목표 등이 다양하게 변화해 왔다. 그럼에도 불구하고 모든 개발과 개발정책에 일관된 기조와 성격이 존재한다.

지금은 이들이 가진 긍정적 측면과 부정적 측면을 두루 살펴 한계를 극복할 방안을 모색할 때다. 개발과 개발정책에 대한 성찰이 어느 때보다도 필요한 시점이다. 왜냐하면 우리는 외부적으로 과거와는 비교가 되지 않을 정도의 새로운 조류에 처해 있기 때문이다.

신자유주의적 세계화 경향과 세계무역기구의 출범, 정보사회의 도래, 9·11테러 후 세계질서의 재편 등이 그것이다. 내부적으로는 감귤과 관광산업이 고전을 면치 못하고, 지금까지의 개발과는 성격이 전혀 다른 국제자유도시화라는 과제에도 도전하고 있다. 국내시장에서만 경쟁하던 단계가 지난 것이다.

과거를 반성함으로써 현 전환기를 현명하게 보내고 미래를 바람직하게 이루어가지 않으면 조만간 경쟁에서 탈락하여 장기간 다시 일어서기 힘든 처지가 될지도 모른다. 더 나아가 경쟁력 강화만을 개발의 목적으로 삼는 정책마저 극복해야 할 시대상황에 있다.

성찰은 우선 개발정책의 전개과정부터 살펴야 한다. 그러면 추진 배경, 동기, 목적이 드러나서 개발정책의 성격을 파악할 수 있다. 개발의 결과에 대한 분석도 이 바탕 위에서 제대로 이루어진다. 그 후에 정책에 대한 종합적 평가와 대안모색이 가능할 것이다.

II. 개발정책의 전개과정

개발정책은 크게 세 국면으로 전개되어 왔다. 처음에는 국가 주도하의 관광중심 개발이었다. 관광개발을 위한 기반을 조성하고, 국제관광지를 추진하다가, 국민관광지로 귀결되는 과정이 그것이다. 다음에는 제주도

개발특별법 국면이다. 마지막은 제주국제자유도시특별법 국면이다.

첫 국면인 1980년대까지 제주도 개발계획의 주요내용은 국제자유지역, 관광개발, 산업개발 세 가지로 이루어져 왔다. 국제자유지역은 1963년 자유항 설정 구상을 시발로 하여 1975년 특정자유지역 개발 구상, 1983년 국제자유지역 조성을 중심으로 한 종합개발계획으로 계속 제기되어 왔다. 제주 및 국내외 여건 때문에 보류는 되었지만, 자유지역 구상은 한국의 개방경제체제로의 이행에 따른 외자유치 방안으로 이후에도 자본축적의 위기 때마다 재론된다.

관광개발은 제주의 개발을 주도해온 분야이다. 2차산업을 위한 여건이 제대로 갖춰지지 않은 제주도를 관광산업에 특화하도록 함으로써 한국경제의 성장을 보조할 수 있도록 중앙정부에서 먼저 방향을 잡았다. 특히 국제관광지로서의 성격이 강조된 계획들은 관광을 수출전략산업으로 중시한 것이다.

산업개발계획은 관광개발을 위한 보조적 성격을 띠고 있다. 한국의 경제개발과 지역개발이 불균형성장론에 기초했기 때문에 제주도의 산업개발도 관광관련산업에 편중되어 육성되어 왔다. 물론 감귤 등 환금작물의 재배가 크게 성장은 했지만 나중 1990년대 들어 한계가 확연히 드러나기 시작했다.

이 때의 개발정책은 3단계로 전개되어 왔다. 그것은 관광개발을 위한 기반을 조성하고, 국제관광지화를 추진하다가, 국민관광지로 방향을 전환하는 것이었다.

관광개발을 위한 기반조성은 <표 1>처럼 1963년 제주도에 자유항 건설을 구상한 것이 시발이다. 당시 박정희 국가재건최고회의 의장은 '제주도 건설개발위원회'를 설치하여 제주도 전역 또는 제주시에 국한된 자유지

〈표 1〉 제주도 지역개발정책의 전개

연도	계획 명칭 및 내용	주관기관	목표
1963	자유항 및 자유지역 설정 구상	제주도건설 개발위원회	재일제주도민 자본유치
1966	특정지역 지정, 종합개발계획	건설부	관광중심의 지역개발을 위한 사회간접자본확충
1971	제주도종합개발 10개년계획	건설부	
1973	제주도관광 종합개발계획	청와대관광 개발계획단	국제수준의 관광지개발
1980	자유항건설 구상 및 추진조치 검토	경제과학심의회	외자유치
1985	특정지역제주도 종합개발계획	건설부	국민관광기반 국제관광
1991	제주도 개발특별법	제주도	국제경쟁력 있는 관광
2001	제주국제자유도시 특별법	건설교통부	외자유치, 경제활성화

역 설정을 검토하였으나 여건상 관광자유화만 가능하다고 결론을 내렸다. 1964년에는 건설부 주관으로 특정지역 지정 겸 건설종합개발계획을 위한 사전조사가 실시되었다. 여기에서 관광이 개발의 기본방향이 되어 이후 제주개발의 기조를 이루게 되었다. 1966년 제주도가 특정지역으로 지정되면서 건설부 주관으로 종합개발계획이 수립된다. 계획에는 관광을 중심으로 한 산업개발, 용수·도로·동력 등 사회간접자본 확충, 화순을 무역항으로 하는 것 등이 들어있다. 이에 의거하여 어승생댐 건설, 제주공항의 국제공항으로의 승격 등이 이루어졌다. 1971년에는 특정지역종합개발계획의 보조적 성격을 갖는 '제주도종합개발 10개년 계획'이 수립되었

다. 이때부터 중문단지 개발이 착수되기는 했으나 전체적으로는 실질적인 성과가 없는 지면계획이 되었다. 이외에 1960년대에는 1차산업을 중심으로 한 산업개발계획도 시행되었다. 지역특화산업으로 감귤농업과 축산업을 신장시키기 시작하였고 수산개발계획도 수립하였다.

 그렇지만 초기의 개발은 어디까지나 제주도를 국제적 관광지로 성장시키기 위한 기반조성에 중점을 두었다. 제주개발은 지역의 발전보다 한국의 산업화와 자본축적의 보완수단으로서 관광을 중심으로 시작되었던 것이다. 그렇게 파악하는 근거는 관광이 산업으로 성립되기 위해서는 제주도의 내적 조건뿐만 아니라 시장과 수요라는 외적 요건도 충족시켜야 한다는 점을 들 수 있다. 개발 초기 한국은 관광이 산업으로 성장할 만큼 수요가 없었다. 한국사회에서 여가, 특히 레저는 1970년대 말부터 본격화되었다. 이때에 와서야 경제성장의 과실이 중간층 이상을 중심으로 향유되기 시작하여 수요가 창출되었기 때문이다. 그러므로 1960년대부터 시작된 제주도 관광개발의 애초 목적은 해외시장을 겨냥한 것이 분명하다. 이 계획이 이후 뜻대로 되지 않고, 국내에서는 여가에 대한 수요가 늘어남에 따라, 제주도가 한국에서 가장 유력한 국내관광지로 실질적인 성격이 변화하였던 것이다.

 1960년대의 계획과 그 결과들은 1973년 '제주도 관광종합개발계획'의 수립으로 한 단계가 마무리되면서 국제관광지화를 본격적으로 추진하게 된다. 청와대 관광개발계획단에서 작성한 이 계획은 제주도 관광을 종합적으로 다룬 최초의 것으로서 기본방향은 국제수준의 관광지를 조성하는데 두었다. 방법은 거점성장이론에 따라 관광단지를 선정하여 중점투자를 함으로써 파급효과를 높이는 것이었다. 기간은 1973년에서 1981년까지이며 모든 산업을 관광주도형으로 유도·개발하고자 하였다. 소요된

재원은 국고 48.5%, 지방자치단체 투자 4.4%, 민간자본 47.1%로 충당되었다. 이들은 관광기반시설에 63.8%, 관광지구 개발에 20.7%, 관광산업 육성에 14.4%가 투자되었다. 1970년대는 이 계획에 의거해서 국가와 독점자본이 중심이 되어 사회간접자본과 관광기반시설을 확충하고 관광개발을 본격화한 시기이다.

1975년에는 건설부 주관하에 다시 특정자유지역 개발을 구상하였다. 이것은 서귀포와 모슬포간을 특정자유지역으로 개발하여 교역·관광·원자재비축·수출가공 등의 기능을 맡기는 것이었다. 하지만 기초조사가 구체적인 개발계획의 입안으로까지 이르지는 않았다. 그러나 이 구상은 1980년 제주자유항 건설 구상으로 맥을 잇게 된다. 경제과학심의회가 중심이 되어 검토한 결과, 중국과의 관계개선 가능성은 희박하나 경제분야에서는 접근가능성이 있다고 보았다. 결국 자유항설치는 유보되었지만 그 대신 1982년에 '관광자유지역설치특례법' 제정이 검토되었다. 내용은 중문에 카지노와 자유로운 환락을 허용하고, 각종 상품을 면세판매할 수 있으며, 100% 외국인 투자가 허용되고, 각종 면세조치를 보장하는 것 등이었다. 10년 후에야 제정되었지만, 이때 '제주도개발특별법' 제정도 검토되었다.

이러한 배경하에서 제주도가 주관하고 국토개발연구원이 총괄한 1983년 '특정지역 제주도 종합개발계획(안)'이 수립되었다. 이 안은 1982년에서 2001년까지를 기간으로 하며 제주도 전역을 대상으로 하고 있다. 내용은 국제자유지역조성, 관광개발, 지역개발 세 부문으로 구성되었다. 국제자유지역조성은 제주도를 국제교역·국제금융·국제교육·국제문화행사·국제관광의 중심지로 만드는 것으로서 중문과 화순 일대에 신도시를 건설하는 것이 포함되어 있다. 관광개발은 중문지역에 대규모 관광단지를 조성하고, 성산포 일대에 해양관광단지를 꾸미며, 기타 14개의 관광단지를 개발하는 계획이다. 지역개발은 교통·정주·산업 등의 개발계획으로 이루어져 있다.

1970년대부터 1980년대 초반까지 국가는 제주도를 국제적 관광지로 만들기 위한 시도를 꾸준히 하였다. 그러나 1983년의 안은 국내외 개발여건이 불투명한데다 막대한 투자가 요구되었기 때문에 경제기획원에 의해 수정되게 된다. 게다가 제주사회 자체의 여건도 아직 충분하지 못하다고 평가되었다. 1984년에는 경제장관협의회에서 국제자유지역조성은 보류되고, 국민관광을 기반으로 하여 국제관광지로 개발하기로 개발방향이 조정되었다. 이후 건설부 주관하에 국토개발연구원이 전담하여 계획을 대폭 축소 수정한 것이 1985년에 확정된 '특정지역 제주도 종합개발계획' 이다.

이 계획은 1985년에서 1991년까지를 기간으로 하여, 국제자유지역을 뺀 관광개발과 지역개발로 구성되었다. 개발의 기본방향은 국민관광을 기반으로 한 국제관광 유도, 선도부문인 관광개발을 근간으로 한 지역개발, 생활권 중심의 환경정비, 자연경관의 보존 및 환경관리 등이다. 중앙정부계획인 이것에 또 지방계획인 (제1차) '제주도종합개발계획' 이 같은 해에 연계되어 작성되었다. 두 계획에는 도합 1조 3천억원 정도의 투자가 예상되었다.

지금까지 살펴본 바와 같이 제주도 개발계획들의 기본방향은 국제관광지를 지향한 국민관광지화와 국제자유지역조성이다. 후자는 이루어지지 않았지만 어디까지나 보류되었을 뿐이다. 계획들은 모두 중앙정부 주도로 마련되고 시행되었다. 그 과정에서 지역주민과 지방정부는 소외될 수밖에 없었다. 그러나 1989년 한국개발연구원이 제주도 종합개발계획을 재검토하여 중앙계획과 지방계획의 통합을 제안하고 1990년에 보완계획이 마련되면서부터, 중앙정부가 주도해온 개발방식의 전환이 이루어지게 된다. 두 번째인 제주도개발특별법 국면이 전개된 것이다.

한국개발연구원이 '제주도종합개발계획의 재검토'라는 보고서를 제출하면서 특별법 제정을 제안한 이유는 기왕의 중앙계획과 지방계획의 이원적인 구조로는 개발이 효율적으로 이루어지기 힘들다고 보았기 때문이다. 제주도만을 대상으로 한 특별법을 제정하여 이를 근거로 통합적인 하나의 제주도종합개발계획을 수립하는 것이 바람직하다고 판단하였다. 그해 11월 제주도지사가 제주도 종합개발을 효율적으로 추진하기 위해서라며 특별법 제정을 정부에 건의하였다. 1990년 4월 대통령이 제주도 연두순시 때 제주도민이 주체가 되고, 제주도지사가 책임과 권한을 가져 개발의 모든 것을 주관할 수 있도록 하라며 정부관계자와 도지사에게 지시하였다. 도지사의 건의를 대통령이 수용한 형식이 취해진 것이다. 이로써 중앙정부는 뒤에 있고 지방정부가 전면에 나서는 모양이 이루어졌다.

이것은 개발전략의 변화를 뜻한다. 1987년 민주항쟁 이후 등장한 노태우 정권은 과거와 같은 물리적 통제를 활용한 강압적 통치를 하기에는 한계가 있었다. 형식적이지만 정당성도 획득했기 때문에 군·경찰 등 억압적 국가기구들은 2선에 위치시키고 이데올로기적 통치방식을 강화시켰다. 시민사회에서 여론을 형성하거나 시민사회의 자발성을 강조하면서 뒤에서 이를 조종하는 방식도 선호되었다. 이와 같은 맥락에서 제주도 개발에 있어서도 지방정부를 전면에 내세우고 중앙정부는 뒤로 물러나는 형식상의 변화를 택했다.

그러나 특별법의 제정과정은 결코 순탄하지 않았다. 최초 시안이 1990년 8월에 공개되면서 격렬한 찬반논쟁과 수정이 잇따랐다. 제주도민의 생활 또는 복지를 향상시키는 것이 목적이라고 강변했음에도 불구하고 주민들은 이 법을 제안한 주체·동기·목적·과정 및 그 내용, 그리고 과거 정부관행에 대한 불신 등으로 인해 1년 반 가량 지속적으로 반대운동을 전개하였다. 결국 '제주도개발특별법'은 1991년 12월 민자당 단독으로 이른바 날치기로 국회에서 통과되었다. 이것은 그후 1994년 12월 개정안이 의결되고 1995년 1월에 공포되었다. 뒤이어 시행령과 조례의 개정도 이루어졌다.

특별법의 목적은 시안에는 "제주도 일원을 세계적인 관광지로 조성하기 위한 종합개발계획을 수립·추진하고 자원을 효율적으로 보전하면서 도민생활을 향상시키는 데 필요한 사항을 규정하는 것"으로 되어 있었다. 논쟁과 반대운동을 거친 후의 결정안에는 "제주도 종합개발계획의 수립과 시행에 관한 사항을 규정하여 제주도민이 주체가 되어 제주도의 향토문화를 창조적으로 계승·발전시키고 자연 및 자원을 보호하며 농업·임업·축산업·수산업 기타의 산업을 보호·육성함과 동시에 쾌적한 생활환경 및 관광여건을 조성함으로써 제주도민의 복지향상에 이바지함을 목적으로 한다"고 수정하였다. 두 안간의 차이점은 명목상이나마 제주도민이 주체라는 것, 관광일변도냐 아니면 관광이 육성대상 산업들 중 하나에 지나지 않느냐는 것, 주민의 복지향상이 최종목적인가 아니면 부차적이냐는 것 세 가지로 요약할 수 있다.

목적의 변화는 다른 측면의 변화를 집약적으로 표현하고 있다. 변화가 큰 다른 측면은 인허가 등의 의제처리, 개발사업에 대한 주민참여 및 지원, 주민생활보호, 자연환경의 보전 및 관리, 개발사업의 시행, 산업의 진흥, 효력기간 등에 관한 사항들이다. 두 안간에 큰 차이는 없지만 중요한 사항으로는 다음 두 가지를 들 수 있다. 첫째, 이 법에 의해 수립되는 개발계획은 군사에 관한 사항을 제외하고는 다른 법령에 의한 계획에 우선한다. 둘째, 도지사의 권한이 막대해져 모든 업무가 도지사의 권한과 책임아래 이루어지게 되어있다.

애초에 특별법 제정은 개발을 보다 '효율적' 으로 하려는 것이라고 표현되었다. 그러나 실제로는 개발을 더욱 '손쉽게' 하려는 것이었다. 시안을 보면 친자본적이면서 반(反)주민적인 성격이 잘 나타난다. 개발절차를 간소화 또는 쉽게 하려는 의제처리조항과 사업시행자에 의한 토지 강제수용권한 등은 대표적인 예다. 이에 비해 결정안은 친자본적인 성격이 약화되면서 주민들의 이익을 상당히 대변할 수 있도록 되어 있다. 결정안 역시 개발을 보다 손쉽게 하자는 것이기는 하지만, 주체로서의 주민 비중이 높아지고 주민의 참여가능성과 이익이 상당히 보장되며 자본의 일방적인 개발에 주민들이 제한을 가할 수 있도록 되어있다.

특별법에 근거해서 제주도는 (제2차) '제주도 종합개발계획' 의 수립을 추진하게 된다. 1992년 7월 제주대학교에서 연구용역을 맡으면서 입안이 시작되었고, 이루어진 시안은 도민공청회와 도심의회의 심의 등을 거치면서 제주도 전체에 격렬한 논쟁을 야기하였다. 이 계획은 그후 수정을 거쳐 1994년 5월 국무회의에서 확정되었다.

1994년부터 2001년까지 8년간을 기간으로 하는 이 계획은 총 7조 3천 9백억 원을 투자할 것으로 되어 있다. 계획의 명시적 성격은 다음과 같이 요약된다. 특별법의 입법정신과 국토종합개발계획의 기본목표를 수용하여 제주도 개발의 기본방향과 비전을 제시하는 장기계획, 도민이 주체가 되어 지역특성을 조화시켜 합리적인 개발방향을 모색하고 효율적인 집행을 기하는 추진계획, 물적 시설 · 산업경제 · 생활환경 · 사회문화 등 제부문을 포괄하는 종합계획, 사회간접자본의 투자방향을 제시하고 민간부문의 투자활동을 촉진시키는 유도계획, 도내 시 · 군의 실시계획 및 부문별 계획을 수립하는 데 지침이 되는 기본계획이 그것이다.

계획의 기조도 다음과 같이 표현하고 있다. 자연·인간·개발이 상호 조화된 지역사회 구현, 지역·산업·계층간 균형발전을 통한 지역통합성 제고, 생활환경 개선과 향토문화의 계승·발전을 통한 삶의 질 향상, 주민참여 보장으로 사회적 형평을 도모하고 개발이익의 지역화 실현, 국내외 여건변화를 수용하여 2천년대에 대비하는 것이다.

계획의 내용은 기조, 부문별 계획, 집행의 3개 영역으로 나누고 있다. 각 영역은 다시 2개, 17개, 3개의 소영역으로 나누어 총 22개로 구성하고 있다. 부문별 계획 17개 소영역은 도시 및 농어촌 정비, 농림축수산업 진흥, 지역경제 기반 강화, 교통·통신망 확충 및 에너지 공급, 생활환경 정비, 보건의료 및 사회복지, 교육진흥, 향토문화의 보존 및 진흥, 문화·예술의 진흥, 체육진흥 및 청소년 육성, 토지의 효율적 이용과 관리, 자연환경의 보전 및 관리, 중산간지역의 보전과 이용, 환경오염관리, 수자원 개발 및 보전, 관광개발, 지역주민 참여 및 개발이익의 지역화이다.

발전전략도 1차산업 및 관광산업의 집중육성을 통한 지역산업구조의 개편·조정, 장소의 번영이 아닌 주민번영의 추구, 자연경관 및 환경보전 체계의 확립, 사회간접자본 및 생활편의시설 확충, 21세기의 장기적 안목에서 계획의 집행으로 정하고 있다.

계획의 성격·기조·내용·발전전략을 액면 그대로 받아들이면 이 계획이 지향하는 바는 상당히 이상적이라고 할 수도 있다. 그러나 명시된 이념·구체적 내용과 실천가능성·실제의도 사이에 괴리가 없으리라고 보기는 어려운 점이 많다. 예컨대 보전과 개발의 조화를 지향한다고 표현하고 있으나 실제 내용을 보면 개발에 중점을 둔 것이 드러난다. 투자계획을 분석해 보면 표명된 균형개발이 아닌 관광편향적인 개발의도가 강하게 나타난다. 투자재원 확충방안을 보아도 제주도민이 주체가 되기는 힘들다는 것이 드러난다. 기조와 부문별 계획간, 그리고 각 부문별 계획 사이에 상충되는 부분도 많다. 요컨대 겉으로 내세우는 계획의 추상적 목적과 구체적 실천의지간에 괴리가 엿보인다. 이념과 기본구상에서는 주민이 주체가 되고, 개발과 보전을 조화시키며, 산업 및 지역간 균형발전을 강조하고, 이익의 지역환원을 얘기하고 있어 이상적이라고 할 만하다. 그러나 투자계획에서는 관광 우선주의가 드러나고, 환경보전이 상대적으로 뒤쳐지며, 주민주체의 개발범위를 능가하는 막대한 민간자본의 투자규모 등은 앞의 이념이 명목에 불과하게 될 가능성을 불식할 수 없게 하는 것이다. 표방하는 것과는 달리 실제내용에서는 과거의 개발과 크게 달라지지 않을 수 있는 것이다.

엄밀하게 얘기하면 개발전략의 변화는 개발방식의 변화에 그친다고도 볼 수 있다. 왜냐하면 특별법을 제정하고 중앙정부가 전면에 나서지 않는 것, 지방정부와 주민에게 좀더 큰 권한을 준 것 외에 개발방향에 대한 근본적인 변화는 없기 때문이다. 이전의 계획들과 비교해서 관광중심의 개발, 타 지역 대자본의 중심적 역할 등이 전혀 바뀌지 않았다. 그러나 제주도에서 상당 기간 관광과 환금작물 외 뚜렷한 현실적 대안이 보이지 않는다는 점을 인정하면 이나마 현실적인 점에서 의미 있는 변화라고 생각할 수도 있다. 쉽지는 않겠지만 주민들이 하기에 따라서 특별법과 개발계획은 주민에게 유리하게 작용할 소지도 있었다. 양면성이 있었다.

그런데 이 계획이 시행되고 얼마 되지 않은 1997년 IMF 사태가 발생하자 한국의 외자에 대한 요구는 폭증했다. 제주의 관광산업도 한계에 봉착했다. 제주도개발특별법에 따른 투자도 지지부진했다. 제주도의 개발정책이 1963년 처음부터 지향해 왔던 국제자유지역과 국제관광지화를 더 이상 미루기는 어려운 상황이 발생했다. 1999년 국제자유도시로의 결정은 이러한 배경에서 이루어져, 세 번째인 제주국제자유도시특별법 국면이 전개되었다. 중심부와 제주도의 정치인·자본가의 이해관계가 이 점에서 맞아떨어진 것이다.

  2001년에 제정된 제주국제자유도시특별법은 "제주도를 국제자유도시로 개발함으로써 국가발전에 기여함과 동시에 제주도민이 주체가 되어 향토문화와 자연 및 자원을 보전하고 지역산업을 육성하며 쾌적한 생활환경을 조성하여 제주도민의 복지향상에 이바지함을 목적으로 한다"고 되어 있다. 말은 이상적이다. 이를 위해 자유도시종합계획, 추진위원회, 외국인과 외국어, 국제화 교육, 자연환경, 산업발전, 관광 및 향토문화, 개발사업, 개발센터 등에 관해 따로 장을 마련하여 언급하고 있다. 그렇지만 기본 개발전략은 한마디로, 이 법에 의해 장기적으로 제주도를 비즈니스·첨단지식산업·물류·금융·관광 등 복합기능을 갖춘 국제자유도시로 발전시켜나가는 것이다.

  제주도를 국제자유지역화하려는 구상은 1980년대까지 중앙정부가 중심이 되어 추진해 왔다. 그 이유는 크게 두 가지로 분류할 수 있다. 국제적으로는, 홍콩이 중국에 반환될 시에 홍콩이 그 동안 해왔던 국제적 역할을 제주가 상당 부분 대신하도록 하려는 것이다. 국내적으로는, 한국의 경제개발에 요긴한 외화 획득 과제를 2차산업의 여건이 갖춰지지 않은 제주에서 일정 부분 담당하게 하려는 의도이다. 그러나 1990년대에 들어와서는, 홍콩의 국제적 역할이 크게 변한 바 없을 뿐 아니라 제주의 여건도 유리하지 않아 중앙정부는 국제자유지역화에 소극적이 되었다. 대신 제주도내 정치권과 자본가가 이에 적극적인 자세를 취하여 국제자유도시 후보로 확정되었다. 도내 지배세력이 개발 편향적인 이유는 첫째, 양대 소득원인 감귤과 관광산업이 한계를 보임에 따라 돌파구를 마련하고 둘째, 개발 확대 과정에서 경제를 활성화시키고 지방재정을 확충하며 자치단체장의 업적을 과시할 수도 있다고 보았기 때문이다.

그러나 국제자유도시화는 결코 만만한 목표가 아니다. 쉽지 않은 과제다. 왜냐하면 첫째, 중앙정부와 제주의 입장이 반드시 같지는 않아 중앙으로부터 전폭적인 지지를 기대하기가 어렵다. 중앙정부의 국익과 제주의 이익이 일치하는 것만은 아니다. 국제자유도시화에는 많은 재원이 필요하나 중앙정부가 타 지역과 달리 제주에만 집중 지원을 하기는 곤란하다.

둘째, '국제자유도시 개발타당성 조사 및 기본계획 수립'을 위한 용역의 중간보고서가 지적한 대로 제주도를 국제물류와 국제금융 등의 중심지로 개발하는 것은 타당성이 적다. 그동안 국제자유지역화를 검토만 하고 구체적으로 입안하지 못한 것도 제주도의 여건이 맞지 않았기 때문이다. 자원, 지리적 위치, 기본 인프라 등의 여건이 이제 와서 바뀐 것은 아니다. 아시아 · 태평양 지역의 다른 자유도시, 즉 홍콩과 싱가포르 등에 대해 경쟁력을 갖추는 것은 거의 불가능에 가깝다. 보고서도 국제관광지가 타당하다고 한다. 관광자유도시로 집중 개발하는 게 대안이며, 복합기능을 가진 국제자유도시는 비현실적 목표라는 것이다. 그럼에도 불구하고 제주도에서는 다른 길은 보지 않고 이 길로만 매진하고 있다. 도의 압력에 의해 최종보고서는, 관광 · 교육 · 1차산업을 핵심개발전략으로 추진하여 경제기반을 확대한 후, 중장기적으로 금융 · 물류산업이 결합된 복합형 국제자유도시로 개발하는 방안을 제시하는 것으로 변질되었다. 이 전략은 불가능하다고 할 수는 없겠지만 그만큼 힘들 것은 사실이다.

그럼에도 불구하고 제주국제자유도시특별법에 근거해 또 다른 제주도

종합개발계획의 성격을 가진 제주국제자유도시종합계획이 수립되었다. 2002년에서 2010년까지가 기간인 이 계획은 지난 40년간 개발정책의 종합결정판인 셈이다. 도당국은 계획이 막대한 재정 및 외자의 투자를 유발하고, 청정환경과 고유문화를 보전하고, 제주를 국제 물류 및 금융의 중심지로 만들고, 주민들의 고용기회를 확대하고, 나아가 주민 삶의 질을 향상시킬 것이라고 한다. 그렇지만 현실이 그대로 전개될 것으로 기대하기는 매우 어렵다. 재정 및 외자 투자, 타 자유도시와의 경쟁, 환경보전, 농업발전, 취업기회 등 모든 점에서 희망만 갖기엔 이르다. 계획에는 또한 내용상 상충되는 점들도 눈에 띈다. 예컨대 환경보전을 목적으로 언급하면서도 환경 훼손적인 개발도 시도하고 있다.

어쨌든 이대로 개발이 이루어지면, 외자가 개발의 주체가 되고 제주는 지금까지와는 전혀 다른 상황에 직면하게 된다. 사람·상품·자본의 국제 이동이 커지고, 외국어와 외국문화가 급격히 유입될 것이다. 그렇게 되면 주민들의 생활과 의식구조에 변화가 요구되고, 지금까지의 개발과는 차원이 다른 충격이 제주사회에 닥칠 것이다.

III. 개발정책의 성격

개발정책의 성격은 세계와 한국사회, 한국사회와 제주도, 제주도와 세계의 삼자관계 속에서 그동안의 개발정책을 살펴볼 때 제대로 드러난다.

사회변동은 내외적 제요인의 작용으로 이루어진다. 20세기 제주도의 변동에는 이전 봉건사회와는 달리 내생적 요인보다 외생적 요인이 보다 규정적으로 작용하였다. 이 시기에 들어서 과학기술이 더욱 발달함으로써 제주는 자연적 제약에서 상당히 벗어나 내적 요인의 영향이 줄어들었다. 대신 한국사회와 세계자본주의체제, 즉 사회체제의 영향은 커지게 되었다. 자본주의가 세계 구석구석까지 침투하여 세계를 자기 모습대로 만들고자 제국주의적 행태를 강화했기 때문이다. 제주도는 세계뿐만 아니라 한국사회의 영향에서도 벗어날 수 없었다. 이들의 상호작용관계는 '세계자본주의체제 - 한국사회 - 제주도' 차례로 정리할 수 있다. 이것은 첫째, 제주를 분석할 때 제주의 내적 요인뿐만 아니라 한국사회의 요인도 고려해야만 한다는 것을 의미한다. 둘째, 세계자본주의체제는 직접적인 요인으로 작용하거나 한국사회를 경과하여 배경으로 작용함을 뜻한다. 분석의 중심이 제주이지만 세계체제와 한국사회라는 외생적 요인, 즉 세계자본주의체제와 한국사회의 요구들이 각각 제주도의 자본주의적 개발의 제1, 제2변수라 할 수 있다. 그동안 한국사회는 자본주의와 제국주의의 규정적인 힘 아래에서 존재해 왔고, 제주도는 제국주의 세력들의 영향뿐만 아니라 한국사회의 자본주의적 산업화 틀 내에서만 존재가 가능했다.

처음부터 제주도의 개발은 한국의 산업화와 지역개발 정책의 하위부문으로 이루어졌다. 한국이 본격적으로 산업화된 배경은 당시 세계체제상의 여건과 국내의 요구가 맞아떨어진 결과이다. 당시는 동서가 첨예하게 대립된 냉전시기였다. 한국은 제2차 세계대전 후 공산주의의 확산을 방지하는 군사적 보루 역할을 미국으로부터 부여받았다. 또한 증가하고 있던 사회주의권의 영향력을 저지하기 위해 미국의 케네디 대통령이 제3세계 국가들을 근대화시키려 했다. 가장 첨예한 동서 대립의 현장인 한국은 근대화의 진열창으로도 적합한 국가였다. 미국은 한일간 국교정상화도 이러한 맥락에서 강력히 종용하였으며, 이를 위해서 경제적 후원도 하였다.

쿠데타로 집권한 박정희 정권은 그 정당성을 경제성장에서 찾고자 하였다. 국민들도 피폐해진 경제를 활성화시키는 데 매달릴 수 있는 마음가짐이 갖춰져 있었다. 세계경제도 전후 고도성장기에 접어들었다. 뿐만 아니라 세계적 규모에서 생산의 재편, 이른바 신국제분업이 이루어지면서 한국도 그 하위고리의 하나로 본격적으로 편입되었다. 한국은 자본·기술·시장·원료는 해외에 의존하고, 국내에서는 양질의 저임노동력을 동원함으로써 성장의 기초를 닦고자 하였다. 대외의존형 경제성장 모델이 그것이다.

1960년대 이후의 이러한 과정은 국가가 주도했다. 농지개혁·한국전쟁 등으로 계급구조가 미정립된 상태에서 국가는 사회계급으로부터 상당히 큰 상대적 자율성을 가졌으며, 식민지와 미군정 하에서 과대성장된 관료체제도 물려받았기 때문에 시민사회에 비해 힘의 절대적인 우위에 있었다. 분단상황은 국가를 상대적으로 더욱 강력하게 하였다. 귀속재산·원조·외자·조세·금융 등 자본에 대한 관장도 이를 한층 더 강화하였다. 이러한 힘을 바탕으로 국가는 주도적으로 자본을 창출·육성하여 성장의 파트너로 삼았다. 노동자는 경제적으로 동원하되 정치적으로는 배제하면서 급속한 산업화와 자본축적을 도모하였다. 이른바 개발독재의 모형이 대만, 싱가포르 등과 함께 이루어졌다.

국가주도의 산업화와 자본축적의 논리는 지역개발과 공간적 분화에도 그대로 관철된다. 산업화와 자본축적의 전략에 따라 경제개발계획을 실시하였듯, 공간적 전략인 국토개발과 지역개발은 그 하위부문으로서 이루어졌기 때문이다. 급속한 산업화와 경제개발은 이에 맞게 한편 전국을 산업사회로 동질화시키면서, 다른 한편 구체적인 각 지역에서는 이질화를 진행시키는 과정이었다. 이질화란 국가 및 세계체제 분업망의 연계에서 개별 지역에 적합한 역할분화에 따라 각 지역의 사회공간적 구조가 형성되는 것을 의미한다. 한국의 경우에는 압도적인 힘의 우위에 있던 국가가 거의 일방적으로 전국 공간을 재구조화하였다. 그것은 효율적인 산업화와 자본축적을 위한다는 명분에서였다. 그 과정에서 지역주민은 배제되고 지역간 균등발전은 저해되었다. 그것은 지역개발과 공간적 분화가 독점자본주의적 고도성장정책의 일환으로 이루어져 국가 주도하에 국내외 독점자본이 참여하여 주체를 형성하였기 때문이다. 지역불균등발전은 사회적 과정으로서 자본주의적 발전의 단순한 결과가 아니고 그 자체가 축적을 위한 중요한 계기였던 것이다. 따라서 개별 지역의 개발은 특정 산업을 정책적으로 육성하는 것이었으며, 각지역 내에서는 거점성장이론에 기초하여 개발단지를 중심으로 개발이 전개되었다.

산업의 공간적 분화와 불균등발전에 의해서 전국은 산업구조에 따라 양극적으로 지역분화가 이루어졌다. 수도권과 동남부 해안지대는 1970년대 이래의 중화학공업화 정책에 의해 공업이 집중되었다. 그외 서남부 전라도와 중부 충청도는 이 과정에서 소외되어 열등한 위치를 점하게 되었다. 공업이 집중된 수도권과 동남부도 구체적 내용에서는 차이가 난다. 수도권은 동남부에 비해 경공업의 비중이 높다. 수도권 내에서 서울은 공업생산보다 관리통제 및 연구개발 등 이른바 구상기능이 집중되고 상업·서비스 등 3차 산업의 비중도 매우 높다. 서울 외곽의 수도권에서는 경공업과 중화학공업이 동시에 발달하고 중소기업의 비중도 동남부보다 훨씬 높다. 1980년대 전두환 정권에서부터는 중국과의 관계와 서남부 지역주민들의 비판을 의식해서 이 지역에 많은 투자가 이루어졌으나 그 효과가 본격적으로 나타나지는 않고 있다.

한국사회에서 이와 같이 지역개발, 지역불균등발전, 공간적 분화가 전개되어온 과정의 성격은 제주도의 경우에도 그대로 적용된다. 여타 지역에서 그 지역의 개발과 지역 내의 중요한 정책 결정 및 집행이 지역주민을 배제한 채 국가 또는 중앙권력과 이의 지시를 받는 지방 행정기구에 의해 하향식으로 이루어져 왔듯이 제주도의 경우도 마찬가지다. 산업구조에 있어서 제주도는 지리적 여건, 즉 자연환경의 요인과 정책결정자의 판단으로 인해 관광산업을 담당하고 농업도 감귤 위주의 환금작물 생산에 주력하게 되었다. 제주도는 부존자원의 결여, 시장의 격리 등으로 인해 2차 산업의 육성이 거의 불가능하다. 1차산업 중에서도 육지처럼 논농사를 짓기에는 토질이 허용되지 않는다. 그래서 농업에서는 육지와의 기후 차이·토질의 차이·지리적 격리를 이용한 감귤 중심의 환금작물 재배에 치중하고, 3차산업에서는 관광에 비중을 많이 두게 되었다. 식량작물을 주로 생산하던 자급자족적 농업사회에서 그 성격이 갑자기 달라지게 된 것이다.

 한국사회 성장정책의 일환과 그 논리에 따라 추진된 모든 제주도 개발정책의 내용과 방식은 기본적으로는 변화가 없었다. 바로 관광산업을 중심으로 한 외생적 지역개발정책이다. 그것은 제주도 개발이 지역 자체에서가 아니라 중앙정부가 주도한 한국의 산업화와 자본축적, 그리고 지역개발과 공간적 분화의 궤 위에서 전개되어 왔기 때문이다. 좀더 자세히 보면, 참여자 측면에서 국가, 특히 중앙정부가 계획의 입안부터 시행까지 주도해 왔다. 그 과정에서 정치지도자, 특히 박정희 대통령 개인의 의지가 절대적으로 중요한 작용을 했다. 그가 이런 정책을 전개한 이유는 크게 두 가지다. 하나는 외화획득 수단으로서 제주도의 중요성을 인식한 것이다. 다른 하나는 사회규모가 작고, 지리적으로 격리되어 있으며, 좁은 섬인 제주도의 사회인구학적·지리적 특성을 감안하여 이를 정책의 실험장으로 생각한 것이다. 이런 맥락에서 정책의 결정권도 처음부터 중앙정부,

특히 건설부와 대통령에 집중되었다. 이들이 자본의 제주도에 대한 접근도를 제고시키려다보니 지역주민들은 배제된 채 국내외 독점자본과 타 지역사람이 개발에서 독점적 위치를 차지하게 되었던 것이다. 불균형성장론을 기조로 한 거점성장이론에 의해 개발부문도 관광산업 위주로 이루어졌다.

기본성격은 마찬가지였음에도 불구하고 연대별로 보면 개발정책은 조금씩 변화해 왔다. 1960, 70, 80년대는 관광 중심의 개발을 했다. 제주도의 국제자유지역화와 관광을 지향했다. 1990년대는 제주도개발특별법 국면이었다. 이 때부터 지방정부가 명목상 개발의 중심에 서고, 개발의 부정적 측면에 반대하는 주민운동이 활발히 전개되었다. 2000년대는 국제자유도시화 국면이다. 오랫동안 끌었던 논의가 IMF체제와 세계화를 배경으로 결국 확정되었다. 이러한 개발의 전개는 이후 제주사회를 변화시킨 으뜸가는 요인이다.

이처럼 제주사회는 세계자본주의체제 속에서 한국사회와 기본 흐름을 같이 해왔다. 그래서 1960년대부터 개발을 시작했지만, 본격적인 성장은 1970년대 관광산업을 중심으로 개발정책을 편 후부터다. 그 후 1980년대까지 고도성장이 이루어졌다. 1990년대 이후는 개방경제의 영향을 크게 받고 있다. 세계화 조류, 세계무역기구의 출범 등으로 제주의 문호가 개방되지 않을 수 없었다. 이 때부터 세계를 대상으로 경쟁이 격화되고, 제주경제의 비전을 새로 모색해야만 되었다. 이러한 맥락에서 제주도개발특별법과 국제자유도시 쟁점이 발생한 것이다.

돌이켜보면 개발 이후 제주도의 사회적 맥락은 두 번 크게 바뀌었다. 지리적 배경에서 저생산성의 원인이었던 척박한 토지가, 시장경제체제에서 환금작물을 재배하면서부터는 육지의 다른 농촌지역보다 고소득을 올릴 수 있는 기능을 했다. 육지로부터 격리된 화산섬의 특이한 경관은 관광자원으로 힘을 발휘하였다. 사회역사적 배경에서 변방이었던 곳이 주변부로 바뀌었다. 관광 중심의 개발이 이러한 변화를 가능하게 했다.

그러다가 1990년대 한국경제의 개방이 확대되면서 또 한번 변화를 겪고 있다. 국내에서 비교우위가 있던 제주의 기후·지역 등이 세계자본주의체제 내에서는 우위를 유지하기가 힘들게 되었기 때문이다. 아열대·열대 작물재배가 세계화된 시장에서는 제주농업이 경쟁력을 상실한 것이다. 이제 농업은 한국시장뿐만 아니라 세계시장의 영향을 직접 받지 않을 수 없다. 국민들의 해외 관광과 북한 관광이 늘어나면서 관광도 세계시장의 영향에서 벗어날 수 없게 되었다. 새로운 전망이 필요한 때다. 이러한 도 안팎의 요구에 의해 국제자유도시화가 제기된 것이다.

그동안 개발이 큰 진척을 이루었지만 제주의 도세(道勢)는 인구수·역내생산·면적 등 제반 측면에서 전국의 약 1% 비중밖에 차지하지 못하고 있다. 비중이 적어 부담이 덜 하기 때문에 중앙정부가 국제자유도시화를 결정하는 데 목포나 인천을 제치고 제주의 손을 들어주었는지 모른다. 그러나 바로 그 1%의 비중 때문에 중앙정부는 제주에만 특혜를 베풀기가 쉽지 않다. 그후 전국 여러 곳에 성격이 비슷한 경제특구를 추진하는 것이 이를 입증하고 있다. 중앙정부는 인천, 부산, 광양을 중심으로 한국을 동북아 비즈니스의 중심국가로 발전시키겠다고 2002년 4월 발표한 바 있다. 국내에서 제주만의 국제자유도시화에 따른 배타적 특권이 많이 상쇄될 처지다.

IV. 대안을 찾아서

지난 세기의 제주도 개발방식은 외생적 지역개발 형태를 취했다. 그것은 제주도 개발이 지역 자체에서가 아니라 국가가 주도한 한국의 산업화와 자본축적, 그리고 지역개발과 공간적 분화의 궤 위에서 전개되어 왔기 때문이다.

대표적인 예로 〈표 1〉을 보면, 제주도를 국제자유지역화하려는 논의는 한국사회가 자본축적의 위기에 처했을 때 특히 부상하였다. 1963년은 경제개발이 본격적으로 시작되어 자본이 절대적으로 부족했던 시기다. 1980년은 제2차 오일 쇼크 등으로 개발 이후 처음 마이너스 성장을 기록한 때다. 1999년에는 IMF사태가 한창 진행 중이었다. 그러니 이 시점들의 개발정책이 외자유치를 목표로 내세웠던 것이다.

정책은 국가가 계획의 입안부터 시행까지 주도해 왔다. 그러다 보니 지역주민들은 배제된 채 국내외 독점자본과 타 지역사람들이 개발에서 독점적 지위를 차지하게 되었다. 경제가 성장하고 주민생활이 향상되었음에도 불구하고, 개발에 대한 부정적 인식이 1990년대 들어 주민들 사이에 확산되기 시작한 것도 이 탓이다. 또 불균형성장론을 기조로 한 거점성장이론에 의했기 때문에 개발부문도 실제로는 관광 위주로 이루어졌다. 형식상으로는 조금 달라졌지만 제주도개발특별법과 제주국제자유도시특별법에 따른 개발정책도 실질적으로는 이러한 방식에서 크게 벗어나는 것이 아니다.

외생적 개발방식의 한계는 제주도 자체의 내생적 변동에서 수정·보완책을 찾아야 한다. 그것은 제주도의 여건과 제주사회의 역동성을 충분히 활용하는 방식일 것이다. 대안은 주민의, 주민에 의한, 주민을 위한 개발정책을 원칙으로 삼아야 한다. 국가, 특히 중앙정부가 주도하고, 외부의 독점대자본이 주체가 되어, 관광편향적으로 개발하는 방식을 지양해야 할 것이다. 그러기 위해서 주민주체의 개발이 필요하다. 주민이 주인이 되고, 주민이 주도하고, 주민의 삶을 향상시키는 개발정책이어야 한다. 외적 요인은 주민주체의 기조 위에서만 제대로 구실을 할 것이다.

세계화 시대에 국내경쟁력에서부터 국제경쟁력을 갖춘 사회로 정책이 이루어져야겠지만, 그 과정에서 경쟁력만 추구하고 사람을 소홀히 해서는 안 된다. 경쟁력도 사람에 의해 달성되고, 사람을 위한 것이기 때문이다. 경쟁력 강화를 위해 자본 편향적이고 환경 훼손적인 정책만 편다면 개발의 종국적 목적을 달성할 수는 없다. 뿐만 아니라 사람들이 자발성을 충분히 발휘하지 못함으로써 경쟁력마저 한계를 갖기가 쉽다. 주민주체의 개발은 환경문제를 소홀히 취급하는 것도 방지할 수 있다. 환경이 삶의 기반이며, 특히 제주의 경우엔 자연환경이 가장 가치 있는 자원이기도 하기 때문이다.

중앙정부가 제주도개발특별법 제정 시부터 제주도에 형식적이나마 상당한 권한을 이양한 것은 고무적이다. 그러나 이에 상응하는 실질적 권한과 필요한 지원이 동반될 때 주민주체의 개발이 효과를 발할 것이다. 그리고 그 과정에서 지방자치제 실시에 의해 지역 정치인들이 유혹받기 쉬운 겉만 번지르르하고 알맹이는 없는 외화내빈의 정책은 경계되어야 한다.

이러한 전제 위에서 제주도의 여건과 한국 및 세계 상황을 고려하여 구체적 대안을 모색해야 한다. 환상적 전망이나 장밋빛 미래만 제시하는 정책 대신 우리의 주체적 노력, 제주도의 여건, 한국 및 세계 상황이 맞아떨어지는 정책이 마련될 때만 지금까지 정책들의 한계가 극복될 수 있을 것이다.

제주개발의 발전가치에 대한 비판적 성찰

고충석 (제주대학교 행정학과 교수)

집이 없는 자는 집을 그리워하고
집이 있는 자는 빈 들녘의 바람을 그리워한다
나 집을 떠나 길 위에 서서 생각하니
삶에서 잃은 것도 없고 얻은 것도 없다.
모든 것들이 빈 들녘의 바람처럼
세월을 몰고 다만 멀어져 갔다.
어떤 자는 울면서 웃을 날을 그리워하고
웃는 자는 또 웃음 끝에 다가올 울음을 두려워한다.
나 길가에 피어난 꽃에게 묻는다.
나는 무엇을 위해서 살았으며
또 무엇을 위해서 살지 않았는가를
살아 있는 자는 죽을 것을 염려하고
죽어가는 자는 더 살지 못 했음을 아쉬워한다.
자유가 없는 자는 자유를 그리워하고
어떤 자는 자유에 지쳐 길에서 쓰러진다.
　　　　　　　- 삶이 나에게 가르쳐 준 것들(류시화) -

1. 제주개발, 왜 자기성찰이 필요한가

개인적인 이야기부터 시작하자. 40대 중반 이후 가장 단순해야 될 대학교수생활이 본업 외의 일 때문에 많이 바빠졌다. 나는 이것이 잘 사는 삶인가를 자주 회의하곤 한다. 그래서 지금 순간순간 살고 있는 이 일이 나에게 의미있는 일인가, 지금 나답게 살고 있는가를 성찰하는 시간이 꽤 많아졌다. 그간의 내 삶이 어떠했는가를 점검해보면 글하는 사람으로서 초라하기 짝이 없음을 느낀다. 그러나 그것보다도 더 중요한 것은 앞으로 내가 얼마나 자신의 삶에 대한 각성을 내면화하면서 살아갈 수 있느냐 하는 것이다. 무엇이 되어야 하고 무엇을 이룰 것인가를 스스로 물으면서 자신의 인생을 만들어 갈 수 있느냐 하는 점이다. 적어도 의미 있다고 생각하는 삶을 위해서는 그렇다.

하나의 국가나 지역도 마찬가지라고 본다. 항상 자기성찰을 게을리 하지 않았던 국가나 지역은 번영과 성숙함을 유지할 수 있었다. 반대의 경우는 쇠락의 길을 걸었다. 이 점은 국가나 지역의 흥망성쇠사가 처절하게 입증해주고 있다. 그래서 솔로몬의 잠언도 비전없는 곳의 백성은 망한다고 말하고 있다. 생각과 이념적 지향이 있는 지방자치라야 그 자치가 아름다운 것이다. 민선 3기를 맞고 있는 제주개발도 그 방향성을 규정해주는 가치론적인 질문을 혹독하게 시작해야 한다.

21세기는 대상으로서의 세계가 변하고 있을 뿐 아니라, 세계를 보는 의식 자체도 변하고 있다. 그야말로 소용돌이의 변화라고 할 수 있다. 정보화, 지역화, 세계화, 생태론, 탈 물질주의, 영성의 재발견, 여성론, 시장논리의 강화 등등, 현재 전개되고 있는 변화의 성격을 압축적으로 표현해 주는 화두는 다양화다. 따라서 개인적인 차원에서는 물론이고 지역이나 국가적 차원에서도 지금까지 다양하게 받아들여 왔던 기본적인 패러다임에 대한 근본적인 의문이 제기되고 있다. 뼈를 깎는 자기 각성과 성찰이 더욱 요구되고 있다.

미국의 철학자 마르쿠제는 우리가 살고 있는 이 시대를 풍요로운 감옥에 비유하고 있다. 감옥 속에 냉장고와 세탁기가 갖춰져 있고, 텔레비전 수상기와 오디오가 놓여 있다. 그 속에 살고 있는 우리들은 자신이 그 감옥에 갇혀 있다는 사실조차 까맣게 모르고 있다는 것이다. 풍요로운 감옥 속에서 벗어나려면 무엇보다도 정신이 늘 깨어 있어야 한다. 자신들의 삶에 대한 투철한 각성 없이는 그 감옥에서 벗어날 기약이 없다. 우리는 누구인가, 우리는 누구인가, 우리는 지금 깨어 있는지 잠들어 있는지 수시로 물어야 한다.

21세기 변화가 다양하고 급격한 만큼, 대응책에 대한 요구도 많고 고민도 치열해야 한다. 그러나 그런 다양한 대응책들이나 고민은 원리적으로 조정되고 통합되어야 한다. 원리적으로 조정되고 통합되지 못한 대응책들은, 마치 나침반 없이 항해하는 것처럼 혼란을 더할 뿐이다. 왜 그런 대응을 해야 하는지 설득할 수도 없고, 미세한 상황변화만 있어도 추진력을 상실하기 십상이다. 어떤 경우에는 대응책간의 원리적 충돌마저 일어나게 된다. 이런 점에서, 우리는 변화의 시대, 그 정책적 대응책들을 조정하고 통합하는 개념, 즉 '발전가치'를 정립하는 것이 무엇보다도 필요하다고 믿는다.

'21세기 제주발전의 가치'를 문제삼는 이유가 바로 여기에 있다. 이런 점에서 이 글의 관심은 주로 어떠해야 할(sollen) 것인가 하는 점에 있다고 할 수 있다.

21세기 제주의 발전가치를 성찰하고 천착하기 위해서는 다음과 같은 문제들이 논의되어야 한다. 지금까지 제주개발이 지향해온 발전가치는 무엇인가? 그러한 가치가 21세기에도 주류적인 발전가치로서 유효한가? 그러면 21세기적 변화라고 규정짓는 시대사적 변화 속에서 제주발전이 지향하여야 할 가치지향은 무엇인가? 또한 상반될 수 있는 발전가치들을 지역정책 속에 구체적으로 조정하고 담아내기 위한 제주도 수준에서의 전략적인 조직모형은 무엇인가? 이러한 논의가 최근 추진되고 있는 제주국제자유도시정책방향에 어떤 함의를 던져 주고 있는가? 등을 제기해 볼 수 있다. 이러한 질문들에 대한 생각을 정리해 본 것이 다음의 글이다.

2. 21세기 제주개발이 지향해야 될 발전가치는 무엇인가?

제주도가 우리나라의 근대화 과정에 본격적으로 노정되기 시작한 이후 제주개발이 지향하는 발전가치는 크게 세 가지 유형으로 분류될 수 있다. 즉, 성장주의, 분배주의, 환경(여기에는 지역의 고유문화도 포함시켜야 한다)주의가 그것이다. 성장주의는 물량적 가치의 확대를, 분배주의는 도민 주체개발이나 개발이익 환원을, 환경주의는 제주도에 내재해 있는 자연환경과 고유한 문화자원적 가치를 강조한다.

따라서 어떤 발전가치가 강조되고 중시되느냐는 지역경제 성장단계 등 여러 요인에 따라 달리 해왔다. 예컨대 제주도가 低발전단계에 처해 있을 때는 제주개발은 곧 지역총생산을 늘리는 것이라는 성장주의가 강조된다. 또 어떤 발전가치가 우선되느냐에 따라서 지역개발전략도 달라진다. 이를테면 성장주의적인 가치가 강조될 때는 거점개발식의 불균형개발전략이 채택된다. 대규모 집중개발형태인 단지 및 지구지정방식이 이에 해당된다.

　이 세 가지 가치 중에서 1960년부터 지금까지 성장주의가 제주개발의 성격을 규정해 왔다고 할 수 있다. 물론 주민운동세력 등이 주장하는 분배주의나 환경주의의 도전도 만만한 것은 아니었다. 그러나 이것들이 제주개발의 지배적인 발전이데올로기가 된 적은 없었다.

　성장위주의 정책개발이 제주지역에 경제적 성장이라는 순기능을 가져온 것은 사실이다. 그러나 이에 못지 않은 정체성 상실과 삶의 질 향상의 필요조건이라고 할 수 있는 문화, 환경 등의 연성자원들이 소외되거나 훼손되는 기회비용을 지불해야만 했다.

　이제 21세기 제주개발은 그 발전이념의 패러다임을 근본적으로 재검토해야 한다. 성장위주의 발전가치만으로는 최근의 급변하고 있는 국내·외 환경 속에서 제주도의 지속적인 지역발전을 담보할 수 없다. 제주개발의 사회적 공감대를 형성하기는 더욱 힘들다. '21세기형 삶의 질' 문제가 주는 함의는 조화롭고 균형있게 사는 것이다. 물질적 성장만이 삶의 질의 유일한 척도가 아니라는 것이다. 이러한 시각에서 21세기의 제주의 발전가치모색에 관한 담론을 시작해야 한다. 이에 대해서는 후술할 규범적 발전이론의 문제의식에 주목할 필요성이 있다.

　21세기 제주발전의 가치지향에 관한 논의는 경제적 성장을 축으로 삼는 전통적인 발전이론이 전제하고 있는 가치론적 조건 자체를 문제 삼는 것에서 출발한다. 발전에 대한 규범적 접근방법이 필요하다는 것이다. 이러한 접근방법은 학술적인 용어로는 규범적인 발전이론이라고 부른다.

　규범적 발전이론을 주장하는 영미학자들 중에서는 우선 Goulet가 주목된다. 그는 "발전개념은 재정의되고, 계몽되고, 도덕적 토론의 장으로 끌어들여져야 할 필요가 있다"고 주장한다.

그래서 Goulet는 발전이 제시하는 규범적 문제들을 정면에서 다루었다. 그는 전통적인 발전이론이 잘못 주장된 가치중립적인(value-free) 방향설정에 기초하고 있다고 전제하면서, 전통적인 발전이론은 약한 자에 대한 강한 자의 지배를 증대시키고, 목표에 대하여 수단을 절대화시키고, 가치를 물화시키고, 불평등을 확대시키고, 자민족중심주의를 강화시키고, 새로운 구조적 결정주의를 생성시키기 때문에 인간성을 빼앗고 있는 것이라고 주장했다.

Goulet는 또 다음과 같이 주장하였다. "사람들은 발전을 자신의 가치관념에 따라 말한다. 문학상의 '세계적' 천재들이 그 자신의 문화의 뚜렷한 색채를 지니고 있다는 사실에 사람들은 거듭 놀란다. 단테는 의심할 바 없이 이태리적이고, 노자는 중국적이며, 도스토예프스키는 러시아적이다. 그러한 것은 '발전철학자들'도 마찬가지이다. 그들은 발전의 '세계적인' 인간적 목표를 제시하려고 하는 것이 틀림없지만, 그들은 인도적, 아프리카적, 쿠바적 또는 이집트적이라고 할 수 있는 음성으로 말하지 않을 수 없는 것이다."

이처럼 21세기 발전이념은 전통적인 발전이론의 맹목성을 비판하면서, 발전이론의 인간화를 기본적 문제의식으로 삼고 있는 것이다. 그래서 인간주의라는 이름 아래에서 제시하고 있는 가치는 분배(distribution)와 환경(environment)이라고 할 수 있다. Lynton이나 Goulet와 같은 규범적 발전이론가들은 분배라는 관점에서 성장지향적인 전통적인 발전이론을 비판하고 있는 것이고, Galdwell과 같은 규범적 발전이론가는 환경이라는 관점에서 전통적인 발전개념을 비판하고 있는 것이다.

그러나 규범적 발전이론이 지향하고 있는 가치가 분배와 환경만이라고 할 수는 없다. 규범적 발전이론이 함축하고 있는 또 하나의 전제, 즉 발전의 가치를 서구적인 편향에서 벗어나도록 한다는 것에서 본다면, 부국에서의 발전개념과 빈국에서의 발전개념은 경제적 성장이라는 가치를 포함할 수도 있는 것이다.

실제로 환경론적인 논쟁과 관련하여 개발도상국가들은, 세계적 수준에서의 갑작스런 환경론적 강조는 개발도상국의 산업화를 저지하여 그들에게 선진산업사회에 주어진 부, 권력, 산업화의 기회를 박탈하려는 술책으로 생각하는 경향을 보이고 있다. 그래서 "빈국의 지도자들은, 이데올로기적인 조망과 국내상황의 커다란 차이에도 불구하고, 모두 최단 시간 내의 최대한 경제적 발전에 대한 강조를 공유하고 있다." 또 Goldman이 지적하는 것처럼 "저개발국가들에게는 연기를 내뿜는 굴뚝이 아직도 긍정적인 표시이며, 새로운 산업활동은 새로운 일자리와 수입을 뜻한다. 계획수립자들은 오염(pollution)통제에 대하여 떠들어 대려고 하지 않고 있다."

어쨌든 일반론적 수준에서는 분배와 환경만이 아니라 성장도 규범적 발전개념이 포섭하여야 할 가치임에는 틀림이 없는 것이다. 그러므로 규범적 발전개념은 성장(growth), 분배(distribution), 환경(environment)이라는 세 가지 가치를 중심으로 규정되는 것이라고 할 수 있을 것이다.

그러나 성장, 분배, 환경이라는 세 가지 가치는 상호보완적으로 기능하는 경우도 없지는 않겠지만, 가령 분배론적 관점이나 환경론적 관점이 성장에 제약요인이 되거나, 성장론적 관점이나 환경론적 관점이 분배에 제약요인이 되는 것처럼, 상호모순적으로 기능하는 것이 문제라 할 수 있을 것이다.

성장, 분배, 환경이라는 세 가지 가치 사이의 이러한 상호모순적 관계는 결국 그 세 가지 가치 사이의 선택이나 조정으로 해결될 수밖에 없을 것이다. 그러므로 규범적 발전이론은 성장, 분배, 환경이라는 세 가지 가치 사이의 가치선택 또는 가치조정에 의존하는 이론이라고 할 수 있는 것이다.

3. 제주의 발전가치(성장, 분배, 환경)를 어떻게 조정·통합할 것인가?

그러면 성장, 분배, 환경이라는 세 가지 가치조정은 가능한가. 이를 위한 지방정부 수준에서의 전략적인 조직 모형은 어떠한 방향으로 가져가야 할 것인가.

규범적 발전개념에 입각하고 있을 때, 가장 중요한 것은 성장, 분배, 환경이라는 세 가지 가치를 어떻게 조정·통합시키느냐 하는 것이다. 이것이 발전전략의 핵심적 문제라고 할 수 있을 것이다.

그러나 성장, 분배, 환경의 적절한 조정수준은 시간과 지역에 따라 다를 수밖에 없는 것이기 때문에, 내용적으로 객관적이고 보편적인 조정기준을 마련할 수는 없을 것으로 생각된다. 그러므로 가치조정적 발전전략을 생각함에 있어서는, 절차적인 측면에서 어떠한 조정방법을 마련할 것인가 하는 관점에서 출발하여야 할 것이다.

이에 대한 해답은 정부, 기업, 시민단체의 협력적 파트너십(協治)을 강조하는 거버넌스(governance)이론에서 그 단초를 구할 수 있다.

정부기능의 약화와 함께 대두되어 온 시장중심적 패러다임과 시민중심적 패러다임 역시도 시장의 실패와 공동체의 실패라는 개념으로 설명되는 것처럼 한계를 지니고 있다는 사실이 노정되었다. 그렇기 때문에 이러한 문제점들을 종합적으로 고려한 해결방법들이 모색되어야 한다는 것이 거버넌스 이론의 출발점이다.

그래서 각각 나름대로의 한계와 가능성을 지닌 국가, 시장, 시민사회 내지 시민의 협력적 파트너십을 통하여, 다양화, 복잡화되어 있는 오늘날의 공적 문제 내지 사회문제에 대처해 나가려는 이른바 거버넌스 이론이 더욱 유력하게 제시되고 있는 것이다.

거버넌스 이론은 사회를 서로 다른 논리로 움직이는 세 개의 영역이 있다고 본다. 권력의 논리로 움직이는 국가영역, 이윤추구의 논리로 움직이는 시장영역, 그리고 공공선의 추구로 움직이는 시민사회의 영역이 그것이다. 국가영역에서 정부(지방정부 포함)가 주요 행위자라면, 시장영역에서는 기업이 주요 행위자이며, 시민사회의 영역에서는 시민들의 자발적인 결사체인 시민단체들이 주요한 행위자가 된다.

여기서는 정부를 어떻게 보느냐 하는 것이 중요하다. 정부는 정부 이외의 여타 영역에 대해서 통치를 독점하는 유일한 세력이 아니라는 것이다. 정부는 사회의 다양한 제도와 조직, 그리고 집단 사이의 상호작용의 복잡한 망조직(network)의 하나에 불과하다는 것이다. 정부는 통치라는 큰 빙산의 가시적인 일각에 불과하다는 것이다.

이런 점에서 공공문제 해결을 위해서 정부가 해결사로서 전면에 직접 나서는 방식은 한계가 있다는 것이다. 오늘날의 통치와 행정은 그 역할이 기본적으로 달라져야 한다. 종래에는 공공정책형성기능이나 공공서비스 전달은 정부의 독점물로 간주되어 왔다. 그러나 오늘날은 과거 정부가 독점적으로 하였던 업무 중에서 그 성격에 따라서는 기업이나 시민 스스로 하거나 민·관협력방식을 통해서 할 수 있는 업무영역이 많이 존재한다. 그리고 그렇게 하는 것이 오히려 정부가 할 때보다 정부경영에 있어서 더

효율적인 경우가 많다.

이와 관련하여 방향을 설정하는 일(steering)과 노젓는 일(rowing)을 구분하는 일은 매우 중요하다. 정부의 가장 중요한 일은 정부운영에 있어서 '방향타'를 바로잡는 일이다. 가장 상위의 차원에서 정책방향을 제대로 잡기 위해서는 그 과정에 비정부주체들의 협력과 견제가 요구된다. 그래야 그 정책방향이 시민적 균형을 잡아갈 수 있다는 것이다.

시민사회(civil society)는 개인과 정부 사이에 놓인 것으로서, 사회·정치·경제적으로 상호작용하는 개인과 집단(조직화되었든 안 되었든간에)으로 구성된다. 시민사회의 중심적 사회조직은 시민운동단체이다. 시민운동단체는 사회가 자발적으로 구성하는 연합체의 군집으로서 개인과 정부를 이어주는 역할을 수행한다.

시민운동단체는 비정부, 비정당, 비영리, 비종교, 비가족조직으로서 개인이나 특정 계층, 집단의 특수이익이나 친목도모가 아니라 불특정 다수 시민의 공익추구를 목적으로 한다.

이런 점에서 국가가 주도하여 법률적, 물질적, 인적 자원을 마련해주고 국가정책에 대한 항상적인 지지를 담보하도록 조직된 관변단체(government organized non-government organization : GONGO), 경제부문 내에서 분화된 산업과 직업에 따라 조직된 기업 간 결사체(예컨대, 전경련 등)나 노동조합, 직업적 또는 전문적 결사체(occupational or professional associations), 회원상호간의 친목을 도모하는 데 치중하는 표출적 단체(expressive group), 각종의 종교적 선교단체 등은 시민단체에 포함되지 않는다고 할 수 있다.

시민운동단체의 활동수단은 여론정치와 직접행동이다. 여론정치란 시민사회에서 공론을 형성하고 이를 통해 정부정책과 기업운영에 압박을 가하는 '영향의 정치'를 말하며, 직접행동이란 의사결정과정에 직접 참여함으로써 시민의 의지를 관철하는 행위를 말한다. 금융실명제 실시나 동강 살리기 운동이 여론정치의 대표적 성과였다면, 소액주주운동과 국정감시모니터 활동은 직접행동의 모범적 사례라고 할 수 있다.

거버넌스 이론이 함의하고 있는 것은 정부와 시민운동단체와 그리고 기업이라는 세 개의 영역이 서로 독자적인 논리를 가지고 움직이면서 상호 견제하고 협력하는 관계가 가장 역동적이고 민주적인 사회라는 것이다. 따라서 지방정부 수준에서도 세 개의 영역이 협치(local governance)할 수 있는 담론구조(dialogue democracy)의 제도화가 매우 중요하다. 예컨대 공공성에 관심이 많은 주민이나 전문가, 시민운동단체 대표와 기업인 등 100명 내외로 구성된 조직에 세 가지 가치 조정의 법률적 권위를 부여해보는 것도 하나의 방법이다. 여기에는 관변 위주의 사회단체나 명망가 중심의 시민사회 참여는 가능한 한 배제되어야 하고 기업인들도 과대 대표되도록 해서는 안 된다. 공공성에 대한 치열한 문제의식을 가지고 있는 집단이나 개인이 우선적으로 참여해야 조직이 힘과 도덕적 권위를 가질 수 있다.

여기에 덧붙이고 싶은 점은 가치조정과 관련된 정보가 투명하게 구성원들에게 공개되어야 한다는 점이다. 그래야 조직의 효능감(efficacy)을 제고시킬 수 있다.

끝으로 거버넌스적인 지방경영은 지역주민들의 학습능력(learing capacity)을 제고시켜준다는 점이다. 지역개발의 중요한 목표 중의 하나는 지역주민들을 학습시키는 것이다.

거버넌스를 통한 지역주민들의 지역정책과정 참여경험은 그들에게 '학습의 축적'을 가져다 준다는 사실이다. 이러한 과정을 거치면서 지역주민과 지방정부의 사회능력제고(capacitation)는 이루어진다. 이런 점에서 '학습의 축적'과 '사회능력제고'는 善순환 관계를 가진다. 여기서 사회능력제고의 개념을 명확히 할 필요성이 있다. 다음의 예가 적절하다고 생각한다. 1960년대 후반의 일본에서 급격히 악화되었던 환경파괴문제에 대하여 피해자들, 그를 지원하는 각종의 시민조직, 매스미디어, 중앙 및 지방의 행정기관, 각종의 전문가들, 국회와 지방의회의 정치대표자들 그리고 드디어 재판소까지 포함, 전 사회가 강한 대응력으로써 급속히 대처할 수 있었는데, 바로 이 경우가 능력제고된 사회라고 할 수 있다. 몇 년 전에 발생했던 일본의 고베 대지진 때 우리들의 부러움을 샀던 일본식 대처방식도 능력제고된 사회에서 볼 수 있는 경우이다.

4. 제주국제자유도시 정책속에 담아야 할 발전가치 조정을 위한 예비적 논의는 가능한가

그러면 성장, 분배, 환경가치가 목하 화두가 된 제주국제자유도시 추진에 있어서 어떻게 조정, 통합되어야만 할 것인가를 검토해보자. 이 과정은 절차적 복잡성 등 많은 어려움에 봉착한다. 그러나 거버넌스 방식은 국제자유도시정책이 주민들로부터 정당성과 정책집행의 순응성을 확보하기 위해서는 반드시 요구되는 정책과정이다.

문제는 이들 발전가치간의 조정의 수월성을 어떻게 확보하느냐 하는 것이다.

간단히 말하면 제주국제자유도시 구상은 제주도에 한하여 상품, 노동, 자본 등의 자유로운 왕래를 위하여 우리나라의 일반적 수준보다도 훨씬 높은 수준의 개방화, 자유화, 탈규제화를 추진한다는 점이다. 이를 위한 키워드(key word)는 조세특례제도, 교육특례, 면세골프장, 투자진흥지구, 내국인 면세점, 7대선도프로젝트, 외국인 체류기간연장, 아주 낮은 수준의 영어공용화 등이다. 그러나 이 정책들은 전부 성장론과 환경론, 성장론과 분배론이 충돌할 가능성이 높은 대안들이다. 제주국제자유도시정책 집행이 구체화될 경우, 위에서 말한 세 가지 발전가치간의 충돌문제는 정책영역별로 현재화될 것이다.

제주국제자유도시 추진배경은 90년대 중반부터 제기된 제주경제 위기론과 연맥된다. 제주경제위기를 나타내는 지표는 여러 가지다. 지난 15년간 제주지역총생산 연평균 성장률이 5.9%로 전국 평균 7.7%에 현저히 뒤지고 있다. 당연한 결과지만 1인당 지역 총생산액도 전국 지방 9개도 중 최 하위권인 7위에 머물고 있는 것으로 나타났다. 그 일차적인 원인은 1990년대 중반 이후 제주의 주력산업인 감귤가격의 하락 및 국내 관광시장의 다변화로 인한 本道 관광경쟁력 약화에 있다. 1차와 3차산업중심의 기형적인 산업구조도 제주경제 위기의 원인이 되고 있다. 감귤농사가 한 해만 잘 안 되어도 제주경제가 휘청거리는 산업구조하에서는 제주경제의 잠재력은 취약할 수밖에 없다.

따라서 제주국제자유도시정책은 제주경제 경쟁력을 향상시켜서 제주경제의 총량규모를 늘리는 데 그 일차적 지향이 있다. 이같은 시대적 명분때문에 대다수의 도민들은 제주국제자유도시에 공감한다. 김포, 영종도, 송도 등의 경제특구도입으로 인해 제주국제자유도시정책의 무용론을 지적하는 사람들도 있다. 그러나 제주는 이들 지역과는 지리·경제적인 조건이 다르다. 제주의 특수한 여러 조건을 잘 살릴 수 있는 제도적 차별화, 정책아젠다의 차별화, 틈새시장 찾기 등의 전략으로 나간다면 제주국제자유도시정책은 경제경쟁력 향상에 크게 기여할 수 있다.
  이런 점에서 제주국제자유도시 정책이 성장주의를 지향하고 있는 것은 분명한 사실이다. 그러나 성장주의에 너무 편향되어서는 안 된다. 분배적 가치나 환경적 가치도 그 정책 속에 조정·통합되어야 한다. 조정·통합 작업을 용이하게 하기 위해서는 그 단초로서 제주국제자유도시에 대한 규범적인 논의가 예비적으로 필요하다고 생각한다. 이에 대한 필자의 생각을 예시적 수준에서 정리해보면 다음과 같다.
  첫째, 제주국제자유도시는 성장적 가치실현에 우선 순위를 두고 있지만 그것은 어디까지나 '인간의 얼굴을 한' 세계화 추구를 그 전제조건으로 삼아야 한다. 이를 위해서는 시장경제와 지역공동체의 공존과 화해를 담보하는 사회적 틀을 만들어 내야 한다. 제주도가 이윤추구와 시장법칙만을 유일한 신앙으로 삼는 신자유주의의 실험장이 되어서는 안 된다. 그렇기 때문에 국제자유도시가 지역산업 중 경쟁력 없는 분야의 무분별한 개방을 가능한 한 막아야 할 것이다. 또한 제주국제자유도시가 아무리 지역의 경제적 부를 증진시킬 수 있다고 하더라도 다수의 지역주민을 소외와 상대적 박탈에 머무르게 하는 카지노 자본주의적 성격은 용납되어서는 안 된다. 이러한 노력을 통해서 시장을 인간적으로 만드는 책임있는 세계화를 제주국제자유도시의 정책목표로 삼아야 한다.
  이런 점에서 우리는 가장 성공한 국제자유도시로 칭송되고 있는 홍콩을 반면교사로 삼을 필요가 있다. 최근의 보도자료에 의하면 1인당 월 최저생계비 2,500달러(37만 5,000원)도 못 버는 빈곤층 가구는 홍콩 인구 670만 명의 15%인 100만 명(32만 가구)으로 추산된다. 세계에서 가장 큰 경제적 자유를 누리는 선진국제도시에 살면서도 영화관이나 맥도널드 햄버거 집에도 마음대로 못 가는 사람들이다. 이것이 1인당 GDP(국내 총생산) 미화 24,716달러에 달하는 홍콩의 양면이다. 세계 최고급 승용차 롤스로이스가 인구당 가장 많이 팔리는 곳이며, 벤츠와 BMW 승용차는 거리에 넘쳐난다. 다운타운가의 첨단 빌딩에서 연봉 미화 100만~200만 달러를 버는 젊은 국제금융인을 만나기가 어렵지 않다. 그러나 빌딩 뒷골목의 허름한 주상 복합건물에는 온 가족이 불과 1~2평 남짓한 방 하나에 마치 군대 막사처럼 층층이 침상을 올려 놓고 겨우 잠만 자는 빈곤층을 쉽게 만날 수 있다.(중앙일보, 1999. 11. 13)

둘째, 환경가치는 반드시 유지되어야 한다. 여기서 말하는 환경적 가치는 자연자원만 이야기하는 것이 아니다. 고유한 문화적 자원도 포함된다. 아무리 제주국제자유도시가 21세기 제주의 생존전략이라고 해도 제주다움을 전부 없애는 결과를 초래해서는 아무런 의미가 없다. 오히려 제주의 것을 다듬고 지키는 일이 중요하다. 이래서 제주의 정체성을 살리는 일이 중요한 것이다.

제주인들이 오랜 세월 동안 섬이라는 격절된 공간 속에서 삶의 경험을 통해 터득한 공동체적인 생활양식이나 정신이 제주국제자유도시 속에서도 훼손되지 않고 오히려 재해석·재창조될 수 있어야 할 것이다.

제주다운 것 중의 하나가 또 아름답고 청정한 자연환경이다. 한라산의 푸르름과 깨끗하고 아름다운 해안, 오동포동한 느낌을 주는 오름, 육지부에서 볼 수 없는 다양한 식물, 어디서나 보이는 돌담과 초가 등은 제주만이 가지고 있는 매력이다. 국제자유도시하에서도 제주도의 환경원형이 다치지 않고 보존될 수 있어야 한다.

과거 오랜 세월 제주는 변방으로서 해양에 의한 격절성 때문에 아이덴티티를 비교적 잘 보전할 수 있었다. 이것은 대륙문명이 지배했던 고립의 시대에서는 제주의 발전을 가로막는 장애물로 간주되었다. 그러나 세계화와 해양화가 본격화되는 21세기에는 제주도의 정체성이 오히려 지역의 경쟁력을 높이는 소중한 인프라로서 작용할 것이다. '가장 지방적인 것이 가장 세계적'이라는 말처럼 내외적으로 고유한 아이덴티티의 보존이 최고의 자산이 되는 시대가 오고 있다는 것을 알아야 한다.

셋째, 분배적 가치와 관련해서는 내생적 제주개발이 어느 정도 보장될 수 있어야 한다. 여기서 말하는 내생적 개발의 핵심은 제주도민이 반드시 개발사업의 주체가 되어야 한다는 것을 의미하는 것은 아니다. 그것보다는 좀더 넓은 의미로 해석되어야 한다. 제주도민이 개발사업의 주체가 되지 않더라도 道外의 막대한 민간자본이 제주도에 투자되어 세수를 증대시키고 현지인의 고용을 크게 창출시킨다면 그것도 내생적 개발의 범주 속에 포함시켜야 한다. 또한 제주인에게 개발사업에 참여할 수 있는 기회의 균등을 부여하는 일도 중요하다. 예컨대 국제자유도시 특례법상의 조세특례제도를 보면 투자진흥지구로 지정되어 각종 인센티브를 받기 위해서는 최소 1천만불(약120억원) 이상의 투자재원이 그 필요조건이다. 제주도의 여건을 고려할 때, 이 혜택을 누릴 수 있는 제주의 토착자본은 거의 없다. 따라서 조세인센티브 대상금액기준을 500만불 정도로 낮춰서 이 금액 이상의 제주도민 참여 사업에 대해서는 투자진흥지구로 지정될 수 있도록 법개정작업이 수반되어야 한다.

그리고 창의력 있는 지역주민 육성도 분배적 가치 실천전략이다. 클린턴 대통령 당시 노동부장관을 지낸 Reich도 국민국가의 점진적인 퇴각을 가져오는 세계화 시대에 있어서 정부가 해야될 최우선은 창의력 있는 국민을 키우는 일이라고 말하고 있다. 제주국제자유도시 성공여부는 국제자유도시를 주도할 창의력 있는 제주인을 얼마나 양성시키느냐에 달려 있다. 제주인의 능력이 업그레이드 되어야 지역주민들의 고용기회가 많아지고 도민들도 국제도시 관련 사업의 주체가 될 수 있다. 지역주민들의 언어경쟁력(외국인과의 의사소통능력)을 향상시키는 문제도 제주국제자유도시정책의 핵심 과제이다. 지역주민이나 청소년들이 외국인과 자유자재로 의사소통을 할 수 있는 언어능력이야말로 세계화의 물결을 관리할 수 있는 주요한 수단이다. 지역의 경쟁력은 지역주민의 언어경쟁력이라고 말하는 소이가 여기에 있다. 이러한 점에 착안하여 주변국보다 몇 십배의 돈을 교육에 투자해서 국가경쟁력을 크게 높인 나라가 싱가포르의 경우이다. 이는 시사하는 바가 크다.

 그런데 우리의 교육현실은 이러한 시대적 요구를 전혀 반영하고 있지 못하고 있다. 비근한 예로 초·중등이나 각 마을 단위에 제대로운 장서를 구비하고 독서지도사를 고용한 변변한 도서관 하나 없는 실정이다. 우리보다 못 사는 나라의 지자체에서도 각 마을마다 母子도서관이 있다. 도서관은 지혜의 등대이고 창의력을 키우는 밭이다. 도내 대학의 실정도 그 시설이나 연구·교육조건이 전국의 중하위이다. 도내에서 이루어지는 사회교육도 지역주민들의 경쟁력 향상보다는 취미교육 일색이어서 그 목적이 불분명하다. 제주의 경쟁력 향상을 위해서는 도로를 넓히고 주차장을 개설하는 일보다 교육 투자가 몇 십배 더 소중한 일이라는 것을 알아야 한다. 제주의 교육은 제주도교육청과 도내 소재 대학의 몫이라고만 생각해서는 안 된다. 도, 시·군도 국제자유도시에 필요한 제주인 교육(사회교육 포함)에 적극 나서야 한다. 歐美 여러 나라에서도 이미 이러한 방향으로 가고 있다. 적어도 도, 시·군 예산의 3, 4% 정도(5, 6백억원 정도)를 제주도의 교육을 위해서 투자해야 한다. 자치단체가 선심성 예산을 줄이고, 예산배분을 합리화하고, 당해 회계연도에 남는 불용액을 활용한다면 재원확보는 충분하다고 본다.

분배적 가치와 관련하여 또 하나 강조하고 싶은 것은 사회적 약자에 대한 지원책이다. 세계화라고 하는 것은 경쟁을 기본원리로 하고 있기 때문에 여기에는 경쟁에서 낙오된 사람이나 산업(예컨대 마늘농가나 감귤농가 등)이 생길 수밖에 없다. 더욱이 사람들간의 정보격차(digital gap)가 이러한 현상을 더 심화시킨다는 것이다. 세계화를 우울한 색조로 이야기하는 사람들은 한 국가 내에 20%의 잘 사는 국민과 80%의 못 사는 두 개의 국민으로 층화된다고 말한다. 그래서 사회적 취약계층이나 취약산업 종사자들에 대한 소득보전이나 轉業교육 등의 행·재정적인 뒷받침이 수반되어야 한다. 이를 위해서 복지예산의 총예산점유비율을 선진국 수준인 20%까지 상향조정해야 한다.

끝으로 제주국제자유도시 정책은 자본유치가 그 성공의 관건이라는 점을 지적하고 싶다. 민간자본 유치가 잘 되면 지역경제규모가 확대된다. 이는 결과적으로 세수증대와 지역주민 고용창출에 기여한다. 여기서 벌어들인 세수는 분배적 가치라고 할 수 있는 교육 및 사회적 취약계층에 대한 재정지원 및 환경오염저감 등의 환경적 가치실현을 위한 재정적 수단으로 사용한다. 환경오염저감 문제를 둘러싼 과학주의와 생태주의의 논쟁이 아직도 치열한 것은 사실이지만 재원확보만 충분하다면 환경오염은 보완적인 수단이긴 하지만 과학기술로서 많은 부분 해결할 수 있다. 이러한 자본유치의 선순환관계만을 일단 고려한다면 민자유치에 대해서 제주도민들도 피해의식보다는 개방성과 포용력을 가지고 접근할 필요성이 있다. 정말 따뜻한 가슴과 냉철한 머리로 제주의 문제를 봐야 한다.

■ 참고문헌

고충석. 1999. "외부경영 효율화를 위한 governance형 민·관 협력구축방안-제주도를 중심으로-," 『제주발전연구』. 제3호. 제주발전연구원.
　　　. 2000. "제주型 국제자유도시 정책방향 설정을 위한 서설적 논의-인간의 얼굴을 위한 세계화를 위한 하나의 시각-," 『濟州道硏究』. 제17집. 제주학회.
이경원 외. 1999. "시민단체의 현황과 역할에 관한 정책적 대안: 제주지역 시민단체를 중심으로," 『한국지방자치학회보』. 11(2).
Galdwell, Lynton Keith. 1972. "An Ecological Approach to International Development : Problems of Policy and Administration in The Careless Technology," Ecology and International Development, Taghi Farvar & John P. Milton, eds. The National History Press.
Falk, Richard A. 1972. "Environmental Policy as a World Order Problem," Natural Resources Journal 12(2).
Goldman, Mashall I. 1972. "Pollution : International Complications," Environmental Affairs 23.
Goulet, Denis. 1971. "Development or Liberation," International Development Review 13(3).
UNDP. 1997. Reconceptualising Governance : Discussion Paper 2.
Reich. R. (남경우 외 譯), 국가의 일, 까치, 1991.
Marcuse (김종호 譯), 이성과 혁명, 文明社, 1970.

제주지역경제정책의 허와 실

- 90년대 이후 개방경제시대를 중심으로 -

김태보 (제주대학교 교수)

I. 서 론

우리가 맞이한 21세기는 상상할 수 없을 정도의 더욱 큰 변화 가능성을 갖고 있다는 점에서 과거 어느 때에도 경험하지 못한 급격한 변화의 소용돌이 속에 놓이게 될 전망이다. 21세기에 들어와 제주지역경제를 둘러싸고 있는 대내외 경제환경의 변화 역시 급속하게 이루어지고 있다.

대외적 변화는 뉴라운드 출범에 의한 다자간 자유무역체제로 대표되는 WTO체제의 강화, EU, NAFTA 등 세계경제의 블록화, 아주·태평양지역의 경제력 증가에 의한 태평양시대의 도래 등으로 요약해 볼 수 있다. 대내적으로는 지역경제정책을 스스로 주도적으로 계획, 집행할 수 있는 지방자치시대가 개막되었으며, 한편 디지털시대가 본격적으로 도래하고 있다.

따라서 이 글은 제주지역 경제의 현황을 진단하여 문제점을 추출하고, 이를 토대로 21세기 대내외 경제환경변화에 대응할 수 있는 지역경제의 발전전략을 제시하는 데 있다.

II. 제주지역경제의 실태, 그 성장잠재력과 취약점

1. 제주지역경제의 실태와 성장잠재력

경제개발계획의 추진 이래 우리나라 경제는 획기적인 발전을 가져왔는데, 이와 더불어 제주경제도 규모면에서 비약적으로 확대되었다. 제주지역경제의 성장추이를 살펴보면 1999년 제주지역내총생산(GRDP)은 〈표 1〉에서 보는 바와 4조 6394억원으로 1961년에 비해 1,805배 수준으로 증가하였는데, 개방경제시대 이전 1980년대까지만 하더라도 연평균 23.2%의 높은 성장을 이룩하였으나, 1990년대에 들어와 12.0%로 급속히 낮아졌다. 전국 GDP가운데 제주지역의 GRDP가 차지하는 점유비도 1961년의 0.87%에서 1998년의 경우 0.84%로 낮아졌다. 또한, 제주지역의 1인당 지역총생산(GRDP)의 수준 역시 지난 30년간(1961~1990)연평균 21.8%의 성장을 보였으나 90년대 들어와 점차 낮아져 전국평균의 83%에 불과한 것으로 나타났다.

⟨표 1⟩ 지역총생산(GRDP) 및 1인당지역총생산(GRDP) 추이

구분 연도	총 생 산(억원)			일인당 총생산(천원)		
	제주(A)	전국(B)	A/B	제주(A)	전국(B)	A/B
1961	25.7	2,942	0.0087	9	11.4	1.7895
1966	107.0	10,370	0.0103	32	35.2	0.9091
1971	308.7	34,167	0.0090	83	104	0.7981
1976	1,197.6	139,127	0.0086	285	389	0.7326
1981	4,625.2	455,281	0.01023	988	1,181	0.8366
1986	9,537.4	905,987	0.0105	1,923	2,207	0.8713
1990	17,184.8	1,714,881	0.0100	3,337	4,007	0.8328
1993	25,657.0	2,655,179	0.0096	4,977	6,817	0.7300
1996	39,527.0	4,184,790	0.0094	7,665	9,188	0.8342
1999	49,394.2	4,827,442	0.0096	8600	10,302	0.8348
(1961-1970)	25.35	24.97		22.38	22.26	
(1971-1980)	27.90	26.55		25.25	24.72	
(1981-1990)	16.56	14.19		12.95	12.98	
(1991-1999)	12.00	12.40		10.93	12.01	

주:경상가격기준(단, GNP의 경우 1961, 1966년은 구계열)

자료:국민계정(한국은행, 각 연도) 및 제주경제지표(제주도청, 1995)

※ 연평균성장률

제주지역 경제성장 및 그 구조변화는 산업별 취업구조, 지역내총생산(GRDP)의 산업별 구조변화의 추이를 통해 알 수 있다. 먼저 산업별 취업구조의 변화를 보면 ⟨표 2⟩에서 보는 바와 같이 1961년의 제1차, 제2차, 제3차 산업의 구성비가 84%, 3%, 12%에 불과하던 것이 1999년의 경우에

는 29%, 3%, 69%로 나타나 농림수산업의 비중이 낮아진 반면, 제3차 산업의 비중이 높아진 것으로 나타났다.

〈표 2〉 산업부문별 취업구조

(단위: %, 명)

구분 연도	1차산업		2차산업		3차산업		계
	취업인구	구성비	취업인구	구성비	취업인구	구성비	
1961	121,273	84	1,109	3	17,864	12	144,660
1966	138,321	84	1,846	3	22,178	13	165,163
1971	129,855	81	4,715	3	24,860	15	161,070
1976	143,415	79	5,816	3	30,955	17	180,940
1981	134,460	71	5,913	3	46,998	25	189,999
1986	116,002	57	6,139	3	77,002	38	202,480
1991	91,000	37	10,000	4	142,000	57	243,000
1996	72,532	27	10,763	4	106,546	40	264,000
1999	71,000	29	8,000	3	168,000	69	248,000

자료: 제주도 통계연보(각년도)

이러한 사실은 지역내총생산(GRDP)의 산업별 구조변화를 보더라도 〈표3〉에서 보는 바와 같이 1961년의 1차, 2차, 3차의 산업별 구성비가 56%, 11%, 33%에 불과하던 것이 1999년의 경우는 25%, 3%, 72%로 나타나, 농림수산업과 광공업의 비중이 감소한 반면 관광산업을 비롯한 3차산업의 비중이 높아졌다.

제주경제는 1차산업과 관광산업을 중심으로 한 3차산업의 급속한 발전에 힘입어 1970년대 이후 지속적인 성장을 해왔다. 제주경제는 관광주도형 지역개발전략을 추진한 결과 괄목할 경제성장에 힘입어 경제의 양적 규모 증대는 물론, 산업구조의 질적 변화를 가져왔다. 이러한 사실은 제주 경제의 성장추이를 통해 알 수 있는데, 그 성장추이를 보면 1971~1990년 기간 전국 총 GDP의 연평균 성장률(20.3%)보다 높은 21%를 기록하고 있어 고도성장을 실현한 것으로 나타났다. 그 결과 전국 GDP에서 제주지역 GRDP가 차지하는 점유비도 1971년의 0.9%에서 1990년 1.0%로 높아져 경제의 양적 규모가 증대된 것으로 나타났다. 이 같은 성장추이를 보면 제1차 산업과 제3차 산업이 지난 20년간 연평균 성장률이 각각 전국보다 4.5%, 2%가 높은 성장률을 기록하고 있는데, 제주지역의 성장은 농업을 중심으로 한 제1차산업과 관광산업 중심의 제3차 산업에 의해 주도되었음을 보여주고 있다.

〈표 3〉 산업부문별 지역총생산

(단위 : %, 명)

구분 연도	1차산업		2차산업		3차산업		GRDP
	지역총생산	구성비	지역총생산	구성비	지역총생산	구성비	
1961	14.3	56	2.8	11	8.6	33	25
1966	65.5	61	9.0	8	32.5	30	107
1971	152.2	49	24.7	8	131.8	43	308
1976	600.0	50	31.1	3	566.5	47	1,197
1981	1,614.2	35	245.1	5	2,765.9	60	4,625
1986	4,043.9	47	381.5	4	5,112.0	59	8,650
1991	6,014.7	27	515.5	2	10,654.6	48	22,366
1996	7,253.2	32	1,076.3	4	10,654.6	66	40,145
1999	11,923.3	25	1,656.5	3	32,814.3	72	46,394

자료 : 제주도 통계연보

제주경제가 60년대 이후 30년간 고도성장을 달성할 수 있었던 유발요인을 살펴보면 첫째, 농업의 구조변화를 통해 지역경제성장에 기여하였기 때문이다. 제주농업은 그 구조적 변화를 가져오면서 지역경제성장에 주요한 역할을 하여 왔다. 1960년대에 들어와 유채, 고구마, 부업축산 등의 사육 및 재배가 확대되었고, 1970년대 이후에는 수익성이 높으며 생산성 증가가 빠른 감귤, 겨울채소, 기업축산이 확대되었다. 1980년대에 들어와서는 자본집약적이고 기술집약적인 바나나, 파인애플 등의 시설재배업이 확산되어 제주지역 경제성장에 크게 기여했다. 특히, 감귤의 생산은 1961년 재배면적 64ha, 농가수입 1억 3천만원에서, 1991년에는 20,214ha, 농가수입 4,251억원으로 경작면적기준 315배, 생산량기준 1,433배, 농가수입기준 3,270배의 증가를 가져와 제주경제성장의 주요 원천이 되었다.

둘째, 관광주도형 지역개발계획을 추진하여 관광산업의 공급기반을 구축함으로써 관광산업의 지속적인 성장에 의하여 지역경제성장을 촉진하였다. 제주관광산업의 성장추이를 수급구조를 통해 보면 제주방문 관광객의 양적 성장추세가 1970년대 이후 급격하게 증가하여 제주 방문관광객이 1961년 1만 1천 명에 불과하던 것이 1991년 320만 명에 달하였는데, 그 성장추이를 보면 1970년대 8.5%, 1980년대 16.8%로 급속하게 증가하면서 지역경제성장의 주요 원천이 되었다.

2. 90년대 시장개방 이후 경제성장의 정체와 취약점

제주경제는 1990년대 들어 급속한 국제경제 환경변화를 가져와 제주지역경제내 전산업의 개방화시대를 맞으면서 적응위기를 겪고 있다. 제주경제는 1960년대 10년간 25.3%, 1970년대 27.9%, 1980년대 16.5%의 고도

성장을 이룩함으로써 전국평균보다 0.8%포인트 이상의 성장을 가져 왔으나 1990년대에 들어와 개방화시대를 맞으면서 12%로 떨어졌는데, 전국평균 12.4%보다 낮은 것으로 나타나 성장정체를 맞고 있다.

〈표 4〉 제주지역 산업별 성장률 추이

(단위 : %)

연도 산업	1991	1992	1993	1994	1995	1996	1997	1998	1999	연평균 (1911~ 1999)
농림어업	25.7	-1.5	1.8	24.4	29.9	-14.1	8.1	-1.9	12.9	9.47
광 업	59.5	55.9	-13.2	29.6	3.1	12.4	1.7	-12.3	8.0	16.07
제 조 업	17.5	4.8	7.3	11.8	8.7	10.5	6.8	-11.0	12.6	7.66
전기가스 수도사업	19.6	17.5	20.1	15.7	9.6	5.4	21.9	-7.2	6.2	12.08
건 설 업	30.2	11.8	4.3	7.7	11.7	23.8	21.7	-10.9	-3.6	10.74
도소매업	14.5	11.5	8.1	16.1	8.7	9.5	17.5	-8.7	14.8	10.22
음식숙박업	35.0	24.3	16.4	17.6	19.2	11.2	8.3	-20.9	35.5	16.28
오수창고업	41.1	4.9	20.8	46.3	9.2	10.1	1.8	-15.2	7.3	14.03
통 신 업	21.7	6.6	-0.7	14.8	16.6	16.5	5.2	0	2.2	9.21
금융 및 보험업	36.9	25.9	22.7	29.7	8.7	10.9	-14.1	-0.1	23.8	16.04
부동산임대 사업서비스	19.9	13.1	18.1	38.0	13.1	24.2	0.1	4.2	5.6	15.14
사회 및 개인서비스	29.1	21.7	15.1	24.0	8.9	21.2	15.8	4.6	13.3	17.07
정부서비스	19.7	20.6	11.8	17.5	11.8	15.0	15.6	-9.0	7.6	12.28
계	25.1	9.0	8.8	21.7	16.1	7.2	11.2	-6.5	11.1	11.52

이는 〈표 4〉에서 보는 바와 같이 농업과 관광산업분야의 음식숙박업, 도소매업, 운수창고업 등의 성장률이 점차 낮아지는 것으로 나타났다. 이는 그 동안 제주경제의 지속적인 경제성장을 가져오는 데 견인차 역할을 하였던 농업과 관광산업이 시장개방 이후 성장정체를 맞으면서 나타난 결과라 할 수 있다.

제주농업은 1980년대말까지 구조적 변화를 가져오면서 제주지역 경제의 성장에 주요한 역할을 하여 왔다. 특히 감귤생산은 〈표 5〉에서 보는 바와 같이 1961년 62ha, 388M/T, 농가수입 1억 3천만원이던 것이 1971년 5,840ha, 5,972M/T, 농가수입 143억 3천만원, 1981년 15,000ha, 247,780M/T, 농가수입 784억원, 1991년에는 2,0214ha, 556,350M/T, 농가수입 4,241억만원에 달하여 경작면적기준 326배, 생산량기준 1,433배의 증가를 가져와 제주경제성장의 주요 원천이 되어왔다. 그러나 1990년대에 들어와 감귤생산은 적정생산을 위한 재배면적 20,000ha가 초과하면서 적정생산을 초과하는 공급과잉에 따라 안정적인 농가수입 확보에 어려움을 낳고 있다. 더구나 1990년대 중반 이후 UR협정에 따른 WTO체제하에서 농산물시장이 전면적으로 개방되면서 제주농업은 경쟁력을 잃고 있다.

〈표 5〉 제주경제 감귤생산의 현황

(단위 : ha, M/T, 백만원)

연도 구분	면 적	생 산 량	감 귤 수 입
1961	64	388	133
1966	659	1,722	276
1971	5,840	5,972	1,433
1976	11,566	50,432	16,138
1981	15,000	247,780	78,400

연도 \ 구분	면 적	생 산 량	감귤수입
1986	16,958	333,100	141,598
1991	20,214	556,350	424,100
1996	25,781	693,200	409,282
1999	25,823	638,740	325,709

자료 : 제주도 통계연보

　관광산업의 경우도 〈표 6〉에서 보는 바와 같이 1961년 제주방문관광객이 1만1천 명, 관광수입 2천 3백만원에 불과하던 것이 1991년 관광객 320만 명, 관광수입 5132억원에 달하게 되었는데, 그 성장추이를 보면 1970년대 10년간 8.5%, 1980년대 16.8%로 급속하게 증가하면서 지역경제성장의 주요 원천이 되었다. 그러나 1990년대에 들어와 그 성장률이 4%대로 떨어지고 있는데, 이는 1989년 1월 해외여행자유화조치 이후 국내관광시장이 개방되면서 도내관광산업의 취약한 경쟁기반에 의해 성장이 정체되고 있다.

〈표 6〉 제주방문 관광객수 및 관광수입

(단위 : 천명, 백만원)

연도 \ 구분	관 광 객 (명)			관광수입
	내국인	외국인	계	
1961	11	(190)	11	23
1966	106	2	108	227
1971	294	13	308	2,366
1976	349	20	369	6,753

구분 연도	관 광 객 (명)			관광수입
	내국인	외국인	계	
1981	682	42	724	42,825
1986	1,492	115	1,842	143,755
1991	2,929	276	3,205	513,200
1996	3,935	209	4,144	1,017,900
1999	3,419	246	3,666	1,029,547

자료 : 제주도 통계연보

1990년대 들어와 제주경제의 주력산업이라 할 수 있는 감귤을 중심으로 한 농업과 관광산업의 대외경쟁력이 약화되면서 제주경제의 성장정체를 가져왔는데, 이와 같이 제주경제의 활력이 떨어지면서 경쟁력이 저하된 원인은 다음에서 찾을 수 있다.

첫째, 국제경제 환경변화에 의한 시장개방압력이 그 원인이 되었다. 우리나라는 IMF 14조국, GATT 18조국 등 국제경제질서상의 개발도상국을 졸업하여 IMF 8조국, GATT 11조국의 선진국으로 진입하는 국제경제 환경변화를 맞게 되는데, 그 결과 선진국의 무역질서에 상응하는 시장개방을 강요당하게 되었다. 곧 1989년 GATT 18조국의 국제무역상의 개발도상국에서 GATT 11조국의 선진국으로 진입하게 됨으로써 우리나라는 그동안 개발도상국으로 특혜를 누렸던 농산물, 서비스산업에 대한 시장개방의 유예를 더 이상 지속할 수 없게 된 것이다. 이에 따라 1991년 바나나, 파인애플 등이 시장개방되면서 경쟁력에 밀려 폐농화를 맞게 되었다. 나아가 UR 협상타결에 따라 WTO체제가 출범하여 제주도내 농업을 비롯하여 서비스업 등이 시장개방압력이 가속화되면서 적응위기를 겪게 되었다.

관광산업의 경우도 국내관광시장이 개방되기 이전, 1988년까지 제주도가 관광지로서 독점적 위치에 있었는데, 1989년 1월 정부의 해외여행 자유화 조치가 발표되면서 국내관광시장이 개방되어 취약한 경쟁기반에 의해 성장이 정체되고 있다. 이같은 국내관광시장의 개방을 가져 온 해외여행자유화 조치도 국제경제 환경변화에 의해 기인하고 있다. 지난 1988년 우리나라는 IMF 14조국에서 IMF 8조국의 외환거래의 선진국으로 되면서 국민 1인당 5천달러까지, 기업의 경우 1억달러까지 자유롭게 사용할 수 있게 하는 IMF의 책무를 지게 되었다. 이같은 IMF 조치에 의해 정부는 그 이듬해인 89년 1월부터 해외여행 자유화 조치를 발표하기에 이르렀다.

　둘째의 원인으로는 지역경제기반이 취약하고 산업구조조정이 부진하였다는 점을 들 수 있다. 제주지역경제는 타 지역경제에 비하여 그 경제기반이 취약한 구조를 갖고 있는데, 이는 제주지역이 경제성장 잠재력이 확대재생산이 가능한 2차산업보다는 자연적 조건에 의해 그 성장한계가 주어지는 1차 및 3차 산업에 주로 의존하는 취약한 경제기반을 갖고 있기 때문이다. 1998년 부가가치 기준의 산업구조로 보면 1차산업 25%, 2차산업 3%, 3차산업 72%로 2차산업에 비해 1・3차산업의 비중이 압도적임을 알 수 있다. 이와 같은 현상은 취업구조로 보더라도 1차산업 29%, 2차산업 3%, 3차산업 67%로 1・3차 산업의 비중이 매우 높게 나타나고 있다.

　또한 제주지역경제는 90년대 이후 개방화시대를 맞아 산업구조조정의 부진을 가져온 것도 경쟁력약화의 주요인이 되고 있다. 제주농업의 경우 90년대초 이후 개방경제시대 이전까지만 하더라도 경제발전에 따른 농업구조조정에 성공함으로써 제주지역경제의 지속적인 성장을 가져오는 데 많은 기여를 하였다. 제주농업은 60년대 이전까지만 하더라도 생산성이 떨어지는 맥류, 잡곡 등의 생산이 주종을 이루었는데, 1960년대 들어와 유채,

고구마, 부업축산, 1970년대 감귤, 겨울채소, 기업축산, 1980년대에 이들 작물외에 자본집약적, 기술집약적인 바나나, 파인애플 등이 시설재배업 생산으로 농업구조가 조정되면서 지역경제성장에 크게 기여하여 왔으나 1990년대에 들어와 개방경제시대를 맞아 농업구조조정이 적절하게 이루어지지 못함으로써 적응위기를 겪게 되었다. 이같은 사실은 도내 다른 산업에서도 나타났는데, WTO체제하에서 시장개방이 전면적으로 이루어진 건설업, 유통업, 관광산업 등이 같은 상황에 처하게 되면서 적응위기를 겪었다.

셋째, 1990년대 이후 제주경제의 성장정체 경제활력이 떨어지고 있는 이유중의 하나로 산업개발에 필요한 투자재원인 민자유치가 부진하였다는 점을 들 수 있다. 1994년에 수립, 추진되어온 제주도종합개발계획에 의한 지역산업진흥 부문에 대한 투자재원조달 현황을 보면 〈표 7〉에서 보는 바와 같이 1994~2001년 기간 중 지역산업진흥을 위해 총 6조 4705억원의 투자계획을 세웠으나 민자유치 부진 등으로 실제 조달된 투자액은 목표대비 66%에 불과한 4조 2399억원에 그친 것으로 나타났다. 특히 관광개발의 경우 3개관광단지, 20개 관광지구의 조성을 중심으로 한 관광개발계획을 위해 총 3조 8843억원의 투자계획이 계획되었었으나, 투자액은 목표대비 58.4%인 2조 2692억원에 불과한 것으로 나타났다. 이는 민간자본 투자규모가 총투자의 97%나 되었음에도 불구하고 민간투자가 활성화 될 수 있는 여건이 마련되지 못함으로써 민자유치 실패때문에 나타난 결과라 할 수 있다. 이와 같은 사실은 공업단지조성 및 기업유치정책과 비교하여 알 수 있는데, 관광단지내 토지소유주의 반발로 인한 토지매수의 지연, 자연경관보존 등을 이유로 한 건축고도제한 및 토지이용제한 규제, 금융기관의 여신규제조치 등이 민간투자의 활성화에 한계를 낳게 하였다.

〈표 7〉 제주도종합개발계획중 지역산업진흥부문에 대한 투자계획 및 실적

(단위 : 억원, %)

	1994~2001년 투자계획			1994~2001년 투자실적			투자율 (%)
	국비·지방비	민자	계	국비·지방비	민자	계	
전체	13,146	51,559	64,705	11,376	31,023	42,399	65.5
(농업)	6,231	8,013	14,244	6,083	4,811	10,894	76.5
(관광개발)	950	37,893	38,843	878	21,814	22,692	58.4
(제조업)	628	568	1,196	271	273	544	45.5

자료 : 제주도, 제주도종합개발계획, 2002. 2

III. 21세기 대내외 환경변화와 제주지역경제의 과제

　21세기에 들어서면서 제주지역경제를 둘러싸고 있는 대내외적 환경변화가 더욱 빠르게 진행되고 있다. 첫째, 새로운 라운드가 시작되어 WTO 체제가 더욱 강화될 전망이다. 세계교역질서를 새롭게 규율하게 될 도하라운드 협상이 시작되었다. 이번 도하라운드 협상의 최대 이슈가 농산물 시장개방으로 좁혀지면서 우리농업에 엄청난 타격이 예상되고 있다. 도하라운드 협상이 미국을 비롯한 농산물 수출국들에 의하여 주도될 경우 △모든 농산물에 대한 관세 대폭 삭감 △수출보조금의 대폭 감축 또는 삭제 △내년까지 농업분야 개방계획 제출 등이 강력하게 요구되고 있다.
　본격적으로 진행되고 있는 도하라운드 협상에 있어 오늘날 우리 중앙정부의 대응자세 및 전략 목표는 벌써부터 우리의 기대에서 멀리 떨어져

있음을 보여주고 있다. 우리나라 농민을 비롯한 중앙정부는 원칙과 전략 없이 우왕좌왕함으로써 실패한 협상으로 끝을 맺은 93년말의 우루과이협상 악몽이 재현되지 않을까 우려하면서 정부의 확고한 원칙과 전략을 대폭 축소하여 접근할 움직임을 보이고 있다.

그것은 오는 2004년까지 예정된 쌀관세화 유예조치의 연장과 개도국 지위의 계속 인정 등을 위해 최대한 노력하는 한편, 이것이 여의치 않을 경우 실질적인 피해를 최소화 할 수 있도록 기타 농산물시장개방 등 차선의 대책을 마련토록 한다는 것이다. 관세율이 대폭 감축된 가운데 농산물시장개방이 가속화되는 경우 제주농업은 '보호막 없는 경쟁'에서 세계적 농민이 되지 않고는 살아남기 힘든 무한경쟁시대를 맞게 된다.

더욱이 중국의 WTO가입 이후 제주농업은 벼랑으로 내몰리고 있다. 문제는 중국 감귤과의 경쟁에 있다. 중국도 1970년대 초부터 '감귤은 돈이 열리는 나무'라는 캐치프레이즈를 내걸고 감귤증산을 위한 기술개발에 박차를 가해오고 있다. 1970년대초 70만톤 생산에 불과하던 것이 1990년대 약 5백만톤에 달하였고, 2000년까지 1천만톤까지 생산한 것으로 알려지고 있다. 그러나 앞으로 더욱 증산될 전망인데, 중국은 감귤생산의 적지로서 우리 제주와 유사한 기후와 토질을 가진 지역이 2백80만 평방km에 달하여 우리 한반도의 13배 이상 되는 것으로 알려져 있다. 최근에 와서 콩, 옥수수, 참깨, 유채, 마늘 등 중국산 농산물이 물밀 듯 밀려오고 있는데, 장기적으로 볼 때 감귤의 경우도 예외가 아니라고 본다.

둘째, EU · NAFTA 등 세계경제가 소수의 시장으로 통합되는 지역화가 빠르게 진행되면서 우리나라 경제도 지역시장에 통합될 전망이다. 최근 세계경제는 국가간의 경제통합이 붐을 이루고 있는데, EU가 남미의 메르코슈와 자유무역지대를 형성하기로 합의하였다. 2000년에 인도를 비롯한 일곱 나라가 남아시아자유무역지대를 창설하는 것을 시작으로 하여, 2000년대에는 자유무역지대의 창설이 더욱 활발해질 전망이다. 2003년 ASEAN 자유무역협정이 발효되어 아시아자유무역지대가 형성되고, 2005년 남북아메리카 34개 나라를 중심으로 미주자유무역지대가 출범케 된다.

우리나라의 경우도 지난 99년 11월 이후 칠레와 자유무역협정을 체결키로 한 이후 이어 싱가포르, 뉴질랜드와 체결키로 하는 등 세계 주요 국가들과의 자유무역지대 형성을 확대해 나가려 하고 있다. 특히 이와 관련하여 우리의 주변 국가인 중국, 일본과의 자유무역협정체결의 문제도 신중히 검토중인 것으로 알려지고 있다. 이처럼 우리나라가 주변국가인 중국, 일본, 아시안국가 및 호주, 뉴질랜드 등과 자유무역협정을 체결하는 경우, 제주경제는 무한경쟁시대를 맞게 된다.

셋째, 21세기는 제주도를 둘러싸고 있는 아시아·태평양 국가들을 중심으로 하여 활력이 넘치는 태평양경제권이 형성되어 세계경제성장의 중심지로 부상하게 됨에 따라 태평양시대가 도래할 전망이다. 아시아·태평양지역의 경제력은 세계의 다른 어느 지역보다도 급속히 신장되어 이들 아시아·태평양국가와 북미, 태평양선진국 사이에 경제교류의 상호 의존관계가 꾸준히 심화되고 있으며, 이러한 경제활력의 증대로 인하여 2천년대에는 아태국들을 중심으로 하여 활력이 넘치는 하나의 태평양경제권이 형성되고, 이러한 경제권이 세계 경제성장의 중심지(growth center)로 부상함에 따라 태평양시대가 될 전망이다. 이와 같이 세계 경제활동의 중심이 대서양권에서 태평양권으로 옮겨옴에 따라 태평양권의 관광산업이 비약적으로 발전할 것으로 예상되고 있어, 제주도는 국제관광지로서의 발전이 기대되고 있으며, 세계관광기구(WTO)의 전망에 의하면 21C는 태평양권 관광산업의 도약이 예견되고 있다.

넷째, 지방자치기반이 더욱 공고히 되면서 지자체가 지역경제정책을 스스로 주도적으로 계획, 집행할 수 있도록 경제정책을 자율적으로 조절하게 지방화시대를 맞고 있다. 우리나라는 지금까지 국가주도의 산업정책을 추진한 결과 수출위주의 경제정책은 우리의 산업정책을 국가중심의 수출위주 산업정책으로 만들었고, 그러한 결과로 지금까지 각 자치단체의 산업정책은 전무했다고 해도 과언이 아니다. 지방자치제가 더욱 정착되면서 우선 각 자치단체마다 개별적인 지역 경제정책을 원활하게 수행하는 데 필요한 산업기반시설의 구축에 많은 노력을 기울이고 있으며, 좀 더 풍요롭고 실업률이 적은 지방을 만들기 위한 각 자치단체마다의 치열한 경쟁이 많은 기업들을 유치하기 위한 노력으로 나타나고 있다.

다섯째, 디지털(digital)시대가 도래하였다. 아톰(atom)에서 비트(bit)로, 21세기 새 천년의 지역경제 환경은 바로 디지털 시대의 본격적인 도래이다. 디지털시대는 미래학자 앨빈 토플러가 70년대에 예견했던 정보화 사회가 이제 우리의 피부로 느껴지는 시대라 할 수 있다. 반도체 및 컴퓨터에서 시작된 디지털화의 물결이 통신, 가전 등 전자 · 정보 산업 전반으로 파급되는 가운데 기술융합과 IT의 발전을 촉진하면서, 전 산업에서 이른바 '제 2의 산업혁명'으로 불리는 디지털 혁명이 일어나고 있다. 디지털 기술의 발전은 과거에는 경험할 수 없었던 시장 및 경쟁 환경을 제공하고 있으며, 매우 빠른 속도로 진행됨에 따라 산업 전반에 걸쳐 엄청난 파급효과를 몰고 오고 있다.

한편, 디지털화의 영향으로 산업의 패러다임이 변화하고 있을 뿐만 아니라 디지털 기술과 직 · 간접적으로 관련된 다양한 산업들이 디지털시대의 유망산업으로 부상하고 디지털 정보기술의 급격한 발전은 전 세계적으로 시간과 공간을 뛰어넘는 동시성의 연결을 가져왔는데, 그 결과 나타난 것이 사이버경제공간이라 할 수 있다. 오늘날 지역경제는 실물경제공간인 오프라인(off-line) 세계와 사이버 경제공간인 온라인(on-line) 세계에서 동시에 경쟁을 해야 하는 경제환경에 직면하고 있다.

이처럼 21세기가 열리면서 제주경제를 둘러싸고 있는 대내외 환경변화가 빠르게 진행되고 있다. 새로운 라운드에 의한 WTO체제의 강화, EU · NAFTA 등 세계경제의 지역화추세, 태평양시대의 도래, 국제자유도시의 조성 등의 대내외 환경변화는 제주경제에 엄청난 영향을 미칠 전망이다. 21세기를 맞아 제주경제는 세계를 무대로 한 무한경쟁에서 이기는 자만이 살아남을 수 있는 적자생존, 약육강식의 국제경제 질서에 직면해 있다. 앞으로의 국제경제질서는 국경이 없어지고 상품과 생산요소가 자유롭게 흐르는 등, 생산시장과 판매시장이 세계화되고 세계에서 가장 값싸고 품질이 좋은 곳에서 물품을 공급받고, 또 그런 곳에서만 생산이 이루어질 것으로 보인다. 노임이 싸고 기술이 우수한 지역에서만 농업 및 공업생산이 이루어질 전망이다.

21세기에 있어서 제주경제는 국제경제환경의 변화에 의해 적응의 위기를 맞고 있는데, 새로운 변신을 꾀하지 않을 수 없다. 앞으로 감귤중심의 1차산업과 경쟁력 없는 관광산업만으로는 적응의 위기를 헤쳐나갈 수 없다. 최근, 제주도의 국제자유도시 구상은 이 같은 점에서 제주도의 미래와 경제발전 전략에 대한 매우 중요한 대안이 되고 있다. 제주도는 지정학적 · 지경학적 위치면에서 태평양과 아시아, 유럽을 연결하는 물류 · 교역 중심지에 있고, 주변지역에 가장 성장 가능성이 높은 동경, 서울, 상해, 북경 등을 연결하는 교통요충지에 위치해 있다는 입지적인 우위성을 고려하여 국제자유도시로의 발전을 적극 모색하여야 한다.

IV. 21세기 제주지역경제의 비전과 발전전략

1. 경제환경변화에 따른 지역경제정책의 기본방향

　21세기에 들어서면서 제주지역경제가 급변하는 대내외 경제환경의 변화를 슬기롭게 극복하고 선진 지역경제로 발전할 수 있느냐 하는 문제는 중요한 이슈이다. 1990년대에 이르기까지 제주지역경제는 농업 등의 구조변화와 관광산업의 성장에 힘입어 다른 지역경제보다 앞서서 발전하는 데 성공하였다. 그러나 90년대에 들어와 제주지역경제의 국제화・개방화를 맞으면서 농업과 관광산업의 경쟁력 약화라는 등의 구조적 문제점을 가지고 있다. 이에 더해 21세기에 들어서면서 대외 경제환경은 뉴라운드 출범에 의해 세계시장을 하나로 하는 자유무역주의와 역내 경제이익만을 강조하는 지역주의가 교차되면서 제주지역 경제의 진로에 대한 모색을 어렵게 하고 있다.

　21세기가 열리면서 제주경제를 둘러싸고 있는 대내외 환경변화가 빠르게 진행되고 있다. 새로운 라운드에 의한 WTO체제의 강화, EU・NAFTA 등 세계경제의 지역화추세, 태평양시대의 도래, 지방화 및 디지털시대의 도래 등의 대내외 환경변화는 제주경제에 엄청난 영향을 미칠 전망이다. 이제 제주경제는 세계를 무대로 한 무한경쟁에서 이기는 자만이 살아남을 수 있는 적자생존, 약육강식의 국제경제질서에 직면하게 되었다. 앞으로의 국제경제질서는 국경이 없어지고 상품과 생산요소가 자유롭게 흐르는 등, 생산시장과 판매시장이 세계화된다. 세계에서 가장 값싸고 품질이 좋은 곳에서 물품을 공급받고, 또 그런 곳에서만 생산이 이루어질 것이다. 노임이 싸고 기술이 우수한 지역에서만 농업 및 공업생산이 이루어질 전망이다.

 21세기에 있어서 제주경제는 대내외경제환경의 변화에 의해 무한경쟁시대를 맞으면서 적응의 위기를 맞고 있는데, 새로운 변신을 꾀하지 않을 수 없다. 앞으로 감귤중시의 1차산업과 경쟁력 없는 관광산업만으로는 적응 위기를 헤쳐나갈 수 없다. 이제, 제주지역 경제발전을 위한 획기적인 전략수단 모색이 절실히 요구되고 있다. 향후 제주지역경제가 선진 지역경제로 도약하기 위해서는 그동안의 발전과정에서 누적된 구조적 취약점을 개선하고, 대내외 경제환경의 변화에 신축적으로 대응할 수 있도록 산업체질을 강화해 나가야 할 것이다. 이러한 대내외 경제환경 변화에 의해 세계화·디지털화 지식기반화로 재편되고 있는 국제경제질서 속에서 제주지역 경제가 제2의 도약을 이룩하기 위해서는 산업의 국제경쟁력 강화를 통한 성장잠재력 확충이 필수적인 과제가 되고 있다.

 이상과 같은 관점에서 제주지역경제가 대내외 경제환경의 변화에 대응하면서 선진 지역경제로 도약하기 위한 지역경제정책의 기본방향을 제시하면 다음과 같다.

 첫째, 21세기 세계화·지방화·디지털화시대를 맞아 제주경제의 지속적인 성장 발전을 위한 전략은 국제자유도시 조성에서 찾을 수밖에 없다. 제주도는 1970년대 이후 관광주도형 지역개발정책을 실시하여 왔다. 이와 같은 관광주도형 지역경제개발전략은 국민경제 및 지역경제적 측면에서 제주도에 많은 영향을 미쳤다. 국민경제적 측면에서 국제수지와 고용증대효과의 증진, 국제문화교류의 확대 등을 가져왔고, 지역경제적 측면에서도 관광수입 증대와 지역경제의 성장으로 도민소득 향상에 기여하였을 뿐만 아니라 지방재정수입 증대에도 기여하였다. 또한, 제주도내에 사회간접자본 투자가 많이 이루어짐으로써 교통·통신·전력 등 주민들의 생활환경 수준을 향상시키는데도 기여함으로써 긍정적인 역할을 하였다. 그러나 부정적 영향도 적지 않게 나타났다. 지역소득의 유출문제, 도민들의 개발에의 참여부진 및 지역투자 부진, 지역간·산업간 개발격차의 심화 등의 경제적 문제점이 나타났다. 이외에도 청소년 비행 및 각종 범죄 발생의 증가, 제주 고유의 전통·풍습의 소멸, 황금만능사고의 팽배 등의 사회문화적 측면의 문제점도 적지 않게 나타났는데, 이들 문제들은 앞으로 지역경제정책의 주요 과제가 되고 있다.

21C를 맞아 제주지역경제는 급속한 환경변화를 겪고 있는데, 이에 대비하여 새로운 발전전략으로 도입, 추진되고 있는 것이 국제자유도시이다. 국제자유도시 혹은 국제자유지역이란 선진국의 경제발전 과정에서 다양한 형태로 운영되어 왔기 때문에 여러가지 형태로 존재하고 있어 하나의 개념으로 정의하기는 힘들다. 대체로 특정지역에 한정하여 국가가 규제를 완화하는 한편 각종 혜택을 부여함으로써 수출입 및 투자 등 국경간 경제활동을 촉진시키는 것을 의미한다. 현실적으로 자유지역이란 자유항, 수출자유지역, 보세구역, 투자자유지역 등 정부가 특별히 지정하는 모든 것을 포괄하는 개념으로 파악되고 있다.

지역경제 발전전략으로서 제주도가 국제자유도시를 조성하는 경우, 제주도는 21C의 새로운 세계사적 조류를 배경으로 관광·무역·금융·물류 등의 부문에서 아시아·태평양의 비즈니스 중심지로서 급격히 성장할 것으로 전망된다. 다가오는 21C에는 아시아·태평양지역이 가장 역동적으로 경제성장을 지속하는 세계의 성장센터가 될 것이고, 이에 따라 환동해경제권, 환황해경제권, 한·일해협경제권 등의 중심에 있는 제주의 역할은 점차 확대되어 갈 것이다.

둘째, 제주지역경제의 성장기반 확충을 위해 기존 주력산업의 고부가가치와 유망신산업의 개발, 육성을 위한 산업정책이 요구되고 있다. 그동안 제주지역경제의 성장원천은 관광산업과 농업이었는데, 세계화, 지방화, 디지털화에 의해 무한경쟁시대를 맞아 기존 농업과 관광산업의 경쟁력이 약화되면서 성장의 한계를 드러내고 있다. 급속한 개방화, 국제화시대를 맞아 그동안 독점적 위치를 누려왔던 감귤 등 농산물이 경쟁력이 약화되면서 기존 농업의 성장은 한계에 다다를 전망이다. 종래의 기후적 비교유리성에 입각한 작목의 재배기술이나 장치산업 위주의 구조개선, 전통적 품종개량기술의 개발 등에 주안점을 둔 농업발전전략으로는 경쟁력 확보가 어려울 전망이다. 향후 제주농업의 기술혁신과 대외 경쟁력 확보를 위해서는 농작물 개량과 생산성 향상에 급진적인 효과를 거둘 수 있는 신기술로 등장하고 있는 생명공학분야의 중점 육성이 절대적으로 필요하며, 이를 통해 침체된 도내 농업부문을 활성화하고 고부가가치 첨단산업으로 전환시켜 나가야 할 것이다. 생명공학은 탈공해형, 자원에너지 절약형, 두뇌기술집약형, 고부가가치형 기술로서 농축산업부문에 기술혁신을 이룩하면서도 환경친화적 지역경제개발을 가능케하여 자연자원의 훼손없이 개발을 추진할 수 있다.

 관광산업의 경우도 그동안 천혜의 자원과 유리한 국제적 조건을 배경으로 별다른 노력없이도 꾸준한 성장을 거듭하여 1980년대 이래 연평균 15% 이상의 성장률을 기록하면서 감귤산업과 함께 지역경제의 2대 주력산업으로 성장하여 왔다. 이러한 성장추세는 88년 서울올림픽을 전후하여 절정기에 달한 후, 1990년대 들어와 국제경제 환경변화에 따른 경쟁력 약화에 의해 성장률이 현저하게 둔화되는 추세를 보이고 있다. 이와같이 제주 관광산업이 성장 둔화를 가져오게 된 주요 원인은 국내외적 관광환경의 변화, 가격경쟁력의 약화, 관광상품개발에 대한 산·관·민에 의한 공동노력의 결여 등이 주로 작용하여 왔던 것으로 분석되고 있다.

일반적으로 지역경제가 건전하고 지속적으로 성장, 발전하기 위해서는 성장기반산업이 지역경제의 근간을 이룬 상태에서 이를 보조하는 연관산업의 발전을 동시에 발전시키는 산업정책이 중요하다. 이제 21세기라는 새로운 바다에서 빠르게 변화하는 파고를 헤쳐나가기 위해서는 종래 성장엔진이었던 관광산업과 농업 등의 고부가가치화전략을 추진하는 것 외에 새로운 성장엔진이 추가되어야 한다. 세계화, 지방화, 디지털화시대에 있어서 제주지역경제의 성장, 발전을 가져올 수 있는 국제경쟁력을 갖춘 유망 신산업분야로 생물산업, 환경산업, 물류산업, 회의산업, 국제금융산업, 문화산업 등이 개발, 육성되어야 한다. 요컨대 21세기 들어와 제주지역경제가 제2의 도약을 하기 위해서는 그동안의 발전과정에서 누적된 구조적 취약점을 개선하고, 새로운 유망 신산업을 발굴, 육성하여 산업체질을 강화해 나가는 산업정책이 절실히 요구되고 있다.

셋째, 지역경제 활력거점을 중심으로 한 산업복합지대의 형성을 위한 지역경제정책이 요구되고 있다. 지역경제 활력거점은 대내외적 경제환경 변화에 대응하여 지역경제구조의 구축에 필수 불가결한 기술, 정보, 인재육성, 지적 서비스 등의 고차원 기능의 집적을 꾀하여, 지역내의 여러 산업군에 대하여 고도의 서비스를 제공하여 지역산업 전체의 고도화, 고부가가치화를 촉진함과 함께 그 활력거점을 연결점으로 하여 전국적인 산업, 기술네트워크를 형성하는 그 지역의 중심핵이 되는 지역을 의미한다.

지역의 경제활성화를 위해서는 지역경제 활력거점을 중심으로 하여 전략적인 산업복합지대(industrial complex)를 형성하는 것이 필요하다. 지역경제 활성화를 가져오는 지역경제 활력거점을 중심으로 한 산업복합지대는 産(전자, 통신, 생명공학, 화학, 기계 등의 첨단기술산업군), 學(공과대학, 민간연구소 등의 연구시설), 住(윤택함이 있는 마을 혹은 주거지 조성)의 각 기능이 유기적으로 연결되어 지역의 풍부한 전통과 아름다운 자연에 현대문명이 조화적으로 융화되고 기술과 문화에 뿌리를 내린 새로운 경제활력이 넘치는 산업지대 혹은 기술도시라 할 수 있다. 산업복합지대 개발은 바이오테크놀로지, 메카트로닉스, 신소재 등과 같은 첨단기술산업을 도입해서 산업구조를 지식집약화하고 고부가가치화하며, 동시에 지역내 기존산업과의 연계발전을 도모하여 산·학·주가 조화를 이룬 지역경제개발을 목표로 하고 있다. 제주지역의 경우 자유무역지대, 과학기술단지 등을 지역경제 활력거점으로 육성하여 지역내 기존 산업군과 연계하여 산업복합지대로 개발할 때 집적경제를 가져와 지역경제 발전의 시너지 효과를 창출할 수 있다.

요컨대 21세기에 있어서 대내외 경제환경의 변화에 대응하면서 제주지역경제가 선진 지역경제로 도약하기 위한 지역경제정책의 기본방향은 국제자유도시의 조성, 기존 주력산업의 고부가가치화와 유망신산업의 육성개발, 지역경제활력거점을 중심으로 한 산업복합지대 형성 등으로 요약할 수 있다.

2. 21세기 제주지역경제의 발전전략

이상과 같은 국제자유도시개발주도형 경제정책의 기본방향을 실현하기 위한 경제개발전략은 다음과 같다.

첫째, 제주지역경제내 기존 주력산업의 고부가가치화를 위한 산업구조조정과 유망 신산업의 개발, 육성이 필요하다. 제주지역경제의 성장원천이었던 농업이 세계화, 디지털화 시대를 맞아 경쟁력이 약화되면서 성장의 한계를 드러내고 있다. 제주농업은 국제화, 개방화 추세를 감안할 때 새로운 환경에서 대응력을 강화하고 국제경쟁력 있는 산업으로 발전시켜 제주경제의 지속적인 성장에 기여할 수 있도록 고부가가치화하기 위한 농업구조조정이 중요한 과제가 되고 있다. 이러한 관점에서 볼 때 국제화, 개방화, 디지털시대에 알맞은 농업구조의 조정은 전업농의 육성 및 법인화, 기술혁신을 통한 국제경쟁력 제고에 있다. 농가의 영농규모 확대를 통한 기간농가의 육성 및 법인화, 그리고 이를 위한 중장기 저리의 금융지원책이 강구되어야 한다. 앞으로는 가격경쟁이 아닌 품질경쟁 면에서 경쟁력을 갖춰 나가야 한다는 점에서 청정무공해 농산물 생산체제의 구축도 요구되고 있다. 한 예로 청정농산물 생산지대의 조성과 유기농산물 생산체제의 구축은 제주농업의 국제경쟁력 제고에 기여할 수 있다. 앞으로 제주농업의 기술혁신과 대외 경쟁력 확보를 위해서는 농작물 개량과 생산성 향상에 급진적인 효과를 거둘 수 있는 신기술로 등장하고 있는 생명공학분야의 중점 육성이 필요하며, 이를 통해 침체된 도내 농업부문을 활성화하고 고부가가치 첨단산업으로 전환시켜 나가는 노력이 필요하다.

관광산업의 경우도 성장 침체를 탈피하여 경쟁력을 강화시키기 위해서는 자연경관 감상위주의 정적 관광에서 탈피하여 관광객이 직접 참여할 수 있는 활동적이고 반복 사용할 수 있는 관광위락 및 수용시설을 확충토록 해야 한다. 관광산업의 경쟁력을 강화시키기 위해서는 실버산업과 회의산업을 육성하여 관광지의 다양화를 기해야 한다.

앞으로 세계화, 지방화, 디지털화 시대에 있어서 제주지역경제의 성장, 발전을 가져올 수 있는 국제경쟁력을 갖춘 유망산업으로 생물산업, 환경산업, 물류산업, 국제금융산업, 회의산업, 문화산업이 개발·육성되어야 한다. 제주지역은 아열대성 최대 원예작물 생산지, 해양수산관련의 다양한 어종 및 식물분포, 다양한 관광자원 등 입지요인을 고려할 때 생물산업내 농업 및 육상식물, 해양자원과 연계한 생물산업 유치가 가능한 지역이다.

또한 제주지역은 무공해 청정지역으로 이를 유지하기 위해 환경문제에 대한 지속적인 관심을 기울일 필요가 있기 때문에 환경산업의 개발, 육성은 유망한 산업이다. 생물산업과 환경산업은 기술원천 산업으로서 R&D가 수년간에 걸쳐 지속적으로 투입되고, 종종 기초연구의 결과가 바로 상품화로 연계되는 사례가 있기 때문에 기초연구를 효율적으로 진행시키기 위해서는 연구개발 인프라가 구축되어야 한다. 제주지역에서 생물산업 및 환경산업 관련 주요 유망분야는 생물농업, 식품 및 사료분야, 의약 및 환경분야, 해양동식물 분야가 될 수 있다.

물류산업은 유망신산업분야이다. 제주도의 국제자유도시 조성을 성공적으로 추진하기 위해서는 물류산업 육성이 필요하다. 전통적인 물류업종인 운송업, 창고보관업 외에 선진국형 물류서비스를 제공하는 새로운 물류업종인 도매배송업, 종합물류업, 제3자 물류업, 물류자회사 등을 육성토록 한다. 그동안 제조업에 비해 차별적인 대우를 받아왔던 물류산업에 대해 제도적으로 제조업과 동등한 수준으로 지원할 수 있는 토대를 마련토록 한다. 회의산업과 국제금융산업의 육성도 요구된다. 제주도는 동북아시아의 지리적 요충이며 관광지로서 주변지역의 회의수요를 충족시켜 줄 수 있는 여건을 갖추고 있어 국제회의산업은 유망산업이 되고 있다.

둘째, 제주도가 국제자유도시로 탈바꿈하기 위해 공항, 항만, 정보통신망 등 기반시설 확충에 적극 노력해야 한다. 항만·공항·도로 등의 교통시설, 국제회의나 행사에 필요한 전시장, 회의장, 호텔, 관광편의시설 등이 확충되어야 한다. 제주도가 국제자유도시가 되기 위해서는 주요 거점 도시들과의 연계망 구축도 요구된다. 교통망의 정비·확충을 위해서는 제주·화순항의 환태평양 전진기지화와 컨테이너 수출입항으로의 개발이 이루어져야 한다. 제주공항 확장 및 국제적 규모의 신공항 건설 등을 통해 국제적 차원의 교통여건을 개선토록 한다. 또한, 정보·통신시설의 자동화·급속화·대량화·광역화 추세에 대응하여 세계 주요 도시와의 자동통신망을 확충하는 한편, 대첨단 정보화 도시의 기반을 조성토록 한다. 즉, 종합정보통신망(ISDN)의 기반구축, 텔레포트(Teloport)의 건설 등도 긴요한 것이 된다.

또한, 제주가 환태평양경제권의 지경학적 중심지로서의 기능을 강화하기 위해서는 대규모의 컨벤션센터나 견본시(messe)를 설립하여야 한다. 정보화·국제화시대에 있어서의 컨벤션은 사람, 물건, 정보의 종합적인 교류의 장이라는 의미로 해석되고 있다.

셋째, 국제자유도시를 성공적으로 조성하고, 나아가 산업의 첨단화·고도화를 위한 과학기술단지를 성공적으로 추진하기 위해 효율적인 외국인 투자유치 대책을 마련토록 한다. 국제자유도시를 성공적으로 조성하기 위해서는 보다 많은 외국기업들을 유치하여야 하는데, 이를 위해서는 유치 경쟁국보다 나은 세제혜택과 양질의 사회간접자본시설, 그리고 투명하고 신속한 행정여건을 제공하여야 한다.

현재 외국인 투자유치를 활성화할 수 있도록 하는 제주도 국제자유도시특별법에 의한 투자유인체제는 국내외의 경쟁지역과 비교하여 외국인의 투자선호나 경쟁국의 투자환경에 비추어 볼 때 비교우위성을 확보하지 못하고 있는 것으로 평가되고 있다. 특히 산업용지의 수급불균형, 금융부문의 낙후성, SOC투자의 부진, 임금의 급상승과 노사불안정 등과 복잡다기한 법적, 행정적 규제 등은 경쟁국의 투자환경에 비추어 볼 때 불리한 편인 것으로 나타났다.

외국인 투자기업의 유치를 촉진하기 위해서는 획기적인 유인체제를 마련하여야 한다. 투자환경 조성과 관련하여 외국인 투자기업에 대해 저렴한 관광단지 등 산업용지를 저렴하게 공급하는 것 외에 외국인 투자기업에 대한 One-Stop 서비스 체제를 구축해야 한다. 외국인 투자기업이 개별 입지를 확보하여 기업을 설립하는 경우 기업설립에 관한 민원 - 산업계획 승인, 공장 설립 승인, 입지지정 승인 - 은 관계기관의 투자 심사위원회에서 합동심사로 처리하며, 신속한 처리를 위해 처리기간에 특례를 부여함과 동시에 기간내 처리여부가 불투명한 경우는 승인, 인가, 허가 등이 된 것으로 간주하는 민원자동승인제를 도입토록 한다.

넷째, 지방자치단체의 지역경제관리능력이 강화되어야 한다. 제주도가 국제자유도시화로 나아가기 위해 국제화, 개방화 과정에서 경영마인드를 갖고 독자적인 지역경제발전을 추진하기 위해서는 자치단체의 경제행정 기능 및 조직이 강화되어야 할 필요가 있다. 지역특성에 맞는 기술개발, 품질관리, 기업유치, 유통촉진, 특화산업진흥 등의 시책을 자율적으로 실시할 수 있어야 한다. 이를 위해 자치단체가 자율적이고 일관성 있게 지역경제 발전을 추진할 수 있도록 제도적 기반이 조성되어야 한다. 특히, 제주지역내 전산업의 개발, 육성을 위한 지역경제개발계획을 수립·촉진토록 한다. 제주도내 관광산업, 농수산업, 제조업, 생물산업, 물류산업 등이 수행하는 경제·사회적 역할을 인식하고, 장기적으로 체계적인 관점에서 산업육성정책을 효율적으로 추진하기 위한 제주경제개발계획(가칭)

을 수립·추진토록 한다. 현재 2010년까지의 목표연도로 한 국제자유도시종합계획이 계획·추진되고 있으나, 이 계획은 계획성격상 물적, 공간적 계획에 치우쳐져 있어 농수산업, 제조업, 관광산업 등의 진흥에는 한계가 있기 때문에 이들 산업의 효율적인 육성 및 투자관리를 위해 5년간의 지역경제개발계획을 도입, 운용하여야 한다. 또한, 지역경제 및 산업행정 분야의 전문인력이 보강되어야 한다. 국제경쟁이 치열해지고 산업구조가 고도화되면서 통상교류가 활발해짐에 따라 산업행정 분야의 인력의 경우, 보다 전문성을 필요로 하고 있다.

국제자유무역지대 및 과학기술단지의 조성, 관리는 제주도 등 지자체와 국제자유도시센터와의 결합에 의하여 추진되고 있는데, 효율적인 역할분담과 협조체제가 구축되어야 한다. 아무리 법제도적인 정비가 잘 되어 있고 외국기업에 홍보를 강화한다해도 궁극적으로 국제자유도시의 경쟁력은 지방자치단체와 국제자유도시센터의 마인드 혁신에서 비롯되어야 한다. 이를 위해서는 공무원도 업무권한을 둘러싼 갈등과 분열보다는 상호협조 속에 주관부서를 중심으로 사람본위 대신에 사업목표를 본위로 업무가 추진될 수 있는 분위기 조성이 필요하다.

다섯째, 글로벌 스탠다드(Global Standard)준수와 도민의식의 전환이 요구된다. 우리나라의 외국기업 유치여건은 미비하여 선진국은 물론 말레이시아, 인도네시아 등 아시아 국가들에 비해서도 매우 저조한 것으로 알려지고 있다. 이는 지가, 임금, 금리 등 생산요소의 고비용 구조와 자금조달상의 애로, 고율의 세금, 사회간접자본의 부족, 복잡한 행정규제, 기업윤리의 부족 등에 그 원인이 있다. 여기에 일반 국민이나 공무원들의 외국기업에 대한 태도가 별로 호의적이지 않음에 따라 접근하기 어려운 나라라는 인상을 주고 있는 것이 큰 요인으로 알려지고 있다.

싱가포르의 경우 다국적 기업의 지역총괄본부가 많이 진출해 있는데, 이는 동경, 홍콩, 등 경쟁도시보다 낮은 임대료와, 영어로 의사소통이 가능하고, 정부규제가 없는데다 방콕이나 자카르타 같은 교통체증과 공해가 없고 치안과 자녀교육 환경도 뛰어나며, 특히 정부관료들이 철저하게 비즈니스 정신에 입각해 있기 때문이다. 따라서 항만, 공항, 도로 등 교통시설을 정비해 기업활동과 관련한 비용을 절감시키는 것 외에 각종 제도를 글로벌 스탠더드에 맞게 보완하여 투명하고 합리적인 기업경영 여건을 마련해야 한다.

그리고 인적자원의 육성과 도민의식의 전환에 대한 적극적인 노력도 필요하다. 국제자유도시 조성에 따른 인력수요에 대비하여 전문관광요원, 국제변호사, 회계사 등이 육성되어야 한다. 특히 지역경제발전전략으로서 국제자유도시개발에 대해 도민들이 보다 자신감 있고 적극적인 자세를 견지할 수 있도록 유도하는 것이 주요과제가 되고 있다. 제주도내 도민의식과 관련해서는 과거 역사적 경험과 최근 제주개발에 따른 부작용 등으로 개발에 대한 의식이 대체로 소극적이고 폐쇄적인 성향이 없지 않다. 앞으로 제주도가 국제자유도시로 나아가는 경우 제주도내 산업의 시장개방은 불가피한 것이며, 개발에 필요한 자본동원 역시 획일적 기준과 선택에서 탈피하지 않으면 안 되게 되어 있다. 오히려 제주도내 자본과 외지자본이냐가 중요한 것이 아니고 개발의 과실이 어디에 떨어지느냐가 중요하다. 이 점에서 볼 때 국내자본과 국외자본의 구분도 커다란 문제가 안 될 것이다. 지역자본이 부족함에도 불구하고 외지자본에 의한 개발에 대해 제주도민의 부정적인 시각이 계속 상존할 때, 제주지역의 경쟁력 강화는 요원한 길이 될 것이다.

V. 결 론

　21세기에 들어와 제주지역경제는 국제경제 환경변화에 잘 적응하고 있는지, 마지막 점검을 해야할 시점에 서 있다. 지역적 차원에서 새 세기의 의미와 변화의 주류가 무엇인지를 꿰뚫어 보고, 이에 따른 지역 나름의 발전 「시나리오」가 정교하게 만들어져 있는가를 확인해야 할 단계이다.
　21세기에 제주도를 둘러싼 대내외 경제환경변화에 따라 WTO체제의 강화, 세계경제의 지역화, 환태평양시대의 도래와 환태평양권의 형성 등이 나타나고 있다. 대내적으로는 지역경제정책을 스스로 주도적으로 집행할 수 있는 지방자치시대가 개막되었으며, 한편 디지털시대가 본격적으로 도래하였다. 한마디로 제주지역경제는 세계화, 지방화, 디지털화에 직면하면서 세계를 무대로 한 무한경쟁에서 이기는 자만이 살아남을 수 있는 적자생존, 약육강식의 국제경제질서에 직면하게 되었다.
　제주경제는 급속한 경제환경변화에 의해 적응이 위기를 맞고 있는데, 경제발전을 위한 전략수단으로 모색되고 있는 것이 국제자유도시개발이다. 지역경제 발전전략으로서 국제자유도시 조성은 고용·소득의 창출효과, 기술이전 효과 등 매우 다양한 경제적 효과를 가져오면서 지역경제내 산업구조를 고도화시킬 전망이다. 또한, 제주도는 21세기에 세계적인 관광 및 비즈니스 중심지로 나아가면서 산업첨단화, 기술고도화·정보화가 급속히 이루어질 전망이다.
　따라서 국제자유도시화 중심의 제주경제 발전전략은 첫째, 제주경제내 기존 주력산업인 관광산업과 농업의 고부가가치화를 위한 산업구조조정과 생물산업, 환경산업, 물류산업, 회의산업, 국제금융산업, 문화산업 등 유망 신산업을 개발, 육성토록 한다. 이외에 공항·항만 등 사회간접자본의 확충, 법·제도적 장치의 마련, 인력확충, 지방자치단체의 경제관리기능 강화 등이 긴요하다. 또한, 국제자유도시 조성을 위한 중앙정부의 적극적 지원, 민간기업의 투자확대, 도민의 합의와 공감대 형성 등 추진체제의 구축이 절실히 요구되고 있다.

 끝으로 어느 나라 어느 지역이든 경제발전이 이루어지지 않는 근본원인은 경제발전을 위한 자본이나 자원이 부족하다는 데 있는 것이 아니라 경제발전을 시도하려는 개발의지가 부족하기 때문이라고 A. O Hirschman은 지적하고 있다. 경제발전을 위한 잠재력은 내용이 다를지언정 어느 지역이나 가지고 있으며, 다만 이것을 발전추진력으로 동원할 수 있는 능력이 경제개발의 성패를 가름한다는 것이다.

제주 지역농업의 과거·현재 검토와 전개방향

강경선 (제주대학교 농업자원경제학과 교수)

I. 서

지역사회는 주체와 환경[1]의 종합체계가 확립되면서 지역고유의 리듬, 지역농림업의 장기적인 재생산구조가 중복되며 새로운 전개 형태가 형성되어 나간다. 그러므로 한 지역에 대한 새로운 발전책을 시도하려면 구래의 지역사회를 구성하고 있는 주체의 합의를 얻을 필요가 있고 또한 도입되는 새로운 체계적 기술, 생산의식은 지역사회 구성원과의 합의가 전제된다.

---

[1] 주체와 환경의 상호작용 관계를 보면 주체(X)·환경(E)의 관계로서 「X⇌E」라는 기호로 표현될 수 있다. 「X→E」관계는 생물(예, 인간)이 환경에 주체적인 작용, 즉 하나의 입력 관계이며 「X←E」는 주체 X가 환경 E에 작용했을 때 그 대응으로서 나타나는 산출관계이다.

그런데 주체와 환경체계를 보면 주체는 개별경영으로서의 속성과 지역사회로서의 속성이라는 이중속성을 가지며, 환경도 마찬가지로 이중의 속성, 즉 개별적 환경과 지역적 환경을 갖게 된다. 이 변화에는 시대를 초월하여 변함이 없는 환경-불변적인 환경과 시대에 따라 변화하는 환경-가변적인 환경으로 구분될 수 있다.[2]

불변적 환경이란 지역의 자연적 환경중 불변적인 것 예컨대 지형, 기상, 지질여건 등을 의미하며 식생 등 비교적 가변적인 것과 구별된다. 인위를 가하지 않으면 지역의 자연조건은 생태적 법칙하에서 항상 고유의 자연적 상태를 유지하는 경향이 있다. 이와같은 자연조건에 의해 형성되는 지역의 자연적 상태를 「지역 원자연」이라 규정할 수 있다.[3]

이상과 같이 지역에 있어서의 주체와 환경을 생각할 때 다음에 문제되는 것은 말하자면 주체와 환경의 매개체로서의 기술이다. 기술도 주체, 환경과 마찬가지로 이중의 속성, 즉 지역이라는 집단으로서의 기술과 개별기술이라는 이중성을 갖는다.

이러한 기술의 이중성을 어떻게 통일할 것인가는 주체와 관련하여 생각되어야 한다. 일반적으로 기업적 전개의 개별주체는 개별적 속성을 중시하는 기술체계를 선택하는 경향을 가지며 지역사회의 종합계를 주축으로 하는 주체는 주체, 환경을 중시하게 되므로 불변적 환경, 원자연에 의거하여 그 위에서 가변적 환경에 대응하려는 경향을 갖는다. 이러한 것은 「지

---

[2] 가변적 환경은 사회적 환경으로 구성되어 노임수준, 지가, 노동수단체계, 사회자본 등을 주요 내용으로 한다. 이들은 지역사회의 시간적 속성과 관련하여 지역사회의 전개, 발전단계, 단계이행과 관계된다.

[3] 자연은 여러 가지 특질적 요소로 구성되며 각 요소는 상호작용한다. 예컨대 기후, 해양, 산야, 생물, 토양 등등은 하나의 소자연계를 이룬다. 자연을 구성하는 제요소간, 각 소자연계 상호간에는 복잡한 이학적·생물학적 제작용이 상호작용하는데 이를 자연법칙이라 하며, 이 자연법칙에 따른 제작용을 자연이라 한다.

역 원자연」의 특성, 즉 생태계를 충분히 파악하여 원자연이 갖는 잠재적 에너지를 일정의 지역주체의 운동에너지로 바꾸는 것을 내용으로 한다. 「지역 원자연」의 자연적 속성을 전체적으로 파악하여 이것을 지역주체에너지로 바꾸는 기술체계를 여기서는 「산지기술」이라 규정키로 한다.[4)]

「산지기술」은 기술의 이중성, 즉 지역 자체로서의 속성과 개별로서의 속성의 양자를 조합시킬 수 있는 기술체계를 뜻한다. 그러한 의미에서 「산지기술」은 광의로는 지역의 관행농법을 포함한다고 볼 수 있다. 그러므로 구래의 「산지기술」인 지역 관행농업체계를 기반으로 하여 이것을 새로운 산지기술 체계로 전환시켜 나가는 데에 고유의 전개방향을 갖는다.

이상과 같은 일반 논리를 제주지역과 연관시켜 볼 때 제주지역이 지니고 있는 농업적 환경의 특성은 무엇이며 그러한 특성 위에 전개된 관행농법은 어떠한 것인가, 그리고 앞으로 전개되어야 할 산지기술체계의 방향은 어떠한 것인가, 또한 이들과 관련하여 이른 바 공동목장(중산간야초지대의 일부)은 어떠한 위치적 특성을 지니고 있는가, 지역주체는 어떤 속성을 지녀야 할 것인가 등 새삼스러운 것 같지만 보다 심층적인 검토가 있어야 될 것이다. 더불어 최근 흙살리기 운동이 그런대로 전개되고 있으며 제주도 또한 제주를 환경농업 시범지역으로 적극 추진하고 있다. 바로 이

---

4) 농업은 채집산업이며 육성산업이다. 그러므로 천연적 자연과의 교섭을 갖지 않으나 자연과 밀접하게 연결되어 있는 산업이다. (유기적)자연은 작목의 생육환경으로 작용한다. 이를 농업적 자연이라고 한다. 이 농업적 자연에 대한 인위적 가공을 통하여 구체적으로 농업생산요인으로서 작동하게 된다. 가공이 어떠한 수준인가에 따라 농업생산력은 변한다. 예컨대 수력발전시설이 천연의 물을 전력자원화 하는 것과 같이 농업적 자연을 가공여하에 따라, 즉 이를 농업자원화 하는 것으로 이해될 수 있다. 그런데 인위적 가공은 기술[노력=인력+기능+수단(생산제수단)]이며 이 기술이 작물과 토지(생산공간)에 입력되어 농산물이 출력되는데, 이를 농업생산력이라 할 수 있다.(물론 농산물과 함께 생산과정의 폐기물도 출력된다). 농업자원화는 자연의 세 가지 기본적 성질, 즉 넓이, 위치, 지력을 통하여 수행되는데, 본 소론은 지력문제를 중심으로 전개된다.

러한 문제와 결부시켜 지속 가능한 제주농업의 발전 방향을 검토해 볼 필요가 있다. 다만 여기서는 개설적인 접근에 지나지 않고 좀더 체계적이고 근본적인 검토가 있어야 할 것이다.

Ⅱ. 제주의 농경적 특성

1. 답작의 논리

긴 역사를 갖고 있는 지역농업의 발전을 살펴볼 때 역사의 귀결로서의 풍토조건을 도외시 할 수 없다.

농업은 과거의 인간이 영위하여 온 대지를 기초로 하여 성립하고 있기 때문이다. 제주는 대지의 기초가 "절리구조"로서 담수의 용기기능을 갖지 못하고 있다. 바로 이러한 특징때문에 우리나라가 monsoon하의 답작 풍토에 알맞는 지역이면서 제주만은 답작 아닌 전작의 풍토를 형성할 수 밖에 없었다. 그러므로 먼저 답작의 논리를 살펴보고 제주의 전작적 특징을 찾아보기로 한다.

크게 풍토라는 측면에서 보면 서구농업(전작중심)에 대한 동양농업(답

---

5) 和辻哲郎;『風土』, 岩波書店, 1973 ; 여기에서 풍토란 토지의 기후, 기상, 지질, 지미, 지형, 경관 등의 총칭이라 말하고 있으며 좀더 확대개념으로 보면 ① 기상이라든가 지형이라는 가장 자연적인 요소, ② 인간생활의 토대를 구성하고 있는 생산이라는 경제적 요소, ③ 관념영역을 구성하고 있는 신앙, 사상, 법률, 예능 등의 사회적 요소라는 인간생활에 불가결의 삼요소를 종합하여 풍토의 구성으로 하고 있다. 그래서 풍토는 이상 보는 바와 같이 인간생활에 있어서 종합적인 자연 기상조건에서 시작하여 경제사회생활, 집, 의복, 신앙, 그리하여 개개인의 인생관에 이르기까지를 포괄하는 종합개념인 것이다.

작중심)의 이질성을 보게 되며 단순히 농업 뿐만 아니라 동서문화의 이질성까지 우리는 보게 된다. 여기에 대한 저서는 和辻哲郞의 유명한 「風土」5)가 있으며 이에 따르면 풍토적 근저로서 동양의 monsoon적 풍토에서의 하우형 고온다습은 농업을 「잡초와의 싸움」으로 숙명지웠고 서구는 동우형으로서 하계의 냉량, 건조의 풍토조건은 야초도 작물로서, 즉 피해를 끼치지 않은 「목초」로 그 성격을 파악하고 있다.

어떻든 주지되는 바와 같이 아시아농업(관개농업)은 물(水)억제가 농업발전의 본질적인 계기를 이루고 있는 것이며 서구농업은 천수의존, 유축전작농업으로서 지력유지방식을 중심으로 전개되어 왔지만 여기에는 생산력발전의 농법적 근거를 내재시켜 왔다. 이에 대하여 아시아농업은 극도의 건조 내지 습윤이라는 자연조건에서 토지이용방식의 독자적인 pattern 형성보다 하천의 치수를 포함한 물의 관리방법에 의존하여 전개되어 왔다.

이러한 의미로는 서구농업과 달리 발전의 기술적, 농법적 근거를 생산과정 자체에 내포하지 않고 지역적인 물(水) 제어방법을 통한 발전의 길이 모색되어 왔다고 말할 수 있을 것이다.6) 또한 하천의 범람 등 자연리듬에 의존하며 계절적으로 편중된 강우에 의존하기도 하는 아시아의 관개농업은 그런대로 발전하였으나 인위적인 수제어수준이 낮았기 때문에 비관개농업은 정체적이었다고 보아진다.

그러면 답작의 문제로 한정하여(전작의 문제는 항을 달리하여 논의될 것임) 물을 중심으로 한 논리를 살펴보기로 한다.

---

6) 한국은 중국, 일본과 마찬가지로 풍토적으로 보아 monsoon 지역에 속하는데 monsoon이란 말은 아라비아어로 mausim(계절)에서 비롯된 말이다. 특징은 여름철에 태평양 방면에서 남동계절풍이 불어오고 겨울에는 시베리아 대륙에서 북남의 계절풍이 불어와 여름에는 심한 더위와 습기를 가져오고 겨울에는 심한 추위와 건조를 가져온다. 그래서 답작 사회를 형성케 한다.

앞에서도 지적된 바와 같이 농업은 토지가 기본적인 생산수단이란 점은 양의 동서를 막론하고 같은 것이며 이를 바탕으로 한 우리의 농업은 첫째, 물을 중심으로 한 답작에 의존하고 있고 둘째, 촌락제농법(village agriculture)이라 지칭되는 바와 같이 개개의 농가 내지 농업경영이 마을을 매개로 하여 생산(생활)이 이루어지고 있다. 이러한 관점에서 본다면 전작에 입각한 소위 농장제농업(farm-system agriculture)형태를 취하고 있는 서구제국의 농업과는 이질적이다.[7] 또한 수도를 연작하는 우리의 농경방식은 전작에 입각한 서구농업과는 전혀 다른 경관을 형성하여 왔다. 예를 본다면 서구농업에서는 기계적인 노동수단이 농경발달의 기본적인 계기가 되었지만[8] 관개농업하에서는 역시 관개시설을 중심으로 하는 토지개량이야말로 농경발달의 주요한 계기가 되며 중경지대를 형성하지만 서구는 비중경지대이다.

답작이란 특수한 토지이용형태는 무엇보다도 「물의 관리」를 그 핵심으로 하는데, 물의 작용을 몇가지 찾아보면 다음과 같다.

답작은 단순한 관개(전작지 관개와 같은)가 아니라 담수상태로서의 토지이용방식을 뜻한다(담수상태하에서의 생산 여부에 따라 답작과 전작으로 대별된다. 관개는 전작지에서도 가능하기 때문에 담수여하가 분기점이 된다). 담수에 의해 수전상태는 전상태와 전혀 다른 이질적인 것이 된다. 즉, 담수를 통하여 작토의 하층토양은 환원상태로 되어 각종 양분 침출을 촉진할 뿐만 아니라 산성 토양의 Ph도 높여주어 수도재배를 가능케 한다.[9] 또한 담수로 연작장해를 회피케 할 수 있어 바로 이러한

---

[7] 서구농업에 있어서의 전작농업은 단순한 전작만이 아니라 축산부문을 결합한 유축농업으로서 형성되고 있음을 간과해서는 안 된다.
[8] 답작은 노동력 낭비적인 사용에 의한 토지생산력 추구적 성격인데 서구의 전작농업은 노동절약적인 노동생산력 추구적 성격이라 볼 수 있다.

mechanism이 수도의 연작을 가능토록 한다. 전상태에서 수도를 연작하면 연작장해로 생육저하를 가져오지만 담수상태를 취하는 답작에서는 이러한 장해를 면할 수 있기 때문에 연작이 가능하다. 이외에 담수상태하의 토지이용방식은 잡초의 무성함을 억제하는 효과를 가지며 또 저수지로서의 기능을 수행함으로써 치수의 효과가 있고 토양침식에 대해서도 저항성을 갖는다.10)

이렇게 보면 답작이란 방식의 토지이용은 우리나라와 같이 온난, 다우로 토양이 산화하기 쉽고 잡초 생장이 왕성한 풍토에 알맞는 토지이용방식이라고 말할 수 있다.

한편 지력유지와 관련지워 보면 답작지는 전작에 비하여 유기물 필요량이 적은 것은 사실인데 그 요인은 첫째, 답작지는 담수상태로서 용기와 같은 노동수단의 기능을 인위적으로 갖게하여 물(水)이나 양분의 로스를 줄여주는 역할을 하며 담수 때문에 산소공급이 적어서 호기성 미생물에 의한 유기물분해가 비교적 지연되므로 유기물시용량은 전작지보다 적어도 좋다.

그렇지만 답작지라 해도 토양미생물을 활성상태로 유지하고 부식을 유지하며 협의의 지력을 확보하기 위해서는 일정량의 유기물을 필요로 함은 물론이다. 둘째, 물은 중요한 생산수단으로서 수전토양의 「비력」이나 「지력」을 규제하는 요소로 작용을 하고 있어 그런 의미에서 지력요인이 되고 있다. 그런데 이러한 물은 집단적 관리하에 있어 개별경영은 지력재생산을 집단적인 질서하에서 일부 이루어지고 있음을 엿볼 수 있다.

제주는 지질의 절리구조-담수상태의 결여는 결정적으로 물의 작용을

---

9) 山根一郎 ; 『土壤學の 基礎と 應用』, 農山漁村文化協會, p.17.
10) 山根一郎 ; 『日本の 自然と 農業』, 農山漁村文化協會, pp.198~199.

상실케 함으로써 전작의 풍토를 형성하여 이상과 같은 「물의 작용」을 오직 인간의 수노동이 담당하여야 하는 어려움을 배태시키게 된다.

2. 제주의 농업환경 - 전작의 풍토

1) 자연조건

농업중심에서는 「부의 원기형태」가 토지이며 이것이 생산 및 생활수단의 기본이 된다. 이러한 제주의 토지는 농업생산에 불리한 화산회토(仮比重 輕髮, 透水性 甚, 土壤有效燐酸不足 및 燐酸吸收係數 多, 不溶性 有機物 多)로서 여기에 장기간에 걸쳐 잡목림의 낙엽이 퇴적, 비로소 농업이 가능한 흑토를 형성하여 실질적인 농경을 성립하여 준다. 또한 여기에 화산활동의 결과 地瘠抒溥하며 자갈 등 화산쇄설물이 지표에 널려있어 소위 石多의 풍토로 표징되어 왔다. 뿐만 아니라 우리나라에서 바람이 가장 강한 곳이 본도와 울릉도인데, 겨울의 북풍은 10m/sec를 넘을 때가 보통이며 때로는 20m/sec까지 보여주어 연 폭풍일수는 거의 1/3 이상에 달하여 소위 風多의 풍토를 형성하고 있음은 주지의 사실이다(유해풍속 7m/sec : 제주 219일, 서울 82일, 태풍내습빈도 1.14년주기 8,9월중 70%). 그리고 동계기온은 제주 5.9℃, 서울 2.6℃로서 온난성을 그 특징으로 하고 있다.

한편 화산회토이므로 하천의 발달은 빈약하며 현무암은 다공질이고 절리와 열하가 많아 빗물이 지하로 스며들기 쉽다. 그러므로 호우가 내리면 (6,7,8월 집중호우) 순식간에 증수하여 황천이 범람하며 일석천리 바다로 흘러 들어가나 비가 멎은 후 10여 시간이 지나면 하도만 남는 무수천, 즉 건천이 되고 만다. 하천의 유수는 상류부에서 용수 또는 유수로서 나타나

표고 500m 부근에서는 완전히 지하로 스며 천변을 따라 복류하며 기타 빗물이 스며 들어간 지하수도 용암층의 경사를 따라 흘러내려 모두가 해안에 이르러 용천대를 이루고 있다. 따라서 해안지방에의 취락은 이들 용천 소재지에 집촌을 이룬다. 이와같이 제주도는 화산암지대이므로 핍수지역이 넓은 면적을 차지하고 있다. 그러므로 음료수는 취락입지의 주요 조건이 되고 있으며 중산간 및 산간지역에 무주지역이 남아있는 것은 용수의 결핍관계가 크다[11]고 지적하고 있다.

그런데 강수량은 년평균 1,440mm이나 영농의 가장 중요한 시기인 춘기 및 초하에는 건조가 심할 때가 있다(20~30일간 한발은 3년에 1회, 10일간 한발은 매년 1회 정도임).

이상의 자연조건은 수재, 한재, 풍재 등의 제요인이 되었으며 그래서 옛부터 지척민빈으로 표현되어져 왔고 3년에 한번의 식량난, 기근이요, 질병의 내습을 역사의 기록에서 얼마든지 찾아볼 수 있다.

농경 풍토를 결정지워준 결정적인 조건은 무엇보다도 지하층의 절리구조로서 대부분의 지역은 담수상태가 이루어질 수 없다는 사실인 것이며 여기에 화산회토의 보수성 결여가 그 지배적인 조건이 되고 있다. 바로 이러한 조건들은 우리나라가 monsoon권하에 있어 답작이 지배적인데 이 속에서 전작을 영위하여야만 하는 전작의 풍토를 형성하는 것이 제주도의 농경지 특성이라 아니할 수 없다. 전작의 풍토는 서구가 그 전형성을 보여주지만 제주는 이와 전혀 다른 이질성을 보여주나, 한편 토지이용방식-농법에 있어서는 유사성을 보여주는 바 없지 않다. 그래서 농법을 중심으로 그 이질성과 유사성을 찾아보는 것은 매우 중요한 과제의 하나라

---

11) 姜錫牛 ; 『新韓國地理』, 새글사, 1971, pp.259~260.

생각되며 앞으로의 토지이용방식을 설정하는 데 하나의 지표가 될 수 있을 것이다.

2) 풍토적 특성

和辻은 동양의 monsoon적 풍토에서 하우형의 고온다습은 농업에 있어서의「잡초와의 싸움」으로 숙명지웠으며 전작의 풍토인 서구는 동우형으로 하계의 냉량·건조는 목장의 풍토를 형성했다고 지적한 바 있다. 또한 하계의 건조와 동계의 습윤은 잡초를 구축하여 전토를 목장으로 가능케 했다고 하지만 서구에 있어서도 잡초가 작물의 대적임에는 동서를 막론하고 마찬가지이다. 동양에는 발생하지 않은 북방성의 thistle 등 숙근성 잡초는 남방성 잡초에 비하여 비교되지 않을 만큼 흉악성을 갖고 있으며 이것이 미국에 수입되었을 때 북부제주의 작물에 큰 피해를 주게되어 잡초방제에 대한 연구에 자극을 준 바 있다.12)

생각컨대 온습한 아시아에서는 많은 노력으로 잡초의 무성을 억제하고 곡물의 유연한 기부, 근부를 도장하지 않도록 하는 耨耕的 農耕(hackenbau)13)으로 식물의 정력을 결실케 하였다.

이때 답작의 경우 물(水)의 작용은 잡초의 성장을 억제해주는 기능이 결부되지만 제주도는 물의 작용이란 자연적 mechanism이 결여된 채, 더욱이 본토에 비하여 1년중 고온을 유지하며 겨울의 지형적 강설이 빈번하여 한국의 지중해, 즉 동계동우지대를 이루고 있어14) 한층 잡초를 포함한

---

12) 農政調査委員會 編 ;「農業經營」,『体系農業百科辭典 5券』, 地球社, 1965, p.24.
13) 耨耕은 中耕과 같은 의미를 가지며 근엽류와 같이 中耕 除草 등 많은 노력을 요하는 농경임. 동양은 곡물생산 = 답작농업에 耨耕이 적용되었고 서구의 비관개농업(전작) 경지(arable land)의 곡물생산에는 非耨耕(犁耕)이, 園地(garden)의 園耕에는 耨耕이 적용되었음.

초목의 성장을 촉진시켜 주는 환경이 추가됨을 그 특성으로 하고 있다.

그러므로 제주도는 전작의 풍토하에 잡초방제와 결부되어 耨耕(호미와 괭이 이용)이 지속되어 온 데 비하여 서구의 전작은 犁耕(쟁기이용), 우마경이 발달하여 기계경으로 이행함을 보게된다. 다시 말하면 제주는 monsoon형, 아시아의 고온, 다우, 다습 - 관개농업(bewässerungs kultur) - 耨耕하에서 지질의 절리구조와 화산회토의 보수성 결여는 담수상태, 즉 용기적 기능의 결여(답작불가)로 전작농업(feld kultur)을 그러면서 非耨耕(犁耕중심의 곡물, 목초생산이며 중경, 제초과정이 배제되어 상대적으로 많은 노력이 요하지 않음)이 아닌 耨耕(手鍬耕 - 中耕, 除草과정을 필수로 하여 많은 노력이 요함)이라는 상반된 농경형태를 보여준다.

제주의 농경은 和辻가 표현했듯이 「잡초와의 일종의 싸움」으로 시종하여야 하는데, 이것은 농작업중 가장 고된 작업이다. 그것도 예나 지금이나 할 것 없이 밭 네 구석을 돌면서 손으로 제초해야만 한다. 한편 잡초 삼제 방법의 발달을 보면 대략 두 가지로 나누어 볼 수 있는데, 같은 전작이면서도 서구와 제주는 확연히 구분되어진다.

그 하나는 가을에 발아하여 봄기간을 이용 생육 개화하고 여름에 들어서기 전에 결실하는 잡초(또는 草)지역, 즉 동초지역(서구)에 발달한 경토 반전 제초법으로서 수확후의 그루(적지)를 고마력 - 사두, 8두, 또는 16두의 연축마력 - 犁耕에 의하여 깊이 갈아서 지표면을 뒤엎는 방법이다.

즉, 표면의 잡초종자는 땅속 깊이 들어가 발아가 되지 않고 반대로 깊이 있던 뿌리는 표면으로 노출케 하여 숙근성 잡초의 근부를 동기간에 동결시켜 삼제하는 방법인 것이다. 이런 형태는 서구농업에서 근래에까지 지배적 경영방식이었던 삼포식 농업에서의 제초방법이었던 것이다(냉량,

---

14) 禹樂基;『濟州道』, p.89.

건조한 계절에서 자라는 풀(草)이기 때문에 대체적으로 부드럽고 유연한 양질의 풀(草)임).

또 하나는 우리나라와 같이 고온, 다우, 습윤 등과 결합되어 자라는 풀이 지배적이 지역(봄 3~4月에 나타나기 시작하여 여름의 고온, 다습을 이용하여 성장, 개화하여 가을에 결실하는 풀), 즉 하초지역에서 발달한 직접적인 제초방법이다. 이때는 직접 손으로 뽑아 내거나 답작의 경우 농구로 삼제하게 된다. 이상과 같이 제주는 봄부터 여름까지의 잡초의 번무와 함께 인간에 유용한 작물의 생육을 함께 하고 있어 인간의 손으로 제초를 함으로써만이 수확을 할 수 있는 농경풍토를 형성케 하고 있으며 더욱이 물(水)의 작용 결여는 잡초의 번무를 조장케하여 제초를 어렵게 하고 있는 농업환경인 것이다.

또한 앞에서도 지적된 바 있지만 아시아의 누경농업 - 답작은 "물의 관리"라는, 즉 관수조건만 좋으면 무시비의 조방경영으로 연작하여도 일정량의 생산이 가능한 반영구적이다. (그러나)전작에서는 무시비면 몇 해 안 가서 지력이 소모되어 동일경지에 동일작물을 연작하는 것은 곤란하다.[15] 그러므로 제주는 연작의 피해 방지, 잡초제거 등에 서구적 농법 변화의 방법(예, 유축화로 지력유지체계 확립, 휴경 등)으로 대응하여 왔음은 경험적인 결과에서 유추하고도 남음이 있다.

3) 유축에 의한 지력유지

제주는 탐라개국신화에서도 駒, 犢에 대한 기록으로 시작되고 있어 옛부터 목축이 왕성하였음을 우리들에게 알려주고 있다. 고려, 조선의 역사를 거치면서 공마는 제주가 담당하는 주요 기능의 하나였으며, 그 당시 국

---

15) 中島健一 ;「封建遺制の 歷史地理學的 省察」,『日本人文科學編』, p. 263.

가시책의 하나로 제주에 목장을 설치하여 감목관을 두는 등 목축증식책을 펼친 바 있다.16)

그런데 아시아의 농업은 수전농업의 무축적, 미단작, 인력경작, 소규모 경영에 대하여 서구의 전작농업은 소맥작, 기계경작, 대규모경영의 전통은 수전토양과 전작토양의 현저한 자연의 상이에서 비롯된 것으로 보고 있다.17) 서구농법에서도 살펴본 바와 같이 농법변화로 지력유지를 해 왔는가 하면 가축의 구비는 실로 불가결의 지력유지수단이기도 했다. 전작농업은 구비없이 있을 수 없었고 구비는 또한 가축없이 있을 수 없다함은 지적된 바 있다.18)

한편 무축의 의미는 명확히 되어 있는 것은 아니지만 이것을 농가 가축사육의 유무나 또는 국전체의 가축밀도의 대소 등으로 판단되어지는 것이 아니라 농업생산에 있어서 가축사육과 경종과의 유기적 유대결여로서 이해되어야 할 것이다. 이러한 의미에서 동양농업의「무축성」은 긍정될 수 있을 것이며 이것이 서구적인 농법유형과 다른 동양적 유형을 규정한다고 생각됨은 물론이다.

가축과 농업과의 관련을 보면 ① 역축적 기능 ② 용축적 기능 ③ 분축적(구비적) 기능의 세 가지인 것이지만 농법단계에 따라 그 중점적 관계는 다르다. 즉, 봉건적인 주곡식(삼포식) 농법에 있어서는 ① 및 ③의 기능이 중심이었지만 근대적인 윤재식 농법에 있어서는 ② 및 ③의 기능으로 중점이 이행된다. 우리나라는 옛부터 용축이 결핍되어 있어 그러한 의미에

---

16) 世宗實錄 地理誌에 의하면 濟州牧馬多至 萬餘四이라 하여 세종 3년, 1421년 무렵 마필수는 萬頭정도였음을 추측케 한다. 또한 본도 개도 시초부터 목축이 전제되었지만 목장을 설치하고 전업으로 목양한 것은 고려말엽부터 보는 것이 일반적이다.
17) 崔鍾軾 ;『農業政策論』, 一潮關, 1977, p.17.
18) 가축을 경영과 결부하여「필요악」(a necessary evil)으로 보았다.

서는 동양적 "무축성"이 근래에까지 계속되어 오는 바이지만, 역축 및 분축적 기능상에서의 "무축성"은 한마디로 단정하기 곤란하다. 다만 거시적 측면에서는 무축성이지만 미시적으로는 무축성이라 말하기 어렵다. 왜냐하면 한국에서는 삼국시대 이래 犁耕이 있어왔기 때문이다. 그러나 다만 이 犁耕은 手耨耕 농법과 결부되어 있어 이러한 측면에서 무축성이라 표현되는 것뿐이다.(서구는 삼포식 때 4-8두의 連畜犁耕 － 중경제초 없음, 윤재식 때 1-2두의 連畜犁耕 － 축력중경(hole-plough), 축력조파기(drill-plough) 이용.)

문제는 목축이 운반 또는 농경적인 의미에서의 역축적 기능(단순 犁耕은 오래 전부터 있어왔으나 축력농구는 미발전)과 분축으로 이용된 경우가 대부분이다. 농경상 역축적 기능이 중심이었으나 犁耕체계(축력이경, 축력조파, 축력 중경제조 등과 함께 축력농경구의 발전)가 미전개되어19) 소위 「수누경농법」에 머물고 있었음은 한국 뿐만 아니라 동양적 농법을 특징지워 주는 매우 중요한 특질이 되는 것이며 이 수누경 농법의 극치적, 집중적 표현을 수전농법에서 보여주는 바다.

제주도가 이 범주에 있음은 물론으로서 축력의 발전적 이용, 즉 축력농구의 발전이 없이 人耕(前曳法) 가래 또는 따비(朱柜), 鋤(spade), 장기 등 소농구에 머물렀다(우경 - 소위 단축방식에 의해 견임됨- 본토에 비해 훨씬 늦게 이입된 것으로 보아진다).

그래서 제주지역에서 쟁기사용이 언제부터인지는 필자로서는 알지 못하고 있으며 관영목장은 오래 전부터 있어 왔지만 민간의 가축이용(역축)

---

19) 서구는 삼포식농법에서 보통 4~8두의 연축(소 또는 말)으로 犁耕이, 윤재식 농법단계에서는 犁의 개량으로 축력조파, 중경기가 발명되어 축력용 농경구가 획기적으로 발전한다.

은 광범하게 제한된 것으로 생각된다.[20]

4) 지력 유지와 중산간 지역

우리나라의 농법은 중세로부터 현재에 이르기까지 영세 농경제하에 수전을 중심으로 하는「원예적 농법」(garden culture)으로서 지속하여 왔다. 봉건시대에는 곡물연작적인 농업의 지력보급을 경지이외의 토지로부터 지력이전에 의존한 점은 서구의 삼포식 농법과 유사하는 바 없지 않지만 그 매개는 방목가축에 의하지 않고 인력에 의해 이루어졌다. 즉, 목야나 하천부지, 제방, 휴반 등에 산재하고 있는 야초, 낙엽, 농업부산물(볏짚) 등의 유기물을 인력으로 모아 논밭에 까는 형식이었다(물론 상층농은 가축과 일부 결부된다).

앞에서도 지적된 바와 같이 답작에서는「물의 작용」으로 연작이 가능하며 전작보다 유기질 사용이 적어도 그런대로 생산력을 유지할 수 있었다(인구부양력이 높다). 그런데 제주지역의 전작은 협의의 지력[21]을 유지하기 위해서는 답작보다도 다량의 유기물을 필요로 하는데, 전작지는 볏

---

[20] 三國遺事에서 쟁기 혹은 따비 종류의 출현을 신라전기(3-4세기)에, 또한 이때부터 우경이 적어도 싹트고 있었다는 것을 알려주고 있으며 三國史記에는 서기 502년「始用牛耕」이라는 기록이 약간 뒤늦게 나온다. 이것은 아마 국가에서 널리 보급시킨 단계에 들어간 것을 말한 듯하다. 그런데 고려시대의 목마사업이 조선시대에 들어와서도 그대로 계승되었으나 관의 목마사업은 엄격한 관리와 상벌이 강행되었던 바 금법(식육금지, 승마금지, 사매매 금지 등)과 부담요구 등 심한 처사가 있었다.; 李春寧,『한국농학사』, 민음사, 1989, pp.41~42, p.69.

[21] 토양중에는 물과 영양소가 함유되어 있어서 식물은 이를 이용하여 유기물을 생산하는데 토양중에 있는 물과 양분 등이 어느 정도 유용하게 흡수될 수 있는가는 그 토양이 매개체로서의 능력차에 의한다. 그러므로 좁은 의미의 지력이란 매개체로서의 토양의 능력을 말하며 넓은 의미로는 토양중의 양분존재량 및 그 매개체로서의 능력 두 가지를 뜻한다. 그러므로 지력유지에는 영양분을 지속적으로 공급해주는 일도 중요하고 이러한 영양분을 식물이 잘 흡수할 수 있도록 하는 토양 미생물과 단립구조 등에 의한

짚 등과 같은 유기물 산출이 적기 때문에 더욱 유기질 공급원이 요구되었다. 그럼으로써 서구농법과 같이 방목가축에 의존하는, 또한 이것을 성립케 하여 준 것이 중산간의 광대한 자연초지(commons) 및 영구방목지(permanent pasture)인 것이다.

즉, 영구방목지와 경지를 유기적으로 결합시켜 당연히 일어나는 지력소모를 이 자연초지의 야초(유기물)로 보급하였던 것이다(앞에서도 본 바와 같이 제주의 목축은 순전한 초지 방목형태로서 그 특징을 찾아볼 수 있다). 다시 말해서 초지로부터 경지에의 지력이전방식을 취한 것이다.

이 지력이전의 수단으로서 가축의 배(復)를 통하여 축사에 운반된 구비가 경지에 공급되도록 하는 system이 바로 지력 유지의 핵심적인 방법이었다. 이것은 「작물 생산력의 확대⇌중산간 공동목장의 이용⇌동기 舍飼의 철저⇌구비의 증산과 경지에의 환원」을 체계화한 것으로서 작물과 가축 양부문의 생산력이 병행 발전하는 체계 - 공간적 존재로서의 지

토양기능을 활성화시켜 주어야 한다. 여기에는 유기질의 보급, 윤작체계, 경운, 정지 등을 통하여 토양기능을 유효화 할 수 있다. 그런데 현실적으로 화학비료 등의 외부에 의한 영양공급은 과다하게 이뤄지고 있으나 토양기능 활성화에는 문제되고 있다.

22) 국영 목마장은 고려시대로부터 비롯되고 있지만 마을중심의 공동목장은 언제부터 비롯되고 있는지 남도영 ; 『제주도 牧場史』, pp.191.에 다음과 같이 기록하고 있다. 즉, 국영목장으로 기능하던 1소장은 1895년 공마제가 폐지되면서 사유지 또는 국유지로 전환되었다. 일제시대 토지조사령이 발동되면서부터는 목장에 대한 소유권이 생기게 되었는데 1소장지역도 주민들이 이 지역을 마을 소유로 신고하여 공동소유로 유지할 수 있었다. 추측컨대 이때부터 공동목장과 함께 민간축산이 활발히 전개된 것으로 생각된다. 일제는 1933년 군수물자의 조달을 위해 제주축산개발계획의 일환으로 목장지대를 정비하고 단위 마을별로 마을공동목장을 설치하여 우마의 생산을 장려하는 한편 생산된 우마는 군수물자로 반출되었다.
이상 살펴볼 때 국영 목마장이 민영화가 되는 과정에서 마을공동목장이 시작되어 1933년 축산개발사업에 따라 중산간 일대에 100여 개소가 설치된 바 있다(그런데 이 공동목장에 대한 검토는 달리 있어야 할 것이다).

역농림업 재생산 system이었다. 그러므로 중산간의 공동목장[22] 등 자연초지는 그 자체의 독자적인 존립이라 보기보다는 해변지역의 경작지와 유기적으로 결부되는 생산복합의 종합체로 파악되어야 할 것이다. 다시 말해서 중산간 지대는 해변지대 경작지의 지력보급기지로 파악되어야 함이다.

Ⅲ. 제주 지역농업의 변천

1. 인력·축력 단계(과거)

지력이란 토양중에 있는 작물생육에 필요한 물질량의 다소를 나타내는 비력과는 달리 토양중에 이미 있었거나 또는 시용되는 영양분을 유효하게 이용하여 작물을 생육시키고 수량을 올리는 능력을 말하는 것으로 경영면에서 보면 토양이 작물재배를 통하여 수확을 올리는 종합적 능력이라 할 수 있다.

---

[23] 지력유지는 3가지 단계를 거쳐 도모되어 왔는데 ①약탈적 지력평형 ②자력평형 ③외부보급이 그것이다. 진흥복 ; 『최신 농업경영학』, 선진문화사, 1983, p.128. 농경방식(농법)으로 보면 약탈적 지력평형은 화전식이며 자력평형은 휴한·양축·작물교체가 이뤄지는 삼포식(3年 2作) → 농업혁명이 비롯되는 윤작식 농법(휴경이 없어지면서 예컨대 마령서-clover-연맥-옥수수-대두-소맥의 6年 6作, 즉 1年 1作(토지이용률 100%)이 성립되어 왔다.(아래 그림 참고) 그렇다면 제주지역(크게는 한국)에서는 어떠하였는가? 화전식(원시농법)에 이어 영세농경이라는 특징에서 토지·노동집약적인 4年 6作 2休耕(토지이용률 150%) 또는 1年 2作(2毛作으로서 토지이용률 200%)이 있어 온 것으로 생각된다. 4年 6作 2休耕 = (1年次) 大小豆 混作―大麥, (2年次) 조―大麥, (3年次)大小豆 混播―休耕, (4年次)조―休閑, 1年 2作(2毛作)=大麥―雜穀(조·두류가 기본형) ; 高橋昇:『朝鮮半島의 農法과 農民』, 未來社, 1998, pp222-295(이 책은 저

그러므로 자연이용의 유기적 과정인 농업은 자연의 기본적 성질, 즉 넓이·위치·지력을 통하여 수행되는 산업이다. 여기서는 경영규모나 입지적인 측면은 검토외로 하나 지력의 유지[23]를 어떻게 하면서 이것은 다시 말해서 농업전개의 기초구조라 할 수 있을 것이며 여기에 노동수단체계가 어떻게 규정되어 왔는가를 중심으로 간략히 제주지역 농업의 변천을 살펴보고자 한다. 「지역농림업의 발전단계」는 노동수단 체계에 따라 규정될 수 있는데 노동수단 체계의 고도화는 인력에서 축력으로, 더욱이 기계력으로 이행하는 형태로 전개된다. 이에 따라 지역고유의 주체·환경계는 사회내 환경의 변화에 대응하여 새로운 주체·환경계가 확립되어 나간다. 새로운 농림지 생태계의 제어방식을 확립한다.

노동수단체계가 인력·축력단계[24]인 근세 및 최근에 있어서 아시아 monsoon 지역 - 답작지대는 「물의 관리」가 중심이었다. 반면 제주의 전

자가 1939년 제주를 방문 직접 작부체계를 조사·정리한 것이다) 또한 이 책에 따르면 1年 1作, 즉 (1年次) 陸稻—(2年次) 馬鈴薯—(3年次) 맥류의 작부체계(토지이용률 100%)도 보여주고 있어 휴한지가 상당히(2/3~1/3) 있어 왔음을 알 수 있다. 한예로 1934년 경지면적은 93,154ha이나 34,723ha의 휴한지가 포함되어 있다. 추측컨대 200m 이상의 중산간 또는 퇴비사정에 따라 해안지역에도 휴한지가 있었을 것이나 중산간은 조방적인 해안지역은 보다 집약적인 토지이용이었을 것이다.
그런데 여기서 한 가지 알아둘 것은 서구의 농법은 1년 단위의 휴경 또는 경작이며 제주(한국)는 작기(반년)단위의 휴경 또는 경작의 작부체계는 성립시켜 서구보다 훨씬 토지·노동집약적이라는 점이다.

〈농업의 전개〉
대전식(화전식)→삼포식→곡초식→윤재식→자유식

```
       ┌── 봉건상태 ──┐
       │(곡물단계)----│→(목초단계)│→(낭채단계)
  원시상태      중세농업      과도단계      농업혁명단계
```
※가내수공업단계 → manufacture → 공장제기계공업

〈 참고 〉 졸저:『제주 지역농업의 발전 정책』, 제대출판부, 2001, p.13.

작지역은 「자연초지 - 가축의 관리」가 중심이 된다. 그런데 자연초지의 관리는 생태계의 천이의 진행을 억제하기 위해서 인위적 제거가 필요한데, 그 방법으로는 화입에 의해 광범위하게 보편적으로 관행되어 왔다.

화입을 통하여 초지 생산력의 증가 기대와 원야의 입목지화는 영년생 야초의 株化의 진행을 억제하기 위한 방편으로 습관화되어 온 것이다.[25]

이러한 화입형태는 60년대에 들어서서 삼림법 등의 규제로 금지되었다가 최근 90년대에 들어서서 허가에 따라 극히 부분적인 화입이 이뤄지고 있다. 그동안 화입금지는 영년생 야초의 株化가 진행되어 방목이 곤란해지고 야초지 이용의 저하 또는 방치로 이어졌다.

이상 살펴본 바와 같이 이 단계의 초지 이용형태는 구래의 화입 방목에 의한 고유의 농법체계에 따라 말하자면 耕·草·林·畜의 생산 복합을

---

24) 인력단계에서 축력단계에의 이행은 우마두수의 증가와 결부되나 특히 飼養牛馬의 기능 변화와 관련하여 파악되어야 할 것이다. 그런데 牛馬耕의 보급율에 대한 자료가 불확실하기 때문에 인력 축력단계를 구분짓지 않고 여기서는 합계 사용하고 있을 뿐이다. 그런데 제주에서 쟁기가 언제부터 이용되어 왔는지는 〈주20〉에서 논의된 바 있지만 본토와 같이 삼국시대 이후로 볼 수가 있다.

그러나 한편 〈주23〉의 高矯책에서 제주의 쟁기를 몽골풍의 하나로 기록하고 있음을 참고하며, 고려시대에 100여 년간 元(몽골)의 간접지배가 있었던 것을 생각하면 小型犁는 몽골을 통하여 전래된 것으로 추측해 볼 수도 있을 것이다. (몽골유습; 鎌=大낫, 小型犁, 乘馬具, 馬糞연료, 지명, 호미=골갱이 등인데 이들에 대한 깊은 검토가 있어야 함은 물론 본토를 통하여 전래된 것인지에 대해서도 깊은 고찰이 있어야 할 것이다)

한편 1601년 제주에 왔던 金尙憲의 南尙錄(제주사자료 총서①, 제주도 1998, pp235-500)에서도 매우 작은 것으로 표현되고 있다(余見耕田者 農具甚狹小 如兒戲之具間之 則日入土數寸嚴石 以比不得深耕云) 제주의 쟁기는 小型犁임을 알 수 있다.

〈참고〉 세계의 쟁기유형은 여러 가지가 있는데 한국-중국-일본은 中國犁=동아시아 型犁(Rahmenpflug)에서 개량, 이용되고 있는 것으로 보고 있다. 이런 型은 조와 쌀농사에 알맞은 유형이며, 耨耕과 결합되어 中耕農法이 지배적인 동아시아·몽골系犁耕地域圈을 형성시켜주고 있다

위와 같이 볼 때 畜力단계가 언제부터인지는 설정하기 매우 어려우나 쟁기이용은 고려시대 이후가 아닌가 추측할 뿐이다(필자로서는 확실히 알 수 없다.) 그리고 기계력(경운기)단계는 1970년대 이후가 된다

불가피하게 하고 있다. 이것은 조방적이기는 하였으나 지역합리적인 방목기술체계를 확립한 것이었다.

즉, 봄부터 가을까지는 공동목장을 중심으로 중산간일대에서 방목이 이루어지고(마을 단위를 중심으로 번이라는 방목조직에 의해) 가을 이후는 해발 200-300m에 산재하여 있는 채초지에서 예취 - 건조 - 운반된 건초로 舍飼하여 겨울을 지내는 우마의 夏山冬里 사양방식을 취하였던 것이다. 또한 가축관리는 자급(초지사료 및 농업부산물 중심)을 원칙으로 하였고 공동목장 구성원(조직원)에 대하여는 동등한 공동체적 인간관계를 형성 유지하였다.

그리고 공동목장을 중심으로 하는 「지역원자연」에 대하여 마을단위의 「지역사회투자」(노동력 제공 및 보수비용 부담 등)가 이루어졌다 〈그림 1〉.

그럼으로써 방목 및 채초를 주로 하는 지역관행농법[26]이 창출되어 「지역원자연」은 자연목야로서 재생산될 수 있었다. 즉, 「지역원자연」 + 「지역사회투자」 + 「지역관행농법」 + 「자연목야」는 지역사회 관리조직 = 마을 공동목장이용 조직체에 의하여 관행에 따라 관리 · 유지되었던 것이다. 이때 개별경영체는 경지(해발 200m 이하)와 자연목야(해발 200m 이상)를 integrate하여 耕 · 草 · 林 · 畜의 생산복합으로서 비로소 성립할 수

---

25) 자연목야는 자연상태대로 두면 억새, 나무 등의 침입으로 인하여 결국 산림화 또는 불모지화되고 만다. 그래서 방목 · 草이용은 저하된다(자연생태계에 따라 단년생 야초 → 영년생 야초 → 陽樹 → 陰樹에의 식생 · 천이가 진행되므로서). 그러므로 자연목야를 이용하여 축산부문 경영을 유지하려면 이와같은 식생 천이를 억제하지 않으면 안된다. 그 억제 방법으로는 첫째로 자연야초의 식생 = 영년생 야초의 재생산을 유지하는 일이고, 둘째는 본문에서 지적된 바의 영년생 초야의 천이 진행을 제어하는 일이다. 그런데 첫째의 방법으로는 土 - 草 - 牛馬의 물질순환을 확보할 수 있도록 방목 · 채초의 방법으로 제어하는 것이며 둘째의 방법으로는 관행적 자연 목야의 이용 방식으로서 방목 - 채초 - 화입의 system에 따라 적절히 이용하는 방법이 있다. 岩間泉 ; 『草地畜産の再絢と産地技術』, 明文書房, 1985.에서 참고 · 인용되었다.

있었다. 이와같은 「지역원자연」, 「지역사회투자」에서 형성된 조방적인 지역관행농법은 장기간에 걸쳐 시행착오적 경험을 거듭한 결과 이루어진 것으로, 조방적이기는 하나 monsoon 권하의 전작의 풍토라는 환경조건 하에서는 매우 합리적인 농법 - 일종의 eco-system 체계를 창출했던 것이라 사료된다 〈그림 1〉.

〈그림 1〉 목축산지 system의 전개도식

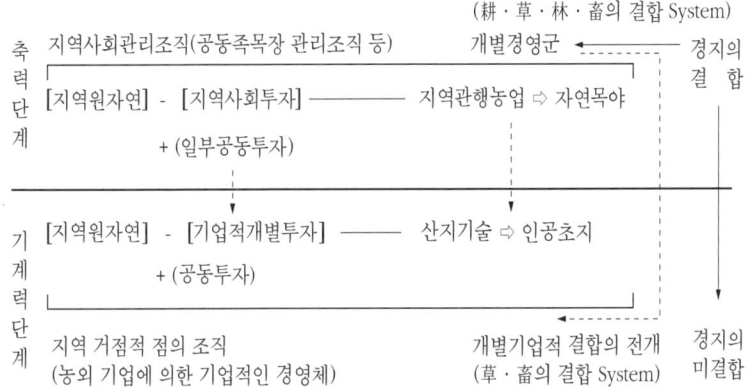

26) 지역관행농법 - 자연목야의 식생천이억제 system. 즉, 화입·방목·채초는 집단적 제어를 필요로 한다. 이와같은 중산간 자연목야의 제어조직이 마을 공동목장 조직인 것이며 장기간의 시행착오적 경험을 통하여 형성된 것으로서 영년생 야초와 우마가 결합되고 여기에 유기적인 해안지역의 일반 경지가 integrate하여 자기완결적으로 이뤄지는 농법(eco-system)으로서 耕·草·林·畜의 생산복합을 기본으로 한다.
전통적 또는 관습적 농업은 오늘날의 농업 = 현대농업과는 다른 과거의 농업이다. 농경은 매우 풍토성이 강한 문화로서 지역에 따라 성격이 다른 농경이 존재하여 전승되어 왔다. 전통적 농업 = 관습적 농업은 낮은 기술수준에 의존하여 자연변동에 생산은 불안정하며 생업적 농업이다.

〈그림 1〉에서 지적되는 바와 같이 축력단계의 관행 또는 관습적 농업은 제주의 자연목야와 integrate하여 耕·草·林·畜의 생산복합을 이뤄왔다.

오늘날 농업으로 보면 친환경농업, 즉 유기농업과 유기축산을 우리들의 선조는 몸소 실천해 왔다고도 볼 수 있는데 지력유지체계와 연결시켜 보면 耕·草·畜이 결합하여 자력평형이 성립되어 온 것으로 그것은 자연생태계의 물질순환을 성립시켜 온 것이다[27]〈그림2〉.

〈그림 2〉 생태계를 중심으로 한 농업의 물질순환

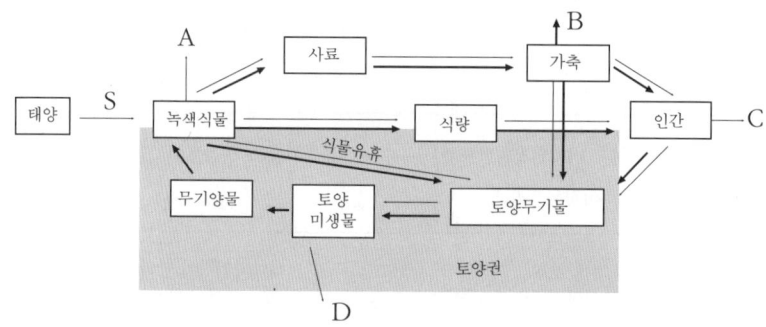

외부보급(화학비료 등)이 이뤄지기 전에는 농업은 녹색식물의 광합성을 기초로 한 자연에너지의 전류, 물질환경계를 이용하는 산업이었다. 녹색식물은 양분과 물을 토양으로 얻어 광합성에 의해 유기물을 만들어낸다. 그 중 식량과 사료는 얻고, 줄기 등은 토양에 환원되고 또한 인간과 가축을 통하여 얻는 유기물은 재차 토양에 환원된다. 토양에 되돌아온 유기물은 토양 미생물에 의해 분해되어 무기양분이 되고 이는 재차 녹색식물

---

27) 桃野作次郎 編 ; 『農業經營要素論·組織論』, 地球社, 1979, p.51.

에 이용된다. 이러한 물질순환은 질서 정연히 반복된다. 이러한 물질순환은 앞에서도 지적된 바 있듯이 「작물생산량의 확대」⇄「중산간 공동목장의 이용」⇄「동기사사의 철저」⇄「구비의 해안 경지에의 환원」을 체계화한 것으로서 작물과 가축 양부문의 생산력이 병행, 발전하는 체계 - 지역관행 농법이 성립된 것이다.

2. 기계력 단계에의 이행(현재)

현대농업(근대적 농업) 단계를 포괄적으로 표현하여 노동수단의 하나인 기계력을 상징적으로 하여 현재를 기계력 단계라 칭하였다. 기계력 단계는 우리나라 전체로 볼 때 정부에서 농업기계화를 본격적으로 추진하기 시작한 것은 제2차 경제개발 5개년 계획과 때를 같이 한다. 물론 이전에는 농업기계 이용이 전혀 없었던 것은 아니고 제주지역에서는 방제기, 탈곡기 등의 이용이 있었다. 농업기계화의 제2단계는 1972년부터 제3차 경제개발 5개년 계획 기간으로서 1971년부터 경운기, 동력분무기 등의 공급에 중점을 둔 농업기계화 5개년 기본계획을 수립하면서부터이다. 그러므로 농업기계화, 특히 경운기 보급은 이때부터이므로 농업기계력 이용 단계는 70년대 이후로 생각된다.

반면 농업근대화는 생존목적이 생업적 농업에서 상업적 농업단계로의 이행은 제주지역인 경우 60년대로서 고구마, 맥주맥, 유채, 감귤 등 이른바 경제작물이 본격적으로 재배된 시기[28]이며 경영주체의 주체성 측면에

---

28) 우리나라는 농가인구가 제2차 경제개발 5개년계획이 시작되는 1967년(1607만8천명) 이후부터 절대수가 감소하기 시작하였으며 농특사업의 전개에 따라 상품생산이 전개되었는데 이후를 상업적 농업단계라 하고 있다.

서 보면 해방이후 농지개혁을 계기로 자작농화한 시기 이후가 될 것이다.

그리고 비료의 투입은 처음으로 화학비료를 생산하기 시작한 1910년부터 부산에서 인분요를 처리하여 유안을 제조하면서부터이며 1930년 흥남에 연간 48만톤의 유안을 제조할 수 있는 대규모 공장이 설립된 바 있다. 그러므로 지력유지체계와 관련하여 자력평형에서 외부보급이 이뤄진 것은 1930년대 이후가 될 것이다. 해방이후 1961년 요소비료공장이 완성되었고(1비), 1962년 제2비 그리고 대단위 비료공장으로서 영남화학(3비), 진해화학(4비), 한국비료(5비) 등이 1967년에 모두 준공되어 연간 115만 4천톤이 공급될 수 있었으므로 60년대 이후 본격적인 비료 투입이 진행되었다고 볼 수 있다[29].

제주지역은 「지역원자연」에 대응하여 자기완결적인 경영방식이 장기간에 걸쳐 재생산되어 왔지만 위에서 살펴본 바와 같이 노동수단체계의 고도화가 하나의 획기가 되어 새로운 전개를 불가피하게 하고 있다. 그것은 주지되는 바와 같이 70년대 이후 비료·농약다투와 병행하여 경운기 도입 보급을 계기로 하고 있다.

이러한 경운기 등의 도입 보급은 가축의 力이용이 배제되고 肉이용에의 용도변화를 가져오고 있다. 이때 육우사양의 경제성을 높이기 위해서는 양질사료를 필요로 하여 중산간 지역의 자연목야는 인공초지에의 전환을 촉구하는 바 되고 있다.

이에 따라 지역관행농법에 대신될 수 있는 관리체계가 확립되지 않은 채, 물론 일부의 관행농법은 잔존하고 있으나 중산간 지역은 「지역사회투자」는 극히 일부에 불과하는 개별 system으로 약화되었고, 한편에서는 농

---

[29] 1960년 이후 농약수입이 활발히 추진되어 수많은 신농약(유기인제·유기염소제 등)이 쏟아져 들어오기 시작하였다.

외기업 등에 의한 거점적인 인공초지 조성과 투기적인 enclosure가 진행된 바 있다. 이 거점적인 이용상태는 앞에서 지적된 바와 같이 개별 기업적 전개로서 耕·林이 미결부된 草·畜의 전문축산(점의 축산전개)이 지배적이다〈그림 1참조〉.

한편 해변을 중심으로 하는 경작지대는 상품경제에의 대응에 따라 전문화 경영형태를 취하여 草·畜이 결합되지 않아, 그럼으로써 유기물 공급의 약화 → 지력유지, 연작의 피해 등의 문제점이 제기되는 경종중심이 되고 있다. 다시 말해서 중산간과 해안지역의 유기적 관계는 단절된 상태에 있다. 그럼으로써 축력단계의 순환적 농업 시스템〈그림 2〉은 제주지역에서 볼 때 70년대 이래 기계화단계, 즉 공업적 농업 시스템〈그림 3〉으로 이행되고 있다. 해안지역에서의 축산업 - 가축의 상실(대가축), 그것은 상업적 농업의 진행 - 전문화 과정에서 비롯되고 있다.

그래서 현실은 화학비료, 농약의 농업적 사용 이후, 유출 화학물질은 여러 가지 문제를 야기시키고 있다.[30] 보다 구체적으로는 지력의 감퇴, 연작의 피해 등이 토양에서 비롯되고 있으며 여기에 산출 농산물은 잔류농

---

[30] 화학비료의 대량사용과 유기물 환원의 감소는 토양중의 유기물을 감소시키고 이에 따라 유기물에 의존하는 미생물을 감소시킨다(토양파괴). 또한 화학비료는 토양부식 분해를 촉진시키므로 일정량 이상의 유기물이 보급되지 않으면 토양 유기물을 더욱 감소시켜 미생물의 활성을 저하시킨다. 그래서 결국은 토양의 역할인 분해와 생산능력이 상실되고 만다. 또한 농약은 토양오염과 작물체에의 이행이 문제된다. 토양은 농약을 분해시키는 장소로 기능하지만 그렇다고 모두가 토양 미생물에 의해 분해되는 것이 아니라 유기염소제, 살충제와 제초제는 1년 이상 잔류한다.
한편 폐기물의 증가는 토양의 분해능력을 감퇴시키는 바 되어 환경오염은 가속적으로 진행된다. 그러므로 현재 폐기물과 농약에 의한 환경오염은 심각해지고 있어 토양의 분해능력을 유지·보강시키는 것이 무엇보다도 중요하다. 유기물을 충분히 보급하여 토양 미생물의 활성을 높여주는 것은 전작지대인 제주지역에서 무엇보다 중요하다.

약 문제, 더욱이 환경오염의 심각한 문제, 농업인들 자신의 건강문제 등으로 「토양이 병들면 인간도 병든다」는 증후군의 발생이다.

〈그림 3〉 농업의 화학화와 환경오염[31)]

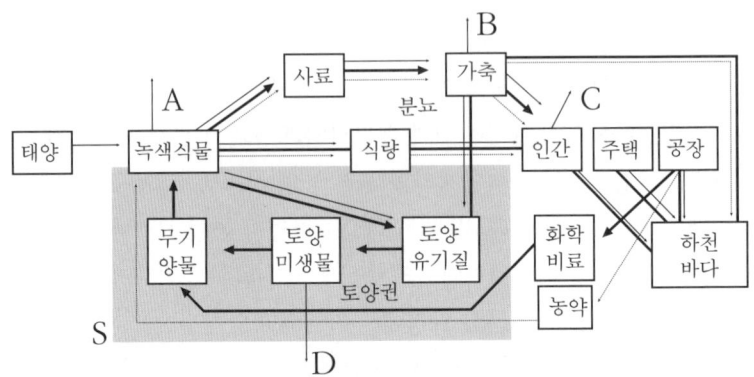

또한 시장경제 중심의 물량 출산력의 효율적 극대화에 따라 다음과 같은 충격을 주었다. 첫째는 주산지 형성에 의한 선택적 확대 작목이라는 시책에 따라 소품목 대량생산, 예컨대 감귤, 채소류, 최근 감자 등의 방식

그리고 근대농업에서는 경종(field crop)과 가축(live stock)이 분리되고 경종일지라도 감귤, 채소류 등에 특화하여 대규모화하는 경향이 높다. 공업의 대량생산이 상품화로 진전하는 것과 같은 원리가 농업에서도 작용한다. 이러한 대규모 단작화는 지속성의 문제와 오염문제를 동시에 일으킨다. 같은 작물을 같은 농지에서 재배를 계속하면 연작장해가 생기고 또한 지력저하가 나타난다. 현재 화학비료와 농약이 다사용으로 연작장해와 지력저하가 현저히 나타나고 있어 농업의 지속성에 문제되고 있다. 또한 축산만의 전업화(대규모화)는 분뇨의 농지환원이 불가능하여 공해문제가 제기되고 있다.

31) 桃野作次郎 編 ; 전게서, p.52.

이 전개되고 있다(과잉문제의 제기). 둘째는 농업생산 구성의 기형화이다. 제주의 농업은 특징적으로 다모작적 토지이용구성에 두고 있었다. 맥류, 잡곡, 고구마, 두류 등 전통적 토지 이용체계는 무너지고 있다.

3. 비료 · 농약의 과다사용과 에너지 효율

세계평균의 경지면적 1ha당 화학비료 사용량은 1960년 22kg에서 90년 98.7kg까지 증가했다(30년간 4배를 넘는 급격한 증가)[32]. (표 1)에서는 비료 사용량의 증가 외에 또 하나의 중요한 사실을 보여주고 있다. 그것은 비료 1kg당 곡물 생산량의 감소이다. 에너지 효율의 감소는 물론 수확 체감의 법칙의 작용이라는 것은 말할 나위도 없으나 만약 장래에도 계속 비료 효율이 감소한다면 그것은 「수량에 대한 성장의 한계」라는 중대문제에 직면하게 된다. 그러나 화학비료의 당면문제는 성장의 한계가 아니라 환경의 오염이다.

제주의 주요 문제점으로는 토양의 산성화(감귤 밭의 경우 1969년 Ph 6.1 → 1995년 Ph 5.1)이며 이로 인한 비료의 이용율 저하이다. 또한 비료의 과다사용은 작물의 병해충 저항성을 약화시킴으로서 농약사용량의 증가로 생태계에 연쇄적 영향을 미치게 된다.

---

32) '98년기준 OECD국가의 화학비료 사용량(kg/ha)은 네덜란드 521, 한국 406, 일본('93)348, 미국 114이다.
33) 荏開津典性 ; 『農業經濟學』, 岩波書店, 1997, p.172.
34) 제주도 농업기술원 ; 「흙살리기운동사업 종합보고서(1996~1999)」, 2000, p.165.

(표 1) 식량생산과 화학비료(세계)[33]

년	경지면적당 사용량(kg/ha)	비료 1kg당 곡물생산량
1950	n. a.	45
1960	22	33
1965	42	19
1970	53	16
1975	63	14
1980	84	12
1985	91	13
1990	96	12

제주와 전국의 비료사용량을 보면 다음 (표 2)와 같으며 전국을 100으로 할 때 제주는 206으로서 배 수준이며 부산물사용량은 전국에 비해 떨어지고 있다.[34]

(표 2) 제주와 전국 화학비료 사용량 비교('97)

단위 : Kg / ha

구분		총공급량	ha당 사용량(Kg)		지수(%)	
			경지면적	재배면적	경지면적	재배면적
화학비료 (성분량)	전국	882,283	458.7	420.8	100	100
	제주	54,501	964.3	865.1	210	206
부산물비료 (실물량)	전국	897,000	460.0	420.0	100	100
	제주	21,000	370.0	330.0	80	79

한편 농약사용은 화학비료 이상으로 중대한 자원·환경문제를 야기시 킨다는 것은 제초제 살충제가 독성물질이라는 데에 있다. 이 독성물질이 농산물에 남아 인간의 건강을 해치는 잔류농약문제이지만 농약이 직접대 상인 잡초와 해충을 구제할 뿐만 아니라 생태계 전체에 영향을 미치는 위험이 있기 때문이다.

(표 3)에서 보는 바와 같이 화학비료 이상으로 지역차가 있다. 일본의 사용량 ha당 12.6kg과 제주의 12.1kg과는 비슷하나 미국 등 선진국에 비해 상당히 높다.[35]

(표 3) OECD회원국의 농약사용량(성분량)

단위 : kg/ha

구 분	일본	한국	덴마크	미국	캐나다	뉴질랜드
농약사용량	12.6	12.1	1.8	0.9	0.4	0.3

이상과 같이 전국 획일적인 생산력의 전개는 그 귀결로서 그 나름의 지역 자연조건 - 풍토와 밀접한 연관을 맺으며 형성돼 온 지역개성은 붕괴되고 있다. 또한 퇴구비 사용이 없이 화학비료만을 연용함으로써 토양 유기물의 분해를 더욱 촉진시키고 있으며 구체적으로는 산성화로 나타나고 있다. 연작에 따른 토양생태계의 파괴와 연작상태·병해의 다발, 지력 유지, 연쇄의 단절·저하 등이 나타나고 있다. 더불어 농업이 갖고 있는 외부경제(external economy)와 함께 외부불경제(external diseconomy)의 우려 또한 높아지고 있다. 그래서 이러한 반성에서 지속적 농업(sustainable

---

[35] 제주도 농업기술원 ; 상게서, p.168.

agriculture)36)으로의 전환이 크게 요망되고 있다.

과학과 기술의 발달이 인간과 자연과의 관계를 공영(co-evolution)시킬 수 있고 또는 일방적인 약탈관계로 치달을 수 있다는 점에서 새로운 타당한 가치기준을 요구하고 있다. 그것은 다름 아닌 생명존중의 사상이며 그 구체화가 지속적 농업경영의 개념인 것이다. 지속가능한 농업은 앞서 말한 인간과 자연의 공영관계 - 생명존중의 가치관에 근거하여 지역사회중심, 지방중심으로 단기적인 개인이익의 최대화가 아닌 장기적인 사회편익을 최종목표로 전개되는 상황을 의미한다.37)

Ⅳ. 제주 지역농업의 전개방향

1. 농업의 역할 재인식

농업·농촌의 공익적 역할에 대해서는 우리가 누누이 논의해 왔기 때문에 간략히 보고자 한다. 크게 봐서 국토보전기능과 amenity기능으로 대표되는데, 국토보전은 물(水)함양, 기후완화, 수질정화, 토양침식방지, 토사붕괴방지, 대기정화기능 등이며 amenity는 생물·생태계보전, 경관보전, 보건휴양, 거주환경보전, 전통문화보전기능 등이다.

경관·풍경으로서의 농업(자연과 인간의 생명교류역할)이 제주지역에

---

36) 지속가능한 농업에 대한 정의는 다양하나 가장 공감을 많이 얻고 있는 정의는 "자연생태계와 조화를 이룸으로써 자연의 재생산 과정을 유지하고 환경을 보전하여 장기적인 생산성과 수익성을 확보하고자 하는 영농체계"라고 말할 수 있다. 오호성 : 「환경과 경제의 조화」, 조선일보사, 1995, pp. 236-237.
37) 김성훈 : 「생명농업, 21세기를 구할 수 있는가」, 1997, p.7.

서 새롭게 평가 재인식 활용돼야 할 것이다.38) 지역에는 그 나름의 얼굴이 있다. 그것은 각각 토지의 개성(제주 전작의 풍토), 공간적 산업으로서의 (감귤산업, 유채농업, 축산 등) 농·축·수산업의 운영과 생활의 역사를 반영하여 형성되기 때문이다. 관광개발 계획 등에서 보여주는 자연공원, 민박마을, 문화·민속촌 등이다.

그러므로 지역자원의 전면 활용에 기초하여 「합리적인 지역농업의 형성」을 모색하지 않으면 안 된다. 그 실천은 경제 효율성을 일면적으로 추구하는 규모의 논리에 의거한 소품목 대량생산만이 아니라 지역개성(자연적 개성)을 중시하는 다품목 소량생산 - 양이 아닌 질을 중시하는 방향인 것이다.39)

위에서도 말했지만 지역자원의 재인식 전면적 활용 →「합리적 지역농업의 형성」과 공익적 기능 보전을 살려 수탈적·낭비적 자원이용형의 저위 불균형 생산력구조와는 다른 고위 균형의 생산력 구조, 다시 말하면 농축산업과 농촌사회의 본래 갖고 있던 물질대사 기능을 과학적으로 활용하는 발상의 전환이 요구되고 있다.

또한 농업을 농산물의 생산이라는 경제적인 측면 뿐만 아니라 환경적인, 자연 보호적인 측면에서 재인식할 필요가 있다(농업의 환경화). 더욱이 제주지역은 관광 소비지역화로 인공환경이 확대되고 있어 자연, 풍경

---

38) 농업은 식량 공급산업이며 공간형성산업이다. 농업은 토양, 물, 대기 등의 무기적 자원, 식물, 동물의 생물적 자원 그리고 이들 자원의 존재공간으로서의 미적자원에 농가가 노력하여 식량생산과 공간형성을 결합생산(다면적 기능)하고 있다(폐쇄공간에서 이뤄지는 공업생산과는 다르다). 이러한 사실에서 농업생산(내부경제)와 공간(농경경관, 환경)과의 내부외부성의 관계가 일체적이며 다면적이 되어 환경오염과 환경보전을 가능케 한다. 바로 여기에 농업·농촌의 공익적 기능(외부경제)을 성립시켜준다.
39) 지역 소비, 즉 관광객들에게 신선한 농축수산물을 제공함은 물론 이를 이용한 제주다운 고유의 향토음식, 명물요리를 제공하여 부가가치를 높여나가야 할 것이다.

요소를 재구성하는 농업의 위치는 새롭게 평가돼야 한다.[40]

2. 농업 · 농촌 · 소비자의 변화

인간의 농축산물 소비는 인간자신의 생명 재생산에 기여하기 위한 것으로서 결코 일과성인 것이 아니라 인간이 생존해 나가기 위한 가장 기본적인 영위인 것이다. 따라서 인간의 기본적인 영위인 소비활동에 농축산물을 공급하는 농업의 사회적 역할 - 식량공급기능은 양질, 안전, 신선하고 다양한 식량을 안정적, 지속적으로 또한 가능한 한 저렴한 값으로 공급하는 데 있다.

그래서 지금까지의 농산물 생산, 공급은(근대화 노선) 대량생산과 결부하여 대도시 중앙시장 중심의 유통체계 형성을 추구해 왔다. 즉, 생산형(생산자측의 논리 중심)과 유통적응형(유통자본측의 논리, 대량유통, 대량거래, 규격등급, 수송에 따른 거래)이 주체가 된 것이다.

그러나 최근에 와서는 소비자 요구에 알맞는 먹거리로서의 농산물생산이 문제되고 있다. 구체적으로 말하자면 생산자 측은 "상품으로서의 채

---

[40] 농업에 의한 환경에의 영향은 부의 효과로서 ① 온실효과의 가스 발생과 악취물질 등 대기에의 영향 ② 농약에 의한 물의 오염 등 물에의 영향 ③ 토양황폐와 생물다양성에의 영향 등을 들 수 있다. 또한 공공적 환경재로서 ① 수자원 함양, 홍수에 의한 토양침식 방지 등의 국토보전기능 ② 경관적, 보양적 가치, 생명산업으로서의 교육적 가치 보전, 교육적 환경의 보전 ③ 유기성 폐기물 등의 자원순환 이용 등이다.
[41] 국제소비자기구(IOCU)도 녹색소비자(green consumer)의 개념 아래 식품의 안전성과 건강 및 농약 오염원에서 지속가능한 농업의 장려를 적극 지지하고 나섰다. 그리고 1986년부터 fast food에 대비하는 slow food 운동, 즉 대량생산 · 규격화 · 산업화 · 기계화를 통한 맛의 표준화와 전지구적인 미각의 동질성을 지양한 나라별 · 지역별 특성에 맞는 전통적인 다양한 음식 · 식생활 문화를 계승, 발전시키기 위한 식생활운동이 전개되고 있다.

소"를 대량생산하여 규격화 등을 문제로 삼고 있지만 소비자측은 "먹을 거리로서의 채소"로서 맛이 있는, 계절에 따른 안전한 것을, 영양가가 높은 것 등을 요구하고 있는 것이다.[41] 바꿔 말하자면 지금까지의 "量"(소재판매)을 주체로 한 농산물 판매에서 "質"(식재판매)을 중시한 판매로 전환하고 있다는 것이다. 이에 따라 농업에 있어서도 소비자 요구의 변화 - 생활의 다면성, 다양성을 추구하는 생활 태도의 변화, 소비시장 변화 등에 어떻게 대응해 나갈 것인가이다. "질의 경쟁"에 의한 다품목, "다양화의 이익"과 "지역사회화의 연대"를 촉진시켜주고 있어 국제화 속에 지역농업의 진흥으로서 중요한 과제가 되고 있다.

물론 제주지역은 대량생산체계 - 감귤, 월동채소, 감자 등도 있지만 한편으로는 관광지 농업을 형성하는 것도 더욱 중요하다. 그 하나는 농업과 관광이 결합하는 관광농업, 민박 등과 결합하는 리조트형 농업형성도 중요하며 또 하나는 관광·휴양객에게 신선한 농산물에 의한 음식물을 제공하는 일이다.

관광·휴양객의 내방은 시장의 내방과 유사하다. 그럼으로써 「팔러가는 농업」에서 「사러오는 농업」을 성립시켜 준다. 관련 숙박시설 - 호텔 등에서 소비되는 농수산물의 품목은 60-70여 종에 이르고 있다.

이러한 품목을 앞서 말한 다품목 소량 생산체계(규모의 경제 scale economy가 아닌 다양화의 경제 scope economy로)를 세워 생산공급 할 수 있도록 생산체계, 판매체계를 세울 필요가 있다. 구체적인 중소규모 단지 조성과 함께 집배센터(현재 제주시 농협이 일부 담당하고 있음)가 정비되어야 한다. 또한 현재 감소일로에 있는 쌀보리 등 잡곡류의 생산유지도 이러한 체계속에서 이뤄져야 한다. 그리고 원예작물의 전국적인 재배확대는 과잉공급(원예부문 전반의 도미노현상)에 직면할 개연성도 없지 않기 때문에 지역내 소비의 극대화 체계를 만들어 나가야만 할 것이다.

이상 살펴보는 바와 같이 현재의 생산력이 높은 상태, 즉 생산량(수량)이 높은 것을 의미하고 있으나, 이러한 생산력을 전환시켜 미래의 기술은 수량뿐만 아니라 유기·減농약재배(친환경농업)로 고품질, 안전성, 다원성((불로초) 한라산 식물을 자원화하여 새로운 재배작목으로 시험·개발하고 또한 장수마을의 이미지를 살려 기능성농산물의 생산 등 제주지역의 독자성을 차별화하는 전략이 요구되고 있으나 제주도의 농정은 독자성이 없다)을 추구하는 농업이 요구되고 있다〈그림 4〉.

〈그림 4〉 생산력 개념의 전환 모델[42]

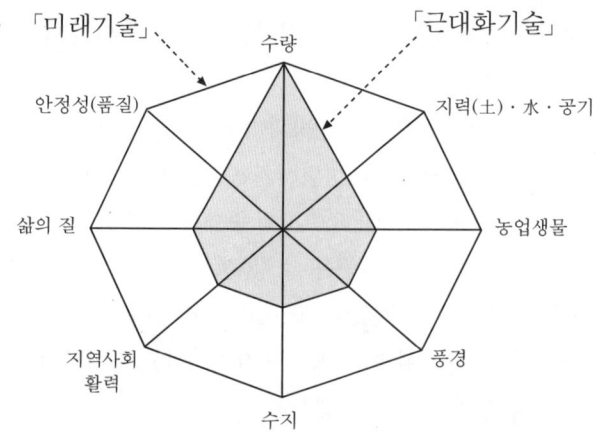

---

42) 田中耕司 ;『自然と結ぶ』, 昭和堂, 2000, p.271.

3. 순환형 농업의 형성 — 안전과 순환의 동시 추진

앞의 〈그림 1〉에서 보는 바와 같이 전통적 농업을 상정할 경우 농업이란 대기중의 탄산가스와 토양중의 영양물질(및 水)을 원재료로 하여 광합성작용을 인간이 보호, 관리함으로써 그 성과인 식물체를 인간이 취득하는 것이라 할 수 있다. 식물체에 함유된 식물영양물질은 직접 혹은 가축과 인간의 배(復)를 통하여 토양에 환원되어 토양중의 원재료(식물영양물질) 재고소모를 보충하게 된다. 예컨대 전통적 자원순환 system에 있어서는 인간·가축의 분뇨가 농지에 직접 환원되었다(제주의 인력·축력단계).

또한 앞의 〈그림 2〉는 오늘날의 근대농업 - 기계력 단계에서는 자원이 용후 폐기물 등의 처분은 recycle 되지 않고 환경에 버리는 system(환경오염 유발)이다. 예컨대 농지로부터 흡수된 식물영양물질은 결국은 모두 환경중에 버리고 농지에는 인광석, 가리광석, 화석연료 등을 원료로 제조된 화학비료가 투입되는 형태이다.

그런데 앞으로 농업의 전개는 지속형 system[43] - 환경보전형 농업의 전개인데 물질순환과정에서 보면 대략 다음과 같다[44]〈그림 5〉.

경종농업과 축산, 식품산업, 가정에서 발생하는 유기성 폐기물은 모두 자원재생산업으로 비료 또는 사료로 재생될 수 있으며(물론 100%의 recycling은 불가능하다) 농지와 가정에 재투입 할 수 있다. 이 경우 중산간 등의 산림, 목야의 지속적인 이용에 의한 식물영양물질의 보충(경종과 가축사육간의 유기적인 관계복원)과 최소한의 농약(저농약)투입, 그리고

---

43) 富岡昌雄 ; 『資源循環農業論』, 近代文藝社, 1993, p.55.

연작피해 등을 극복하기 위해 적절한 휴경·윤작체계도입이 필요할 것이다.

구체적으로 가축분뇨처리(재이용)를 보면 호기성 처리와 염기성 처리가 이뤄지고 있는데 처음 시설비가 적게 들지만 호기성 발효과정에 환경오염원이 발생될 수 있으며, 대량이 부자재인 볏짚이나 톱밥 등이 필요하다.(제주지역은 이런 부자재가 매우 부족하다) 후자인 염기성 발효방식은 공공투자 등이 필요하다. 악취성분은 분해되며 양질의 에너지=바이오가스(천연가스와 같은 연료임)를 얻을 수 있다. 그래서 염기성발효에 의한 순환농법이 예컨대 독일은 약 1,000기의 개별농가 plant가, 덴마크는 20기의 공동 plant를 가동, 이용하고 있다. 물론 호기성 발효나 염기성 발효과정 후 유기질비료로 토양에 환원된다.

한편 "흙살림 순환농법"에 따라 음식물쓰레기를 생물체인 닭과 지렁이 몸을 거치게 하여 퇴비를 만들어 토양에 돌려주는 물질순환방식을 전개하는 인천시민운동협의회도 있다.

---

44) 생산·생활과정에서 배출되는 폐기물을 다시 경제과정에 투입함으로써 한편에서는 폐기물에 의한 환경오염을 방지함과 동시에 처녀자원의 소비량을 감소시킬수 있는 것을 폐기물 재이용(recycling)이라 한다. 순환형(지속형) 농업을 중심으로 보면 식량의 안전확보와 자원순환을 함께 추진하는 것으로 자원투입 → 생산·가공 → 유통판매 → 소비과정에서 발생하는 순환성 자원은 회수 → 재이용 → 재생이용 → 열회수를 통하여 유용자원화하여 재투입하는 것이다. 예컨대 인분도 완전히 부숙시키면 그것은 인분이 아니라 유기질 비료이다. 지저분할 이유가 없다. 미국의 한 농민은 다른 꽃재배 농민보다 몇배의 소득을 올리고 있는데 그 비밀은 인분사용에 있다. 인분은 꽃재배에 있어서 최상의 양분이라는 것이다. 인분을 꽃재배에 이용하여 한국의 한 농가도 성공하고 있다는 소식이다. 이부경 ; 「꽃과 인분」, 『흙살리기(NO28)』, 흙살리기 참여연대, 2002.7.31.

〈그림 5〉 지속형 system

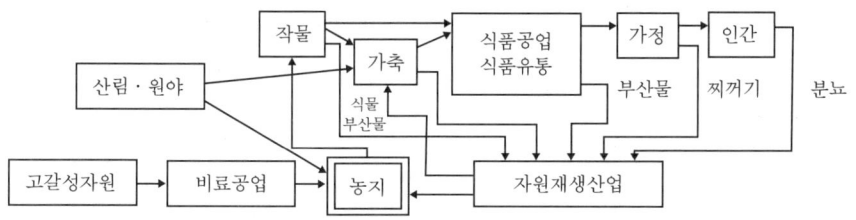

4. 고품질, 친환경 · 유기농업의 실현

1) 미국의 LISA운동

다음 〈그림 6〉과 같은 system은 1985년부터 정책적으로 도입되고 있다.[45] 구체적으로는 토양진단을 철저하게 하여 화학비료와 특정의 농약 사용을 제한 또는 억제하는 여러 가지 방법이 실현되고 있다. 이때 단수가 내려가지 않을 만큼의 시비기준을 새롭게 하여 일부 주에서는 과세조치가 도입되는데 제조업자, 유통업자, 소비자인 농가에까지 부과된다.

그리고 원예생산과 밭작물에 대해서는 윤작 등 환경보전형 농경방식이 시험연구, 실천되고 있다.

---

45) 嘉田良平 ; 『農政の轉換』, 有斐閣, 1997, p.184.

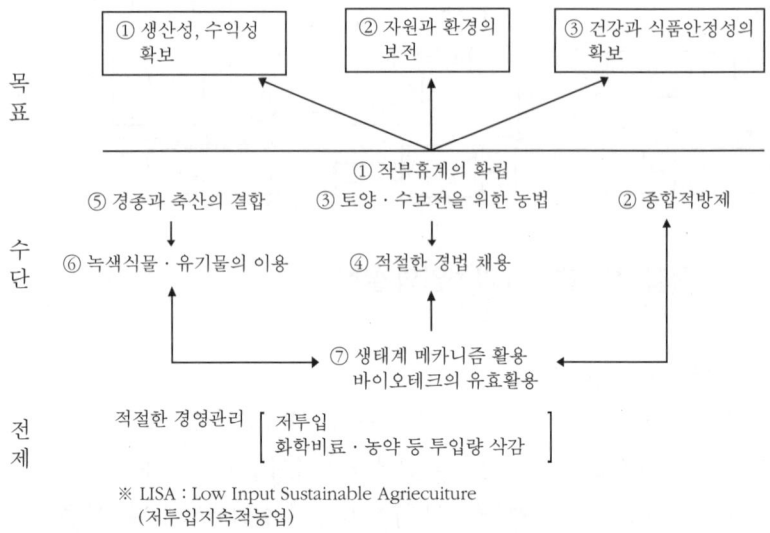

〈그림 6〉 환경보전형 농업의 목적과 수단(미국)

참고로 미국을 비롯한 선진국의 유기농업 동향을 보면 (표 4), (표 5)와 같다.[46] 재배면적을 보면 선진국 가운데 이탈리아가 '00년 약 100ha, 미국('97) 54.4만ha, 독일 54.6만ha, 영국 47.2만ha 순이며 판매액은 미국 1997년 80억$, 독일 21억$, 영국 10억$, 이탈리아 10억$, 프랑스 8.5억$ 순이다.

그리고 '00년 유기과일·채소 재배면적과 판매액 비율을 보면 (표 6)과 같으며[47] 미국의 유기사과, 유기감귤류를 보면 1997년 그레이프 후르츠는 전체 재배면적의 39%, 사과 18%, 감귤류 12%가 되고 있다.[48]

---

46) 농촌진흥청 ;「친환경농업을 위한 유기농업 발전방향」(2002년 학술심포지엄), pp.8~9.
47) 한국농촌경제연구원 ;「(월간)세계농업뉴스(20호)」, 2002, pp.5~58.

(표 4) 선진국 유기농산물 재배면적(2000년 기준)

구 분	영국	독일	이탈리아	프랑스	네덜란드	벨기에
재배면적(천 ha)	473	546	1040	371	28	21
총 재배면적 대비 비율(%)	2.5	3.2	-	1.3	1.4	0.9

구 분	오스트리아	스위스	덴마크	스웨덴	미국('97)	일본
재배면적(천 ha)	272	95	165	139	544	1
총 재배면적 대비 비율(%)	10.0	9.0	6.2	5.1	0.2	0.02

(자료 출처 : 2002, 농촌경제연구원)

(표 5) 선진국 유기농산물 판매액 및 비중(2000년 기준)

구 분	영국	독일	이탈리아	프랑스	네덜란드	벨기에
판매액(백만 $)	986	2128	978	846	210	138
전체식품 판매액 대비 비율(%)	1	1.25~1.5	1	1	1.2	1

구 분	오스트리아	스위스	덴마크	스웨덴	미국('97)
판매액(백만 $)	195	457	372	175	8000
전체식품 판매액 대비 비율(%)	1.8	2	2.5~3	0.9	1.5

(자료 출처 : 2002, 농촌경제연구원)

---

48) APC ;「のびゆく農業(NO 912)」, 2001, p.11.

〈표 6〉 유기과일·채소의 재배면적 및 판매액 비율(2000년 기준)

구 분	총재배면적 (ha)	유기과일·채소 재배면적 (ha)	전체과일·채소 판매액에 대한 비율(%)
영국	472,500	3,000	5~10
독일	546,023	7,118	2.6
이탈리아	1,040,377	-	2
프랑스	371,000	27,945	-
네덜란드	27,820	2,100	-
벨기에	20,663	612	-
오스트리아	272,000	-	과일3, 채소5
스위스	95,000	1,238	과일5, 채소10
덴마크	165,258	1,912	
스웨덴	139,000	2,300	1.7
미국(1997)	544,000	41,266	-
일본	1,000	-	

2) 일본의 유기농협

북해도에서 유기농업을 지향하는 농가들이 모여 1983년 북해도 유기농업자 회의가 결성되었다. 대개 한 지역에 1~2호 정도 분산적인 농가들은 정보교환, 병해충 방제와 잡초구제 등 재배기술, 판로개척 등을 하기 위해 만들어진 것이다.

1999년에는 새로운 명확한 조직규정과 사무국을 두는 북해도 유기농업협회(2000년에는 북해도 organic group로)로 확대 조직하였지만 임의단체라는 한계에 직면하여 2001년 북해도 유기농업협동조합(이하 유기농협)이 탄생하였다.

유기농협은 유기농가의 이익추구만을 목적으로 하지 않고 지속가능한 농업 및 유기농업을 추진하여 농업에 의한 자연환경의 보전, 안전식품의 생산 등을 목표삼고 있다. 유기농협은 판매, 가공, 구매, 영농지도의 4가지 사업을 하지만 신용, 공제사업은 하지 않고 있다.[49]

　앞으로 유기농업, 넓은 의미의 환경보전형 농업이 확산되고 있고, 식품에 대한 안전성 담보와 환경보전에 대한 소비자의 요청이 커지고 있어 유기농협은 크게 발전할 가능성이 높은 것으로 보아지고 있다. 다음 (표 7)에서 보는 바와 같이 북해도에서 환경보전형 농업을 실현하고 있는 농가는 판매농가의 33%-2000호에 이르고 있으며 유기인증 농가는 197호에 달하고 있다.

(표 7) 일본의 환경보전형 농업 동향(판매농가, 2000)

(단위 : 戶, %)

구 분	판매농가수	참여농가	벼	채소	과수	기타
전 국	2,336,908	501,556	269,998 (21.5)	119,933 (15.5)	59,767 (26.7)	51,858 (37.4)
북해도	62,611	20,760	6,410 (33.2)	6,320 (24.6)	468 (25.4)	7,562 (29.1)

3) 한국의 친환경농업 추진상황

　한국은 '90년대 이전까지 유기농업은 소수의 민간단체에 의해 보급되었으나 '97년 환경농업육성법이 제정되어 '98년 친환경농업원년선포, '99년

---

49) 飯澤理一郎 ;「旣存 JAから新しい 協同組合を 作る」,『農業と經濟論』, 臨時增刊號 (2002.4), 昭和堂, 2002, pp.156~162.

친환경농업직불제 도입, '01년 친환경농업육성법으로 개정되어 정책적으로 추진되고 있다.50)

'01년도에 친환경농업육성 5개년('01~'05)계획을 수립하여 향후 5년간 친환경농업을 체계적으로 육성하기 위한 정책목표나 방향을 설정하고 있다. 그리고 '05년까지 농약·화학비료 30% 감축, 친환경농산물 생산량을 5%(선진국 수준의 유기농산물 생산은 '01년 0.2%에서 '05년 0.5%을 목표로 삼고 있다)로 계획을 세워 추진하고 있다.51) '01년 기준 친환경농산물 시장규모는 약 2천억원으로 추정되며 연평균 30%증가 추세에 있으며 '01년 수준은 친환경농산물 2.7%, 유기농산물 0.2%이며 생산동향은 (표 8), (표 9)와 같다.52) 선진국 - 미국의 경우 유기농산물 생산면적은 전체의 0.2%(1997)수준으로 한국과 비슷하나 시차를 고려할 필요가 있다. 2002년 6월 현재 친환경농산물 인증농가를 보면 제주지역의 경우 유기농가는 23농가뿐이며 무농약 73농가, 저농약 194농가, 전환기 5농가로 합계 295농가로서 매우 저조한 상태에 있다. 강원도는 2001년 372농가에서 707농가로 크게 증가하고 있다.

---

50) 친환경농업육성법에서 친환경농업 정의를 보면 농약의 안전사용 기준준수, 작물별 시비기준량 준수, 적절한 가축사료 첨가제 사용 등 화학자재 사용을 적정수준으로 유지하고 축산분뇨의 적절한 처리 및 재활용 등을 통하여 환경을 보전하고 안전한 농산물을 생산하는 농업을 말하고 있다.
친환경농산물인증 종류로는 농산물로서의 유기농산물, 전환 유기농산물, 무농약 농산물, 저농약 농산물 등 4종류가 있으며 축산물로는 유기축산물, 전환 유기축산물 등 2종류가 있다. 그런데 한국이 추진하고 있는 친환경농업은 농약과 화학비료를 전혀 사용하지 않는 선진국 유기농업과는 차이가 있으며 선진국 수준의 유기농산물은 '01년 전체농산물 생산량의 0.2%에 불과하다.
51) 농림부 ; 2002년 친환경농업 육성정책, 2002.
52) 농촌진흥청, 전게서, pp.7~8.

〈친환경농업 육성 목표와 추진전략〉
■ 목표
　· 농업인과 소비자가 함께하는 친환경농업의 구현
　· 추진전략
　· 지역조건, 농가경영규모, 작물특성 등에 알맞는 친환경농업 배치로 농가 소득 증대 및 고품질 안전농산물 생산
　· 경종, 축산, 임업이 연계하는 자연순환농업으로 농업환경의 건전한 유지 보전과 농업의 다원적 공익기능 증진
■ 추진과제
　· INM · IPM 실천기술보급으로 저투입농업 확산
　· 토양개량 등 종합적인 농토배양 추진
　· 푸른들 가꾸기, 축산분뇨 자원화 등 자연순환농업 추진
　· 친환경농업육성지원으로 친환경농산물 생산기반확충
　· 친환경농산물의 유통활성화

(표 8) 친환경농산물 생산 현황

구 분	'99	'00	'01
· 생 산 농 가	14천호	19	27
· 재 배 면 적	10천ha	15	25
· 생 산 량	209천톤	305	526
· 친환경농산물(A)	209천톤	305	526
· 전체 농산물(B)	18,944천톤	19,311	19,696
· 대비(%, A/B)	1.1	1.6	2.7

〈표 9〉 유기농산물 생산 현황

구 분	'99	'00	'01
· 생 산 농 가	601호	669	899
· 재 배 면 적	528ha	667	962
· 생 산 량	16,805천톤	19,257	31,105
· 친환경농산물(A)	16.8천톤	19.2	31.1
· 전체 농산물(B)	18,944천톤	19,311	19,696
· 대비(%, A/B)	0.1	0.1	0.2

4) 제주 지역농업의 미래

(1) 제주도는 '98년부터 2010년까지 환경농업기초 확립단계, 환경농업 보급단계, 환경농업시범 달성단계의 3단계 추진전략을 수립하고 유기농 육성, 환경농업시범단지 육성, 환경농산물 유통대책을 마련하고 있다. 바람직한 방향설정이라 보아지나 구체적인 방법 등은 아직 없는 형편이다. 물론 도농촌진흥원의 흙살리기 운동이 없지 않으나 현재로서는 생산농가들의 호응도 크지 못하다. 그래서 생산자, 생산자 단체, 행정 등에서 일대 농업혁명적인 발상의 전환이 있어야 할 것이다. 이에 따라 친환경농업에 대한 시험·연구·실천지도 활동에 도진흥원과 대학이 나서야 할 것이며, 특히 중요한 것은 행정-정책의 전환이 있어야 한다.

(2) 이제 세계의 농업에 대한 조류는 화학비료, 농약의 대량 투입형에서 유기질비료의 활용과 농약 감축형으로, 소비자의 안전지향으로, 즉 환경농업으로 나가고 있다. 또한 이러한 과정에서 비롯되는 농민의 소득감소를 직접지불형태로 소득보상을 해주고 있다. 제주의 농업에 있어서도 21세기를 지향하며 이러한 방향에 설 수밖에 없을 것이다.

(3) 해외농업과의 경쟁에 탄력적으로 대응하기 위해서는 경지와 축산의 결합, 즉 해안지역과 중산간 지역의 유기적 결합 등으로 본래의 지력유지체계 - 지력재생산적 농업의 전개를 농법 = 농경방식의 변화 차원에서 접근이 있어야 할 것이다(농법의 변화, 예 ; 휴경, 윤작체계 확립 등).

(4) (3)과 관련하여 기계화 단계에 상응하는 새로운 지역농업 system의 창출 문제에 대한 근본적인 검토가 요구되고 있다.

(5) 당연 지속가능한 농업을 추진하는 바탕으로 기술면에 있어서도 지속가능한 농업시스템으로서의 가축분뇨의 고도이용과 무취화(리사이클의 촉진), 화학비료·농약 투입을 억제해도 안정적으로 자라는 작물의 육종과 개발 및 지력 유지, 잡초방제의 농경방식, 양질의 유기질비료 공급체계 등 과제가 쌓여있다(환경보전기능의 향상).

(6) 오늘날의 감귤농업과 채소농업은 농약과 화학비료의 대량투입을 그 특징으로 하고 있다. 그러므로 생산자의 건강문제, 생산물의 안정성, 환경오염 등이 문제가 되고 있음은 누구이 지적된 바 있다. 이제 농법 변혁적 차원에서 減농약·비료의 감귤·채소·친환경·유기농업 생산운동을 전개해야 한다. 환경보전형 농업추진 헌장을 선언해서 시·군 자연생태계 농업추진에 관한 조례를 검토할 필요가 있다.

(7) 환경농업에 대한 소비자의 의식도 "농산물 가격이 다소 비싸지더라도 공해없이 생산되어야 한다(표 10)."라는 의견이 지배적이다(서울시가 소비자 314호에 대한 조사).[53]

---

53) 한국농촌경제연구원 ; 「WTO체제하의 농업지원제도 조사 연구」, 1997, P.179.

〈표 10〉 환경농업에 대한 소비자 의식

구 분	응답자	%
농산물 가격이 비싸지더라도 공해없는 생산이 되어야 함	218	69.4
농산물을 값싸게 먹기 위해서 어느 정도의 농약 사용은 불가피 함	62	19.7
현재의 농약 사용 수준은 큰 문제가 안됨	6	1.9
무공해 농산물은 소득계층간의 위화감 조성	16	5.1
기타	12	3.8
계	314	100.0

우리는 현재 영농규모의 영세성 등 불리한 조건하에 있으면서 외국과 경쟁할 수 있는 길은 가격경쟁이 아닌 품질경쟁으로 즉, 고품질의 안전한 농산물을 안정적으로 공급하는 데서 찾아야 할 것이다. 특히 제주지역은 앞으로 600여만 명의 소비자(관광객)가 찾아온다. 이에 따라 인공적인 시설도 불가피하게 늘어날 것이다. 그러므로 농업·농촌이 갖고 있는 공간성, 경관성, 농의 풍경, 농업농지의 자연성, 고향성 등을 지속적으로 유지하면서 신선한 무공해의 농산물을 공급할 수 있는 농업·농촌이어야 한다(친환경 농업으로의 전환). 그리하여 경제적 가치, 생태환경가치, 사회적·문화적 가치를 조화적으로 추구해 나갈 수 있을 것이다. 그리고 친환경농업 추진과 농가들에 대한 소득지지정책·유통개선책 등이 추진되어야 하며 21세기를 지향하여 제주의 지속가능한 사회경제를 실현시켜 나가기 위해서는 관광 및 도시개발에 있어서나 농어업에 있어서 자연·생태중심의 가치관이 확립되어야 한다.

제주지역은 앞서 이야기 한 친환경농업 추진헌장을 선언하면서 친환경 농업지역으로 전문화시키는 농정전환이 요구되고 있다.

V. 결 어

돌이켜 보면, 즉 제주지역농업의 Paradigm 변천을 요약해 보면,
■ 관행농법—자급적 농업—다품목 소량생산—경종과 축산이 유기적 결합—유기질 비료의 자급에서
■ 현대농법—상업적 농업—소품목 대량생산—경종과 축산의 분리—외부 화학비료·농약 투입단계에 있다
■ 이제 현재에서 미래농업의 실현은 상업적 농업의 지속 및 지역적 자급부문의 확대—다품목 소량생산—경종과 축산의 과학화 또는 유기축산에 의한 물질순환·윤작체계의 설정·휴경 초생재배 등— 고품질·친환경·유기농업·기능성 농산물의 생산에 의해 차별화 하는 고부가가치 농업으로 산지기술(지역의 전통에 기초, 과학화하는 기술체계, 온고지신 바로 그것이다)를 집적시키는 농법(=농경방식) 변혁의 paradigm 전환이 있어야 하는 시절에 우리는 서 있다. 그런데 이러한 paradigm 전환은 반드시 소득지지 내지는 보장정책이 밑받침되어야만 그 실현이 가능하다는 점을 거듭 강조한다.

민선자치 이후 제주관광발전의 음미

장성수 (제주대학교 관광개발학과 교수)

Ⅰ. 머리말

1990년대 제주지역발전은 1991년말 제정된 제주도개발특별법을 모체로 한 제주도종합개발계획의 추진을 중심으로 전개되어 왔다.

특히 주목할 만한 점은 우리 사회 민주화 조치의 급진전 속에 지방자치제가 본격 시행됨에 따라, '도민주체의 개발'을 표방한 민선자치단체장의 출현과 함께 자주적으로 진일보한 지역정책노선이 지역발전을 주도해 왔다는 것이다.

지난 20여 년간 제주의 지역경제를 선도해 온 산업은 감귤과 관광이라는 두 수레바퀴였다. 그리고 이 양대 산업에 대한 육성·지원이 민선도정에 주어졌던 최고의 화두였다고 할 수 있다. 이 중 관광산업은 감귤산업과 달리 수많은 우려와 비판이 따랐지만, 실질적으로 지역경제를 견인해 온 중추적 성장엔진이다.

또한 지역특성상 개발잠재력이 크다는 평가를 논외로 하더라도, 무한한 시장성에 가치를 두고 신기루처럼 좇지 않을 수 없는 21세기 최고의 전략산업이기도 하다.

바야흐로 '제주국제자유도시종합계획'의 수립을 눈앞에 둔 제3기 민선도정은 지역경제 확대노선으로서 관광산업을 더욱 전면에 내세울 것이 확실시되고 있다. 이런 관점에서 볼 때 민선자치 이후 제주관광이 걸어온 길을 전반적으로 음미해 보는 것은 새로운 종합계획 전개상의 거울로서 의의가 있다고 보아진다.

이 글은 논리정연한 개발철학에 입각한 해부론적 통찰이라든가 또는 통계적 예증에 근거한 과업달성의 검증작업이 아니라, 그저 관계전문가 한 개인의 눈에 비친 과거사의 궤적을 「정책과정의 회고」와 「직관론적 성찰」이란 두 가지 제목을 붙여 나름대로 기술해 본 에세이적 고찰에 해당된다.

II. 몸 글

1. 정책과정의 회고

1991년 제정된 제주도개발특별법의 입법정신과 제3차 국토계획의 기본목표를 수용하여 제주도 개발의 기본방향과 비전을 제시하는 '제주도종합개발계획'(1994~2001)이 확정·고시된 것은 1994년 6월에 이르러서였다. 그것은 민주화의 확산이란 시대적 열풍속에 봇물터지듯 분출된 주민청원을 비롯해 계획부문간 목표상충에 따른 이해조정, 첨예한 이해득실로 인해 상세계획이 필요했던 보전지역의 설정, 적정 투자규모의 대중앙정부 절충과업 등에서 제주도의 입장정리가 쉽지 않았었던 데다가 예상보다 긴 시간이 소요됐기 때문이었다.

여러가지 사연과 곡절 끝에 성사된 '제주도종합개발계획'은 특정지역 제주도종합개발계획(1985~1991) 추진상의 개발경험을 바탕으로 제주도가 지역발전의 특성을 살리고자 주도적으로 입안·수립한 제주발전의 청사진으로서, 특별법에 의거한 법정계획이란 점에서 세간의 주목을 받았다. 그리고 관선시대 말기 이 계획의 수립을 매듭짓고 이어 실시된 지방선거에 의해 출범한 민선 1기 신구범 도정(1995. 7 ~ 1998. 6) 뿐만 아니라, 그 다음 등장한 민선 2기 우근민 도정(1998. 7 ~ 2002. 6)을 거쳐 오늘에 이르기까지 각종 지역개발사업의 실질적 길잡이가 되어 왔다.

이 계획은 ▲자연·인간·개발의 상호조화 ▲지역간·산업간·계층간 균형발전 ▲생활환경 개선과 향토문화 계승·발전을 통한 도민의 삶의 질 향상 ▲주민참여 보장과 개발이익의 지역화 ▲국내외적 여건변화의 적극적·합리적 수용 등을 계획기조로 삼는다는 근본취지 아래 수립된 것이었다.

그 중 관광개발계획의 주요 내용을 살펴보면 ▲제주도의 고유한 이미지를 바탕으로 한 새로운 제주도 이미지 정립 ▲자연환경 보전대책하에 자연자원을 활용하는 각종 관광시설의 확충 및 활동형 프로그램의 적극 개발 ▲제주도 고유의 민속·문화자원을 감상할 수 있는 공간의 확충 및 각종 문화행사의 활성화 ▲각종 관광자원의 훼손을 감시·방지함과 동시에 관광자원 관리체계의 효율화 도모 ▲관광산업의 중점 육성을 통한 지역재원 확보와 도민 고용 증대 ▲관광산업 종사자의 자질향상을 위한 교육의 제도화 ▲관광관련 조사·연구활동의 강화 ▲정부 주도아래 국제관광객 유치를 위한 새로운 항로 개발과 외국항로 개설 등을 추진하였다는 사실을 알 수 있다.

그리고 관광자원의 양적 증대와 질적 향상을 겨냥한 관광지 정비 및 개발의 경우, 지구 지정방식을 우선으로 하되 개별허가방식을 일부 수용하는 혼합형 추진방식을 채택하였다. 이는 특정지역 제주도종합개발계획의 입안·수립시 채택되었던 자원잠재력 위주의 지구지정방식이 추진과정상에서 다음과 같은 몇가지 문제점을 야기함으로써, 일단 지구지정방식의 원칙과 효율성을 중시하되 지정절차의 경직성을 일부 완화시키고자 한 현실수용적 처방책이었다.

- 지구지정에서 소외된 지역관광자원의 잠재력 활용에 대한 정책적 관심의 저조
- 과도한 지구지정으로 인해 초래된 관광기반시설 구축상의 재원부족 현상
- 민간자본 투자수요에 의한 새로운 관광투자기회 수용상의 제약
- 지역주민의 참여활성화를 도모할 수 있는 유인체계의 미약과 신축성이 결여된 인허가 재량권

이 결과 관광지정비 및 개발계획에 따른 관광단지 및 지구의 지정은 이미 지정된 3개 관광단지의 틀을 대체로 유지하는 가운데, 기존 3개 단지 27개 지구에서 3개 단지 10개 지구로 대폭 축소되었다.

그러나 우르과이라운드(UR) 협정의 타결에 이어 대외개방과 사회개혁 정책의 가속화를 천명한 정부의 세계화시책이 급작스레 표방된 1994년말 이후, 이미 수립된 계획의 토대와 상황은 일변했다. 즉, 국내 여느 지역과

마찬가지로 제주사회에서도 개방체제에 적응할 수 있는 지역특화산업의 경쟁력 강화가 보다 시급한 정책과제로서 부각되기 시작했던 것이다. 아울러 1995년 6월 실시된 4대 지방선거를 계기로 본격화된 지방화시대의 개막과 동시에 이른바 '자율과 책임을 통한 지방경영'의 기치가 높아짐으로 해서, 민선 제주도정이 관광지 개발계획의 실현에 거는 기대는 한층 더 높아졌다.

이에 따라 관광사업자의 개발의욕 고취 및 사업추진 활성화라는 명분과 함께 선거공약 이행에 따른 지역균형개발의 촉진이란 차원에서 제주도종합개발계획의 보완이 모색되었다. 그리하여 1997년 확정·고시된 보완계획에서는 새로이 10개 관광지구가 추가 지정됨으로써 관광지정비 및 개발계획의 대상은 3개 단지 20개 지구로 확대되었다. 그리고 각 관광단지 또는 지구에 대해서는 민간기업의 투자신청을 바탕으로 일정 수준의 적격심사를 거쳐 우선 사업시행예정자가 지정되었는데, 그에게는 사업시행 주체로서 지역주민의 동의 아래 전반적인 세부 시행계획을 조정·입안 할 수 있는 자격이 부여되었다.

이와 같은 계획과정 중에서 관광개발 분야의 투자계획 규모는 대폭 늘어나 총 3조 8,843억원이 계상되었는 바, 이는 지역산업진흥 부문의 60%를 넘어서는 것이었다. 특히 그 가운데 97.6%에 해당하는 3조 7,893억원을 민자유치에 의해 충당하는 것으로 계획함으로써, 민간 자본 유치목표의 달성이 지역관광발전의 성패를 가늠할 변수로서 떠올랐다.

이러한 시각에서 민선도정을 중심으로 시와 군 기초자치단체까지 합심하여 각종 민자유치 활동이 매우 활발하게 전개된 가운데, 그에 수반된 각종 투자인센티브의 제공이 초미의 관심사가 되기 시작하였다.

그렇지만 1997년말 느닷없이 닥쳐온 IMF 경제위기로 인해 국내 기업들의 투자의욕이 거의 상실된 데다가, 다른 한편으로 기대심리에 편승한 개발예정부지의 지가급등 현상 및 그로 인한 사업시행예정자의 토지매입난 등이 겹쳐 실제 투자실적은 예상보다 크게 저조했다.

그리하여 1998년 7월 새로운 도정책임자가 맡게 된 제2기 민선도정은 관광개발 분야의 투자부진을 해소하기 위해 관련정책을 재조정할 필요성을 느꼈고, 그 검토결과로서 1999년 다음과 같은 내용의 정책대안을 모색·제시하였다.

- 대규모 관광단지 중심의 집중지원 및 여건변화에 따른 탄력적 관광지구 지정
- 인허가 규제를 최소화한 완전 자유경쟁식 개발
- 지구지정방식을 우선하되 개별허가방식을 일부 수용하는 혼합형 추진방식의 유지
- 친환경적 개발을 위한 개발부지의 등급별 관리방안

2000년 2월에는 건설교통부의 주도 아래 개발사업 시행승인제도의 개선과 더불어 관광진흥 및 외국인관광객 유치를 위한 관광오락산업의 육성을 도모하고자 제주도개발특별법의 전문 개정이 이루어졌다. 특히 '국민의 정부'에서 적극 권장된 외자유치 시책추진을 배경으로, 제주도가 중앙정부를 적극 설득하여 장기비전의 국가전략으로 제안한 제주국제자유도시 구상이 타당성조사를 통해 비로소 관철되었다.

이듬해인 2001년말에 이르러서 제주도개발특별법과 그에 따른 제주도종합개발계획의 시한이 만료됨으로써, 이를 대체하는 제주국제자유도시특별법이 2002년 1월 26일 새로이 제정되었다. 이를 통해 일신된 면모를 지니게 된 제주국제자유도시 종합계획 수립·시행의 법적 근거가 마련된 가운데, 바야흐로 그 계획의 확정을 눈앞에 두게 된 시점에 와 있다.

향후 제주관광의 도약을 위한 디딤돌이 될 제주국제자유도시 종합계획의 실체적 내용물에 대해서는 여러가지 관점에서 다양한 의구심이 제기되고 있다. 하지만 국제자유도시 구상이 그 제안 시점에서부터 국내외 민간투자자들의 투자관심을 촉발시켰고 도민 대다수의 호응을 불러일으킴으로써, 지역관광사업 추진에 있어서 여태까지 상당히 긍정적 효과를 미쳐온 것은 부인하기 어려운 주지의 사실이다.

참고자료로서 제주종합개발계획상의 부문별 투자계획 및 실적을 살펴보면 다음 〈표〉에서 보는 바와 같이 요약·정리된다.

〈표〉 제주도종합개발계획상의 부문별 투자계획 및 실적 (1994~2001년)

(단위 : 억원)

구 분	1994~2001 투자계획			
	계	국비	지방비	민자
총 계	99,580	24,770	15,291	59,519
Ⅰ.지역산업진흥	64,705	7,558	5,588	51,559
1.농업	14,244	4,072	2,159	8,013
2.축산업	3,266	285	444	2,537
3.임업	436	131	203	102
4.수산업	5,287	2,120	1,873	1,294
5.농외소득개발	1,433	195	86	1,152
6.관광개발	38,843	339	611	37,893
7.제조업	1,196	416	212	568

구 분	1994~2001 투자계획			
	계	국비	지방비	민자
II.자연환경보전	3,731	2,157	1,344	230
1.한라산보전	426	389	30	7
2.환경오염방지	3,018	1,691	1,216	111
3.중산간보전	287	77	98	112
III.생활권 정비	14,261	5,369	5,297	3,595
1.생활환경정비	8,425	2,318	3,118	2,989
2.교육	1,527	1,033	294	200
3.향토문화보존	2,196	984	962	250
4.청소년육성	186	58	63	65
5.보건의료	1,927	976	860	91
IV.기반시설	16,883	9,686	3,062	4,135
1.도로	10,667	7,804	2,783	80
2.항만	1,070	1,070	-	-
3.공항	280	-	-	280
4.에너지,통신	3,775	-	-	3,775
5.수자원개발	1,091	812	279	-
6.교통시설	-	-	-	-

자료 : 제주도 내부자료, 2001.

구 분	1994~2001 투자실적				투자율(%)
	계	국비	지방비	민자	
총 계	112,097	28,699	17,624	65,774	113
I.지역산업진흥	42,399	6,730	4,646	31,023	66
1.농업	10,894	3,844	2,239	4,811	77
2.축산업	4,044	636	416	2,992	123
3.임업	434	161	249	24	100
4.수산업	3,522	1,501	1,080	941	67
5.농외소득개발	269	30	71	168	19
6.관광개발	22,692	452	426	21,814	58
7.제조업	544	106	165	273	45
II.자연환경보전	3,258	1,369	1,654	235	87
1.한라산보전	128	95	32	1	30
2.환경오염방지	2955	1,219	1,545	191	98
3.중산간보전	175	55	77	43	61
III.생활권 정비	35,828	7,459	6,940	21,429	251
1.생활환경정비	26,798	1,989	4,003	20,806	318
2.교육	3,949	3,186	451	312	258
3.향토문화보존	3,064	1,437	1,511	116	140
4.청소년육성	351	123	144	84	189
5.보건의료	1,666	724	831	111	86
IV.기반시설	30,612	13,141	4,384	13,087	181
1.도로	13,039	9,319	3,688	32	122

구 분	1994~2001 투자실적				투자율(%)
	계	국비	지방비	민자	
2.항만	2,267	2,267	-	-	212
3.공항	1,357	395	-	962	485
4.에너지,통신	12,180	103	33	12,044	324
5.수자원개발	1,551	991	560	0	142
6.교통시설	218	66	103	49	218
자료 : 제주도 내부자료, 2001.					

2. 직관론적 성찰

 민선자치 이후 오늘까지 제주관광에서는 종전과 현격하게 달라진 여러 가지 질적 여건변화가 지속되어 왔다. 이러한 변화 가운데 가장 주목되는 점은 다음 세 가지로 요약될 수 있다.

 첫째, 정부의 WTO가입 및 세계화 시책, IMF경제위기, 금강산관광의 실현, 신의주경제특구발표 등 급작스런 대외요인 변화에 따른 투자수요시장상의 충격

 둘째, 국내 관광수요상에서의 가족단위 여행 및 즐기는 관광의 보편화 추세와 더불어 내도관광객 비중의 확대현상

 셋째, 국민의 해외여행 증가추세와 국내 다른 지방들과의 관광경쟁 심화로 인한 지역특화 관광상품의 개발필요성 증대

 이와 같은 여건변화를 겪었으면서도 제주관광은 지속적인 성장을 이루어 왔는데, 한마디로 '시련은 있어도 실패는 없었다'고 자부할 만하다. 하지만 계획대비 투자유치가 저조해 성장잠재력이 다소 둔화된 점은 여전

히 극복해야 할 과제라고 평가된다.

　돌이켜 보건대, 도민의 복지향상을 목표로 내건 민선도정의 지역발전정책은 1980년대의 고도관광성장을 기반으로 하여 이른바 '동북아의 관광중심축'이란 힘찬 기치 아래 출발하였다. 그러나 그것은 민주화의 시대적 상황하에서, 논리적 귀결은 당연하나 실체의 해석은 모호한 '도민주체'라는 주제를 전제로 해 입안·추진된 것이었다.

　그런데 관광부문의 경우 야심적인 발전목표에 걸맞게 공공자본의 투입계획이 원만히 조정되지 않는데다 지역자본의 형성·결집이 미약한 처지였기 때문에, 과도한 투자목표의 달성을 위해서는 불가피하게 외부 민간자본의 유치라는 수단적 합리성이 절실하였다. 이 과정에서 외부자본에 의한 지역경제의 예속을 우려하는 일부 도민들의 노파심은 당연한 것으로 볼 수 있다.

　따라서 민선도정은 주민참여기회의 확대에 진력하였으나, 이는 투자기업의 유치과정에서 곧 난관에 부딪히고 말았다. 줄곧 거세어지는 민주화 바람과 함께 시민단체와 자생단체 또는 토착기업들이 질러대는 '제 목소리 갖기' 식의 참여와 관여에 민선도정은 나약했던 것이다.

　때로는 목표달성을 의식해 지역주민과 투자기업과의 이해상충 또는 중앙정부와의 갈등에서 관선시대의 저돌적 정책추진을 답습하기도 했다. 그렇지만 환경보전의 논리를 방패로 삼고 문화운동의 당위를 창으로 세워 예리하게 공격하는 주민저항에 밀려 못내는 후퇴하는 식의 정책혼선이 자주 빚어지곤 했다. 대형 여행사 설립, 한라산 케이블카 사업, 메가 리조트 구상, 송악산 분화구 개발 등 표류하는 사업의 책임소재는 단언하기 힘들다.

　그리고 어렵사리 성사된 컨벤션센터 건립, 세계섬문화축제 개최, 월드

컵경기장 등의 사업은 비록 관광산업의 기반을 다졌다는 자부심에도 불구하고 추진과 정상에서 소모적인 논쟁을 불러일으켰다는 점에서 분명 새로운 기대감과는 괴리가 있었다고 보아진다.

한편으론 괄목할 만한 국고사냥의 실적에다 해외채 발행, 도민주 공모, 해외투자설명회 개최 등 관선시대와는 다른 새로운 시도가 모색되어 왔다. 그러나 세계화에 물든 도민 눈높이의 비약적 상승 때문인지, 아니면 '날아오르려는 동북아의 황금닭(?)'을 몰라보는 투자자들의 색맹 탓인지 관광도약의 날개짓은 아직껏 바람을 타지 못하고 있다.

여하간 민선자치 이후 현재까지의 제주관광에서는 ▲인기 위주의 선심성 개발사업 ▲도, 시·군간의 불필요한 중복 투자 ▲조화롭지 못한 정부의 규제완화시책 등으로 인해 근시안적이고 부정형적인 성장의 면모가 엿보인다.

아울러 정부 또는 지방자치단체의 보조와 지원시책에 편승한 기존 관광기업들의 모습만 나타났을 뿐, 새로운 관광상품의 개발이라든가 또는 관광거점의 탄생과 같은 혁신적 대외 경쟁 효과는 기대에 못 미치고 있다.

이상과 같이 민선자치의 지역관광정책 추진상에서 여러가지 시행착오와 우여곡절이 있었다고 하더라도, 관광사업적 진화에서 얻은 경험의 특성상 다음과 같은 바람직한 내면적 수준향상이 나타나기 시작했다고도 생각된다.

- 관광사업에 대한 계도사업을 통한 도민들의 이해력 향상과 외부자본 유치의 불가피성에 대한 인식의 증진
- 투자기업에 대한 사전 관여와 요구로부터 사업추진상 동반자적 위상 확보에 주력하는 경향

- 대외여건 변화에 능동적으로 대처하기 위한 자구책으로서 산·관·학 협력기회의 확대
- 일시적 경제동요와 시장교란에 의연하게 대응할 수 있는 심리적 면역력의 배양
- 주민참여형 관광산업에 대한 열의로서 생태·문화관광에 관한 관심의 고조
- 각종 스포츠대회의 유치를 근간으로 한 스포츠관광의 활성화 등 새로운 영역의 개척

Ⅲ. 맺는말

민선자치 이후 제주관광은 대외개방의 파고 속에서도 꾸준히 성장기조를 유지해 왔다. 그러나 향후 우리나라의 경제성장률이 점차 하향화될 것으로 전망됨에 따라, 제주관광의 성장잠재력은 결코 밝다고만 할 수 없다.

그럼에도 불구하고 제주도정은 동북아시아 20억 인구를 겨냥하는 부단한 기회의 모색 속에, 획기적 관광발전을 암시하는 희망의 전도사로서 행세해 왔다.

물론 '희망은 삶의 불씨를 지피는 원동력' 이지만, 녹녹치 않은 거대 시장의 관문, 이웃과의 벅찬 경쟁을 고려할 때 일개 지방자치단체의 힘만으로는 미약한 감이 들지 않을 수 없다.

아무래도 지금까지의 민선자치가 이른바 'NATO' (No Action Talk Only) 식이라든지 또는 '일만 벌이고 실적은 없다' 는 비판처럼 구호만이

무성했던 시대로 치달아 온 점은 반성을 요한다. 얼마전 발표된 신의주 경제특구 건설의 소식은 인천·부산·광양 등지의 경제특구 계획과도 다른 느낌을 주고 있으며, 제주관광의 궁극적 목표인 제주국제자유도시의 위상을 다시금 돌아보게 한다.

우리 도민 모두가 우리나라 국민과 정부 특히 내·외국인 투자가들의 협조를 얻어 휴양·관광 중심의 차별화된 국제자유도시를 건설해 나가기 위해서는 과거 개발부진의 원인에 대한 겸허한 반성을 시작으로 '현명한 선택', '낮은 목소리', '유연한 협상', '빠른 발놀림'이란 네박자 무도곡을 서로의 손을 잡고 차분히 배워가야 할 것이다.

제주국제자유도시 정책의 성찰과 대안

송재호 (제주대학교 관광개발학과 조교수)

(1) 논의의 길잡이

21세기가 시작되었다. 우리는 금세기에 지구가 하나의 행성임을 실감나게 느끼게 될 것이다. 20세기가 공업을 앞세운 '산업화'의 시대라고 한다면, 21세기는 사람과 상품, 자본과 정보가 자유롭게 이동하는 '탈산업화'의 시대가 될 것이다. 20세기가 이념의 제국(帝國)들이 기획하고 제도한 연대였다면, 21세기는 크게는 문명단위가, 작게는 지방단위가 혼재하면서 충돌하고 경쟁하는 혼돈의 연대가 될 것이다. '탈(脫)'로 특징지워지는 이 카오스가 천지개벽의 신화처럼 어떠한 질서의 형태로 창조될지는 지금 아무도 모른다.

그러나 분명한 것은 시장경제의 냉혹한 정글의 법칙이 강대국들의 패권적 신자유주의의 지원을 받으면서 우리를 조여오고 있다는 사실이다. 그것이 정보통신 혁명과 수익만을 좇는 자본의 논리와 결합되면서 우리를 송두리째 뒤바꿔 놓을 수 있는 엄청난 변혁을 예고하고 있다는 점이다.

이 대변혁은 우리가 완전하게 통제하고 제어할 수 있는 성질의 것은 아니다. '제주를 위해서 수입과일은 사지말고 제주감귤을 먹어달라고 외치는 것' 이 무언가 공허한 것처럼, '우리 스스로의 힘으로 제주에 오겠다는 이방인들을 막을 수 없는 것' 처럼, 그것은 이념이기 이전에 인류사회를 규율하는 지배현상으로 자리잡아가고 있기 때문이다.

사람과 상품, 자본과 신용에 대한 개방은 이제 우리의 선택과 의지의 문제가 아니다. 개방의 옳고 그름과 결과에 대한 가치판단 여부에 관계없이 그것은 이미 거스를 수 없는 대세이며 하나의 현상이다. 다만 이 문명사적 변화의 물꼬가 우리에게 축복으로 터질지, 혹은 재앙으로 작용할지에 대한 1차적 책임만은 전적으로 '우리의 의지' 에 달려있다고 할 수 있다. 우리의 의지가 소망스러운 방향으로 발현되기 위해서는, 우선 험난한 2000년대의 파고를 헤쳐나갈 우리 제주인의 선택이 무엇이어야 하느냐는 물음에 대답해야 한다.

제주국제자유도시 구상은 이에 대한 응답으로 등장한 것으로 보인다. 그러나 제주를 국제자유도시로 개발하겠다는 구상은 의욕만 너무 앞선다는 우려를 금할 수 없게 한다. 투자메리트를 부여하고 자유무역지대 조금 조성하고 면세쇼핑점 두었다고 해서 국제도시가 될 거라고 생각하고 있다면 지나치게 순진한 발상이다.

물론 제주가 적극적 개방을 통해 세계교환경제의 흐름에 능동적으로 참여하려는 당위성은 인정된다 하겠다. 차라리 국제관광시장을 개척하는 관광정책으로 국제자유도시 구상의 내용물을 바꾸어 제주가 가지고 있는 기존의 경쟁적 장점을 살릴 수 있는 방안을 고민하는 것이 더 현실적이다.

문자 그대로의 국제자유도시로 가든 국제관광정책으로 전환되든 이것은 오랜 세월 1차산업에 종사해온 지역민의 입장에서는 다소 낯설고 생소한 경제 메카니즘이다. 프랑스 작가 비비안 포레스테(Viviane Forrester)는 '경제적 공포'에서 "살아갈 권리를 갖기 위해서는 살아남을 '자격'이 필요한가"를 묻는다. 그녀의 질문은 "새로운 경제 메카니즘에 유용한 요소임을 입증하지 못한 사람들의 삶도 과연 유용할까?"라는 처절한 반문으로 이어진다. 국제자유도시는 분명 제주인에게는 새로운 경제 메카니즘이며, 이 기제에 적응하기 위해서는 새로운 자격이 요구될 것이다.

본 논의는 이러한 문제인식 하에 지역개발구상으로서 국제자유도시라는 적극적 개방화 정책이 초래할 변화의 폭과 깊이를 고려할 때, 경쟁력, 글로벌 스탠다드, 추진과정 등 많은 부분에서 심도있는 고민과 보완이 뒤따라야 한다고 생각하고 있다. 특히 지역민의 생존을 중시하는 측면에서 세계적 관점과 함께 지역적 관점도 수용, 제주국제자유도시 정책과정의 주체로서 제주인의 시각을 중시하고 이를 정책과정에 반영해야 함을 주목하고 있다.

연구방법론상 국제자유도시라는 커다란 변동(megatrends)의 성격을 다룬다는 점에서 거시이론(macrotheories)적 접근방법[1]을 채택하고 있으며, 기본적으로 세계적으로 주목받고 있는 '지식기반경제시대 신중도의

---

[1] 이 접근방법은 고도의 추상성과 외연성만을 지닌 개념들로 이루어진 관계로 경험적으로 검증하는 것이 어렵기 때문에 연구서술을 위한 틀(heuristic devise)로서의 유용성을 가질 뿐이다.

이념과 철학'2)에 근거하고 있다. 신중도는 좌파와 우파를 가로지르면서 초월하는 '새로운 진보주의'(Giddens, 1998b)로서 지역개발의 입장에서 볼 때 분배와 성장의 화해, 환경과 개발의 통합 등을 위한 유용한 관점을 제공해 준다.

(2) 논의를 위한 담론

세계화의 야누스적 두 얼굴 :
'장밋빛 내일' 인가, '환상의 서곡' 인가

국제적 금융체계의 동학, 초국적 기업활동의 급격한 확장, 전지구적 통신망과 미디어 네트워크의 가동, 개별국가 간의 민족적·종교적 유대의 중요성과 결부되어 나타나는 지식의 전지구적 확산, 국가간 인구의 대량이동, 국민국가의 쇠퇴와 국제기구 및 지방의 위상강화 등 세계화 현상이 인류사회를 어디로 인도할 것인가 하는 질문에 대한 해명은 매우 혼미스럽고 야누스적이다(McGrew, 1992: 63-64).

'장밋빛 내일의 논리'는 일단 근대성의 담론에서 세계성의 담론으로의 이행에서 발견된다. 이전 시대의 지배논리인 근대성의 담론 속에서 모든 것은 강자와 약자, 위와 아래의 서열과 구획에 의해 평가되고, 그 위계구조 안에서 각각의 존재가치가 상대적으로 인정받게 되었다. 지구상의 모

---

2) 일반인들에게는 '제3의 길'로 널리 알려져 있다. 2단계 근대화, 포용의 정치, 구좌파와 신우파를 초월하는 사회민주주의의 혁신으로 불리우기도 하며, 지식기반경제시대의 도래를 원인으로 하여 등장한 새로운 이데올로기이다. 현재 영국을 위시한 미국과 독일 등 세계 각국의 정부에서 실험되고 있다.

든 국가들을 일등에서부터 꼴등까지 등위를 부여하는, 그야말로 무지막지한 오만과 폭력이 난무하였다. 여기에는 물론 결코 적지 않은 인간적 비용이 수반되었으며, 때에 따라서는 세계의 분할과 물리적 통합이 강요되곤 하였다. 발전이니 진보니 하는 모든 것이 서구 선진 자본주의와 동의어로 취급되는 수렴의 관점이 지배적이었다.

이런 근대성의 논리가 이 시대에 청산될 수 있다는 것이다. 새로운 세계성의 질서는 이질사회의 존재와 문화의 가치를 인정하면서 이들과 기꺼이 교류하고 협력하려는 데서 형성되는 만큼 획일적인 것보다는 대비를 추구하는 다양한 문화적 경험을 중시한다. 세계화는 모든 것을 단일의 잣대로 측정하겠다는 논리를 거부하는 만큼 동형화와 결별하고 다양성을 선호하고 나선 것이다.

세계화 담론은 근대성의 담론과는 대조적으로 각 민족 혹은 지역 문화의 정체성 및 공동체를 그대로 인정한다. 각 지역인들에게 다양성이란 오히려 자신들의 것에 애착을 갖고 이것에 더욱 집착하게 하는 아이러니와 매력을 지니고 있다. 이 모든 것은 자유주의적 다원주의로 모아지면서 국가가 더 이상 세계무대에서 일차적인 행위자가 될 수 없음을 의미하는 것이다. 그럼으로써 세계화는 경제적 비효율성과 정치적 억압의 근원이었던 국가주의를 마침내 지구촌으로부터 추방하고 시민사회를 해방할 것이라는 것이다.

오늘날의 세계화는 서로 다른 역사와 문명을 지닌 사회와 사람들을 한데 아우르는 전지구적 체계로서의 세계를 지향함으로써 인간의 상호작용, 상호연관 및 상호인식을 세계라는 하나의 단일공간 위에 펼쳐놓으면서 참여자 모두에게 다원적 이익을 제공하고 참여하지 않는 자보다 더 나은 미래를 약속하는 유익한 과정이라는 것이다(Rosenau, 1992: 275).

'환상의 서곡'의 논리는 오늘날의 세계화 역시 인류가 지난 한 세기 동안 가졌던 질곡의 역사의 재연에 불과하다는 것이다. 이러한 주장은 무엇보다도 경제의 세계화에 집중되어 있다. 전지구적 상호의존을 가장 극명하게 보여주는 세계의 경제통합 과정은 그 범위에 있어 극히 불균등하며, 또한 자원을 둘러싼 경쟁압력과 갈등, 세계체제 내의 지역적 블록을 향한 움직임 등으로 인해 해체의 경향성이 강하게 병존한다는 것이다.

사실 오늘날 세계화의 태동은 70년대 후반, 80년대 초반에 최고조에 달했던 자본주의의 축적위기에 대한 재구조화에서 기인하는 만큼, 세계화의 준동은 그 어느 시대보다도 자본의 이해가 매우 강렬하게 표면화되었다. 다시 말하여 축적위기를 타개하고 새로운 이윤창출의 기회를 모색하려는 자본의 의도가 그 출발이었다는 것이다.

따라서 그 결과는 선진자본의 이해 쪽으로 편향될 수밖에 없다는 논리다. 즉, 세계자본주의의 재구조화와 세계화는 서구 중심부 경제, 중심부 자본에 의해 주도되는 과정이라는 점이 지적되면서 이것의 일차적 해결 역시 서구 선진자본주의의 재구조화에 국한될 뿐이라는 것이다(Axtmann, 1994: 1). 요컨대 오늘날 경제의 세계화 추구는 매우 빠르게 진전되고 있지만, 이것은 또 다른 불평등과 구시대적인 종속의 고리를 강화하는 과정이라는 것이다.

국민국가의 영토확장이 더 이상 가능하지 않게 된 지금, 국가를 대신하여 팽창주의적 자본주의만이 활개를 치고 있다는 것이다. 국가주권이 약화되면서 글로벌 자본주의는 기업가, 노동자, 농민들을 국경을 넘어서 전 세계시장에서 경쟁하도록 강요하고 있으며, 국가 단위로 승자와 패자가 결정되는 것이 아니라 지역, 부문, 산업, 기업 단위로 승자와 패자가 결정된다는 것이다(Schmitter, 1994: 64). 그리고 패자에게는 빈곤과 종속, 질

곡의 운명만이 존재한다는 것이다. 세계화 옹호론자들이 내세우는 공존의 논리는 허상에 불과하다는 것이다.

  세계화는 '환상의 서곡'에 다름아니라는 것이다. 이를 압축적으로 잘 표현해 주는 개념이 20:80 모형이다. 즉, 앞으로의 세계는 잘 사는 20%의 나라와 못 사는 80%의 나라로 계층구조화되어 갈 것이고, 한 국가 내에도 '한 국가 두 국민' 현상인 20%의 아주 잘 사는 국민과 대체로 못 사는 80%의 국민으로 나누어진다는 것이다(Martin & Schmann, 1998).

통합의 이데올로기는 없는가? : 제3의 길

  세계화의 혼미스러운 두 얼굴을 통합하는 새로운 이데올로기는 불가능한가. 이에 대한 해답으로서 제3의 길을 표방하는 신중도 노선이 전세계적으로 활력을 얻고 있다. 제3의 길은 단순히 서구적 현상이 아니다. 그것은 개발도상국가를 포함하는 전세계적 현상이며 관심사이다(Giddens, 1999).

  제3의 길은 지식기반경제(knowledge based economy)를 배경으로 한다. 지식기반경제는 농업을 1차산업으로 변형시켰던 산업혁명처럼 오늘날의 산업을 재편시키고 있다. 지식기반경제는 수확체감의 법칙이 작용하는 자원기반경제와는 달리 수확체증의 법칙이 작용함으로써, 즉 기술혁신에 의한 경제성장이 지속적으로 가능하기 때문에 노자(勞資)간의 관계가 제로섬 모델에 따른 적대적 관계이기를 포기하고 특별잉여가치(초과이윤) 창출을 위한 파트너쉽으로 변모할 수 있는 객관적 토대가 마련된다(양신규·류동민, 2000).

  지식기반경제는 경제성장이 자원기반경제와는 달리 물적 자본보다 인적 자본과 사회적 자본에 더욱 의존하게 됨으로써 숙련된 인적 자본과 건실한 사회적 자본을 필요로 하게 되고, 이로 말미암아 종전에 사회정의에 속하는 실업해소와 교육수준 향상, 빈곤퇴치 등이 경제적 이유(부의 창출)에서 강조된다.

따라서 제3의 길은 사회정책과 경제정책을 통합할 수 있게 되며, 경제적 효율성과 사회정의가 화해를 할 수 있게 되는 것이다(Blair, 1999). 경제적 효율성과 사회정의의 화해의 원리는 그 둘이 대립적인 제로섬 관계에 있는 것이 아니라 하나가 상승하면 다른 하나도 높아지는 상생의 관계가 될 수 있다는 것이다.

나아가서 지식기반경제는 생산력의 발전이 굴뚝이 아닌 지식에 의존하기 때문에 환경과 경제간의 화해가 가능해지고, 근력이 없는 여성에게도 동등한 사회진출기회를 보장함으로써 페미니즘을 촉진시키게 된다(황태연, 1996; Giddens, 2000).

그러나 인적 자본과 사회적 자본을 동원할 수 없는 미숙련 노동자들은 생산과정으로부터 배제당하게 된다. 이들은 맑스의 범주를 빌리자면 룸펜 프롤레타리아트와 유사하다. 하지만 수확체증의 가능성 때문에 미숙련 노동의 배제는 고착된 것이 아니다. 빈곤층의 능동성이 전제되어 인적 자본과 사회적 자본에 대한 투자가 이루어질 수 있는 기틀이 마련되면, 이러한 투자는 지식기반 기업가에게도 적합한 것이 되고, 배제된 노동자 계급의 이해에도 부합되는 것이어서 배제계층에 대한 포용이 가능해지는 것이다.

상층배제자의 이해를 대변하는 우파의 '배제의 정치'와 하층배제자의 이해를 대변하는 좌파의 '평등의 정치'는 서로를 적으로 상정하는 이국민 정치이고, 궁극적으로 이는 배제를 해결하는 데 무능할 뿐만 아니라 오히려 역효과를 가진다. 이와는 달리 제3의 길은 수확체증의 네트워크에 의해 상층과 하층의 이해관계를 동시에 포용하는, 일국민 승승(勝勝)의 정치를 가능하게 한다(Siegel and Marshall, 2000). 구좌파·신우파의 그것과 비교하여 '제3의 길'이 의미하는 정책형성 틀과 지역개발상 함의를 나타내면 다음과 같이 제시될 수 있다.

〈표〉 제3의 길과 구좌파·신우파의 정책형성 틀 비교 및 지역개발상 함의

구 분	구좌파	신우파	제3의 길	지역개발 함의
소유권	국유화 (혼합경제)	민영화	종업원 지주제	주민 주체(참여) 개발
경 제	케인즈주의	시장원리주의	신혼합경제	기존산업 지식기반 체화 새로운 지식기반 산업 개발
복 지	복지국가	복지안전망	사회투자 국가	사회투자확대 및 고용창출
정 부	최대국가	작고 강한 국가	신민주국가	협력적 리더쉽과 공동관리
국 민	국제주의	보수적 원리주의	세계 시민적 국민	다원적 문화주의

자료 : 이진복, 2001 참조하여 연구자 재작성.

제3의 길은 인적 자본과 사회적 자본이 결정적으로 중요해진 지식기반 경제에서 종업원 지주제가 노동자와 소유권자의 일치라는 고전적인 사회정의에 대한 인식에서 뿐만 아니라 경제적 효율성과도 합치되는 것으로 간주한다. 종업원 지주제는 역동적 시장, 기업가 정신, 파트너쉽 등 제3의 길의 가치를 실현할 수 있는 유력한 대안으로 평가된다(Kelly, et al., 1997).

경제와 관련하여 제3의 길은 신혼합경제(new mixed economy)를 제시

한다. 현실적으로 시장을 인정할 수밖에 없는 현실에서, 제3의 길은 시장의 중요성과 효율성을 주목한다. 구좌파와 신우파가 모두 성장보다는 재분배에 초점을 맞추는 대신에3) 제3의 길은 지식의 경제적 역할을 강조하는 성장경제학을 지지한다(Atkinson, 2000). 제3의 길은 정부정책이 생산성 향상과 고용창출을 위한 기술·과학·교육에의 투자와 경쟁과 혁신의 촉진에 초점이 맞춰져야 함을 강조한다.

구좌파의 복지정책 기반은 국가를 매개로 '요람에서 무덤까지'가 보장되는 소득재분배 정책이었다. 그러나 이는 관료제와 재정적자의 모순을 노정하였고, 선의에도 불구하고 불평등을 촉진하였다. 신우파는 복지를 사회적 안전망 수준으로 제한하려 한다. 하지만 지식기반경제에서 비숙련 노동자의 실업은 장기적·구조적인 것이 되어 아예 시장진입이 차단·배제되며, 따라서 비용은 오히려 더 증가하게 된다. 복지정책의 대안으로서 제3의 길은 사회투자국가(social investment state)로의 재구성을 제창한다. 사회투자국가의 원칙은 개인을 위험으로부터 보호하려는 것이 아니라 개인이 스스로 위험을 감당하고 자신의 삶을 만들어갈 수 있는 능력을 키워주는 것이다(김호균, 2001). '일하는 복지'를 강조하는 사회투자국가는 실업수당을 삭감, 노동시장 재진입을 위한 투자로 전환함으로써 소득의 재분배가 아니라 능력의 재분배에 관심을 갖는다(Giddens, 1998a).

정부와 관련하여 구좌파는 정부야말로 답이라고 주장했고, 신우파는 정부가 바로 문제라고 하였다. 구좌파는 정부를 확대하려 하고, 신우파는 정부를 해체하려 한다. 그러나 제3의 길은 정부(government)를 관리기구

---

3) 구좌파는 부를 부자에서 빈민으로 재분배하고자 하고, 신우파는 공적 지출에서 사적 소득으로 재분배하고자 한다. 신우파가 대폭적 감세가 소비자의 수요를 자극할 것이라는 공급측면의 케인즈주의를 주장하는 것은, 구좌파가 정부지출 확대가 수요를 자극한다는 수요측면의 케인즈주의와는 방향만이 다른, 동일한 재분배 논리인 것이다.

(governance)로 재구성하려 한다. 구좌파는 정부를 통제자(시장에 대한)로 보고 신우파는 방임자(시장에 대한)로 보았다면, 제3의 길은 정부를 촉진자로 간주한다(Giddens, 1998b). 제3의 길은 사회가 국가 대 시장이라는 이분법적 대립모델로 구성되는 것이 아니라 시장과 국가, 그리고 시민사회라는 협력적 삼분모델로 이루어져 있다고 보고(Blair, 2001), 시장 및 시민사회와의 공동관리를 가능하게 하는 신민주국가(new democratic stste)를 제창한다. 신민주국가는 지방분권, 성과중시, 민관합동, 위험관리, 정보자유 등을 강조하면서 이를 실현하기 위한 정부의 재구성을 주장한다(Giddens, 1998b).

제3의 길은 자국의 노동자 보호를 위한 구좌파의 보호무역주의와 신우파의 고립주의를 탈피하여 이질성을 포용하는 문화다원주의를 내세운다. 자기정체성을 확고히 하면서 인적 자본과 사회적 자본을 가진 외국인과 외국기업에 포용적 태도를 취하는 세계시민적 국민(cosmopolitan nation)을 주장한다(Hargreaves and Christie, 1998).

제주국제자유도시 정책의 방향성은 경제적 효율성과 사회정의를 화해시키고 세계화의 이분법적 대립구도를 조화롭게 포용하는, 새로운 중도로서 '제3의 길'을 주목할 필요가 있다.

(3) 성찰과 대안

세계 섬(島)들의 경험

섬 개발은 섬이 숙명적으로 안을 수밖에 없는 지리적 격리와 자원의 결핍이라는 한계를 인식할 필요가 있다. 많은 섬들은 생활에 필요한 일상용품을 수입하고 있기 때문에 그나마 얼마 되지 않는 소득마저 외부로 새나가고 있다. 에너지, 전력, 음용수, 쓰레기와 폐기물 처리 등도 섬 자체적으로 해결할 수밖에 없고, 이는 섬 경제상황을 더욱 어렵게 만들고 있다.

경제개발과 관련해서 섬들은 숙명적으로 불리한 점들을 가지고 있다. 섬들은 면적이 작고 인구가 작으며 그럼으로써 내수시장 또한 협소하여 경제규모도 작다. 섬들은 지리적으로 격리되어 있기 때문에 사람과 상품의 접근을 어렵게 한다. 이로 인해 접근비용(물류비용)이 비싸다. 항공과 해상을 활용한 접근로 또한 한정되어 있고, 그것도 자주 있는 것이 아니다.

섬들은 특유하고 깨지기 쉬운 생태시스템을 가지고 있다. 경제개발이 환경에 가하는 압력이 다른 본토 지역보다 훨씬 크다. 협소한 면적이 이를 더욱 가중시킨다. 게다가 섬들은 태풍, 지진, 화산 등 자연재해에도 노출되어 있다.

이처럼 협소한 공간과 인구, 취약한 정치적 입지, 상처받기 쉬운 환경 등이 섬 지역들이 공통으로 적응해야 할 여건이요, 해결해야 할 과제이다.

섬 경제를 전통적으로 지탱해온 것은 농수산업이다. 그러나 1차산업은 한계가 있을 수밖에 없다. 농업은 섬 지역이 처한 기후조건과 토양상태 때문에 작물이 극히 제약되고 재배상태 또한 좋지 못한 것이 보통이다. 대부분의 섬 지역 농업은 과거 식민지 지배를 거치면서 설탕, 바나나, 코프라 등의 플랜테이션 농업에 국한되어 있었다. 더욱이 토지이용 형태와 토지소유권도 상당히 왜곡되어 있었다. 수산업의 경우도 멀리 떨어진 배후소비지까지 운송하는 것이 쉽지않은 입지 때문에 한계가 있다.

20세기 중반 이후 많은 섬들은 1차산품 의존을 탈피, 섬 경제활동을 다양화함으로써 섬 경제의 구조적 취약성을 극복하고자 많은 노력을 기울여 왔다. 우선적으로 외부투자에 의해 수출지향적인 제조업을 도입함으로써 2차산업의 비중을 획기적으로 높이기 위한 시도가 이루어졌다. 말타, 바바도스, 마우리티우스, 피지 등 몇몇 섬들에서는 일정한 성공을 거둔 것으로 보인다.

말타의 사례가 대표적이다. 말타는 공업개발전략을 채택, 1970년대 초반 이후 섬유공업을 유치·진작하였다. 그 결과 섬유산업은 말타 수출의 절반 이상, 말타 수출촉진특구 고용의 90% 이상을 떠맡고 있다(Jones, 1989). 최근에는 섬유와 같은 단순 노동집약적 공업개발에서 과학기술을 기반으로 한 첨단공업 개발로 발전축을 이동시키고 있다.

그러나 부족한 토착자본과 인력, 충분치 못한 광물자원과 용수, 협소한 내수시장, 빈약한 인프라, 비싼 운송비용 등이 섬 지역 산업다양화에 걸림돌로 작용하고 있다. 그 결과 공업개발을 선도전략으로 추진하는 경우도 식품가공업이나 금속제련, 또는 목재가구공업 등 부가가치가 높지 않은 종목이 대부분이고 그것도 소규모이다.

다음으로 서비스 부문, 특히 보험과 금융 분야의 해외투자를 주목해 볼 수 있다. 버뮤다와 같은 카리브해의 섬들, 남태평양지역의 바누아투나 쿡 아일랜드, 지중해의 사이프러스나 말타 등은 조세천국(tax heavens)과 역외비즈니스(offshore business) 제도를 통하여 해외기업(대다수가 paper company)을 유치, 서비스 부문의 부(富)를 창출하고 있다(Fallon, 1994).

그 결과 관광과 금융 등 서비스 부문의 고용이 이들 섬 지역 경제활동인구의 절반 이상을 차지하고 있는 것으로 나타나고 있다.

20세기 중반 이후 섬 개발을 위해서 관광이 각광받고 있다. 지난 30년 동안 이루어진 항공교통의 혁신적 발달과 저렴한 운임의 전세여객기 등장, 그리고 가처분 소득 및 유급휴가의 확대로 관광객은 기하급수적으로 늘어났고, 이에 대응하여 관광개발과 관광산업은 비약적으로 성장해왔다. 농업부흥, 공업유치, 조세면제, 역외금융 등과는 대조적으로, 섬들로서는 관광객을 끌어들이기가 상대적으로 쉽고 그럼으로써 관광산업은 섬 경제를 떠받치는 초석으로 급부상하고 있는 것이다.

특히 관광은 본질적으로 전도(顚倒: inversions)[4]를 기본적 속성으로 하는 현상이다(Graburn, 1983). 자연과 문화 등 모든 점에서 섬은 대륙과는 판이하게 다르고 따라서 관광동기를 자극하기에 충분하다. 관광이 활성화되고 원거리 여행이 가능해짐에 따라 따뜻한 기후, 아름다운 해변 등 양호한 관광여건을 갖춘 섬들이 매력적인 관광목적지로 새롭게 떠오른 것이다.

버뮤다, 말타, 사이프러스, 하와이, 발리 등 1세대 섬 관광지들은 대중적인 국제관광지로서 이미 관광산업이 지역총생산에 가장 큰 기여를 하고 있는 영역으로 자리잡았다. 그 뒤를 이어 카리브해, 지중해, 아시아태평양, 아프리카와 남아시아의 수많은 섬들이 지역의 주력산업으로 관광개발을 전개하고 있다.

---

[4] 전도란 자신이 익숙한 표준적인 것에서 벗어나 정반대의 것, 또는 전혀 다른 것을 추구하는 행태가 나타난다는 의미이다.

준거의 설정

제주국제자유도시로의 지향은 세계시장으로의 진출을 의미하는 것이고, 제주개발이 국내적 환경에 한정되는 것을 벗어나 세계적 관점에서 논의되고 분석되어야 함을 함축한다. 이것은 '세계화, 지방화, 지식기반'의 추상성을 제주에 어떻게 적용하여 구체적인 정책으로 형성할 것인가라는 문제를 제기한다.

이러한 물음에 응답하면서 제주국제자유도시를 성찰하고 소망스러운 방향으로 조정하기 위해서는 개발정책의 전체를 종합하고 분해할 수 있는 얼개를 만들어야 할 것이다. 이러한 틀은 개념적 · 이념적 · 절차적 준거로 나뉘어 설계될 수 있을 것이다.

개념적 준거는 국제자유도시라는 일반적 개념에 제주국제자유도시 모델이 얼마나 부합할 수 있는지를 판단하는 기준으로 다음과 같이 설정될 수 있다.

- 국제공항, 국제항만, 첨단정보통신, 도로, 상하수도, 전력 등 SOC시설 구비 정도
- 자본과 상품 및 용역에 대한 장벽제거 수준
- 역내 국제경제 거점을 연결하는 광역항공망 체계
- 주거, 금융, 법률, 노동, 회계 등 국제업무 서비스 수준
- 필요인력 충원가능성 및 노동시장의 유연성
- 지식기반경제 기능
- 개발가용지의 규모와 개발비용
- 인허가 의제처리, 건축특례, 각종 부담금 감면, 토지취득 특례 등 개

발절차
- 행 · 재정적 지원 등 투자유치 인센티브
- 의사결정의 신속성과 유연성 및 자율성을 보장하는 행정운영체계 등

이념적 준거로는 지식기반경제 시대에 신중도 포용의 정치인 '제3의 길'을 설정할 수 있을 것이다. 제주국제자유도시 추진은 경쟁력을 갖기 위하여 지역의 모든 자원을 바탕으로 지식기반경제를 수용하는 혁신적 개념과 전략에 기초해야 하며, 그것은 국가 · 시민 · 시장이라는 거시담론과 함께 주민 · 지역 · 문화라는 미시담론이 상호 의사소통되고 호환될 수 있는 개념과 전략이어야 하는 것이다.

> 제주의 위기는, 제주만의 문제가 아니라 할지라도, 국가 · 시장이라는 이분대립적 낡은 모델이 죽어가고 있는데도, 새로운 국가 · 시민 · 시장의 삼분 협력적 모델은 생겨나지 않는 데에서 기인하며, 그럼으로써 경쟁과 가치의 원천이 되는 주민 · 지역 · 문화의 혁신적 네트워크는 참으로 요원할 수밖에 없으며, 이 공백기간에 메가리조트, 오픈카지노, 한라산케이블카 등 다양한 개발구상이 나타나고 그에 따른 평가없는 공론들만 난무하는 것이다(송재호, 2000).

이념의 내용적 준거는 생존과 비전의 측면에서 이해될 수 있다. 정치 · 경제 · 사회 · 문화 · 환경 등의 다방면에서 섬의 정체성과 특수성을 살리는 것을 '생존'이라 한다면, 세계적 보편성과 경쟁력을 획득하는 것은 '비전'으로 이해된다. 생존으로부터 비전까지는 「생존1→비전2→생존2→비전3→생존i→비전i」형태로 소의 되새김질처럼 반복되어 일어나는 과

정이며, '비전과 생존을 연결하는 구조연계'가 필연적으로 수반되어야 하고, 지역이 처한 제반여건 때문에 '경쟁우위 부문의 선택과 사회적 집중'이 요구된다.

비전추구 과정에서 경쟁우위 부문의 특화가 성공할 경우 경쟁력이 생겨나 비전은 달성되나, 그 과정에서 구조연계가 보장되지 않을 경우 비전달성이 지역생존과 연결되지 않고 외부로 누출되게 된다. 한마디로 지역의 비전과 생존의 논리는 세계화와 지역화를 가로지르면서 그것을 새로운 모습으로 통합하는 정치경제학이라 규정할 수 있다. 생존과 비전이 융화되지 못하고 대립할 경우 지역정책은 생존에 정책우선권을 부여하는 것이 마땅하다.

특히 경제정책의 측면에서 산업정책은 리엔지니어링을 통한 기존 산업의 고부가가치화와 미래형 대안산업의 발굴·육성으로 집약될 수 있다. 일단 기존 산업의 경쟁력을 면밀히 분석하고 경쟁가능 산업은 지식기반을 접목하여 고부가가치화하는 한편, 경쟁력 상실부문에 대해서는 자연스러운 구조전환이 이루어지도록 해야 지역민이 삶의 터전을 등지는 일을 막을 수 있다. 그것이 어떠한 개발전략이든 지연(地緣)을 등한시 함으로써 지역의 공동화(空洞化)를 예방하지 못하는 계획은 무의미하며 용납될 수 없는 것이다.

그렇게 지역의 생존이 보장된 바탕 위에서만이 외자유치, 자유도시 개발 등 지역경제의 총량규모를 크게 할 수 있는 개방화 전략들이 의미를 갖는 것이며 그 추진 또한 가능한 것이다. 오늘을 주시하지 못하는 사람에게 내일이 있을 수 없는 것과 같은 이치이다.

절차적 준거는 정책에 대한 지역민의 합의를 견인함으로써 지역사회 통합성을 확보하고 능동적 주체로서 역량을 결집할 수 있는 추진체계를 확립하는 것으로 풀이될 수 있다. 정책의 최고목표가 삶의 질을 향상하고 평화와 번영의 기초를 확고히 하기 위해서 정책이 가져다주는 정치적·경제적·사회문화적·지적·환경적 이익을 인간과 지역 및 국가와 통합, 응집시키는 것이라면(Edgell, 1991), 정책이 지역사회 통합성을 확보하고 총체적 사회능력을 결집·배양할 수 있는 제도적 틀을 만들어내는 것이 필요하다.

제주도처럼 인구와 공간 규모가 상대적으로 협소하고 여건과 역량이 상대적으로 열악한 경우는 특히 그 내적 역량을 강화할 필요가 있으며, 이러한 견지에서 사회능력제고(capacitation)는 매우 현실적이고 유효한 전략이념이 될 수 있다. 사회능력을 강화하기 위해서는 정책이 지역사회와 통합되어야 한다. 정책의 지역사회 통합성은 정책결정과정에서 주민의 요구사항을 일차적으로 고려하고 주민의 수용성을 보장할 때 달성된다.

> 어떠한 형태의 제주국제자유도시든 그것이 성공하려면 깨어있는 시민, 경쟁력있는 도민의 힘이 가장 중요하다. 제주국제자유도시 추진은 어디까지나 도민참여 및 공감대 형성에 바탕을 두어야 한다. 그래야 국제자유도시 사업이 도덕성을 가질 수 있으며 집행과정에서 도민들로부터 지지와 순응성을 확보해 주는 바탕이 된다. 이런 점에서 복합형 국제자유도시 등 국제자유도시를 너무 신비화된 개념으로 인식시켜서는 안 된다(고충석, 2000).

정책의 지역사회 통합성을 확보하고 이를 통해 사회능력을 제고하기 위해서, 제주도는 지역 전체의 구조-기능 틀을 새롭게 세워나갈 필요가 있다. 제주도 지방정부는 공공서비스를 분할 공급하는 단위 또는 선언적 의미의 민주주의 보루라는 차원을 과감히 뛰어 넘어 지역의 사회경제적 관계의 총체 속에서 중앙정부와 함께 한정된 공간범위 내에서 법적 권위를 부여받은 분권화된 통치체임을 실천해 나가야 한다.

분권의 방향성은 특화발전을 가능하게 하도록 자치와 관련된 특례를 허용하고, 그 바탕 위에서 중앙 중심에서 벗어나 정치적 의사결정과 집행, 경제적 자원의 관리, 문화의 창조 및 향유 등 지방적 공동체 활동을 수행함으로써 스스로 '자존'을 관리하는 모델이라고 할 수 있다. 그렇게 할 때 좁은 지역에 4개 시군(市郡)과 하나의 도(道)라는 내부모순을 줄이고 전제적 완성도를 높임으로써 제주적인 발전을 가능하게 하고, 주도적으로 시장에서의 경쟁을 수행할 수 있는 것이며, 소비자(관광객)나 기업들의 선호여하에 따라 '세계적인 전초기지'가 될 수 있는 것이다.

성찰과 대안

개념적 준거에 비추어 볼 때, 제주국제자유도시 모델은 홍콩과 싱가폴처럼 세계가 대체로 합의하고 있는 개념모델에 근거할 때, 국제관광도시라면 몰라도 일반적인 국제자유도시로 보기는 어렵다.

> 국제자유도시라고 이름은 되어있는데 외국인이라도 관광과 통과목적 이외에는 비자가 발급되지 않고 외국에서 들어오는 상품에 대해서 관세가 아직 철폐되지 않았기 때문에 실질적인 국제자유도시로 보기에는 문제가 있으며, 국제자유도시라는 이름을 걸기는 힘들지 않은가 생각합니다(조성윤, 제대신문과의 토론자료, 2001. 12. 4).

자유무역지역을 공항 근처에 조금 만들고 관광과 통과 목적의 노비자를 확대실시하고 첨단기술단지 조성하고 외국인 학교 세웠다고 해서 국제자유도시가 되는 것은 아니다. 제주보다 개방의 강도가 높은 이웃 오키나와도 국제도시라는 명칭은 쓰지만 자유도시라는 용어는 사용하지 않는다.

제주공항 인근 자유무역지대 조성은 인천 영종도 신공항이면 모를까 타당성을 다시 한번 검토할 필요가 있는 사업이고, 지역개발의 방향성과도 어울리지 않는 구색 맞추기용이라는 인상이 짙다. 7개의 국제자유도시 선도프로젝트를 살펴보더라도 과학기술단지 조성은 일종의 씨앗창출 정책으로 국제자유도시 추진이 아니더라도 대안산업 발굴 차원에서 당연히 이루어져야 하는 개발구상이다. 중문관광단지 개발은 1978년부터 정부 주도로 이루어진 개발이니 새삼 또 확대 추진하겠다고 언급할 필요가 없는 사항이고, 휴양형 주거단지, 서귀포항 관광미항 개발, 쇼핑아울렛 개발, 생태·신화·역사 공원조성 등 나머지 4개는 그 내용이 국제자유도시 건설이 아니라 관광개발이다.

더욱이 국제항공망에 대한 고려, 금융·법률·노동·회계 등 국제업무서비스 기능의 구비, 자율적 행정체계의 구축 등 국제자유도시에 필연적으로 요구되는 제반요소에 대해서 제주국제자유도시 정책은 손을 놓고 있다해도 지나치지 않다. 지역 자체적으로 이러한 역량을 갖출 수 있는지, 이게 안 되면 어느 수준까지 중앙정부의 지원을 받아야 하는지, 그것도 아니면 외부로부터 아웃소싱할 것인지 등에 대한 고민의 흔적이 발견되지 않는다.

이념적 준거에 비추어 볼 때, 제주국제자유도시 모델은 세계로의 열림은 지향하고 있지만 열림의 토대가 되는 지역으로의 회귀를 소홀히 하고 있다. 현재의 제주국제자유도시 모델은 인적 자본과 사회적 자본에 대한 투자정책을 소홀히 하고 있고 국제자유도시 배제계층에 대해 충분히 고려하지 않음으로써 승승의 승자연합을 가져올 수 있는 지역정책으로서는 한계를 노정하고 있다.

> 제주국제자유도시 개발은 민물고기가 바다로 나갈 수 없듯이, 제주의 현실을 떠나서 이루어질 수 없다. 지역을 혁신하려는 의지없이 세계화와 개방화라는 세계경제 담론의 바다로만 가려고 하는 것이 정부의 의지이고 현실적 기반이어서는 곤란하다(송재호, 2000).

 지역민의 삶의 질 향상에 기여하지 못하고 남 좋은 일만을 하는 개방은 무의미하다. 국제자유도시로 새로이 추가되는 지역산업 부문은 어떤 게 있으며, 고용을 포함해서 이러한 부문에 지역이 참여할 수 있는 역량은 있는지, 없다면 요구되는 능력을 갖추기 위한 교육·훈련 정책은 어떻게 준비할 것인지 등에 대한 세심한 검증과 준비가 수반되어야 한다. 특히 국제자유도시라는 지역비전과 오늘을 살아가야 하는 지역생존간의 구조연계정책이 결여되어 있다. 지역의 생존권과 연결되는 지역산업, 그 중에서도 농업의 보호와 발전에 관한 사항이 현실과 동떨어져 있고 취약하다.
 지역의 산업정책을 마련함에 있어 우선적으로 필요한 것이 산업 포트폴리오 분석이다. 이 경우 제주의 특화정도와 산업파급효과, 제주도가 보유한 능력수준과 제주경제의 경쟁력 강화 기여도 등을 주요 지표(변수)로 하여 각각의 조합으로 이루어진 산업 포트폴리오를 도출할 수 있다. 이러한 24개의 산업 포트폴리오가 만들어지면 제주도의 지역산업정책을 어떻게 전개해야 할지 그 방향성을 잡을 수 있다.
 물론 지역산업정책은 지방화와 세계화, 기존산업과 대안산업의 균형화를 통해 모색되는 것이 타당하다. 균형적 산업정책은 다시 4가지로 범주화될 수 있다. 첫째, 기존 산업 중 경쟁이 가능한 부문을 대상으로 지원서비스를 극대화하는 정책. 둘째, 생명산업 등 대안산업 창출을 위한 씨앗창출정책. 셋째, 경쟁상실 부문의 산업구조조정 정책. 넷째, 비즈니스 환경개선 및 지식하부구조 투자정책 등(현재호, 1998).

제주국제자유도시 모델의 요체는 지역산업정책 구상에서 과학기술단지를 통해 미래산업의 씨앗을 창출하고 관광부문의 산업성장성을 강화, GDP 구성비율을 높이겠다는 계획에 다름 아니다. 단지 이러한 개발구상 정도는 제주도종합개발계획의 보완으로도 충분하다고 판단된다.

제주국제자유도시 기본계획의 종합개발적 측면을 수용한다 해도 진지하게 다시 한번 고민해야 할 문제가 있는데, 과학기술단지 등 씨앗창출 정책의 경우 지역의 부존자원과 입지특성에 입각한 경쟁력에 대한 고려가 미흡하다는 것이고, 관광개발의 경우 개발의 기본철학에 대한 좀더 깊은 고민이 보이질 않을 뿐만 아니라[5], 관광성장의 열매를 지역민에게 어떻게 돌아가게 할 것인가 하는 분배와 생존의 측면, 즉 개발이익의 지역화를 배제하고 있다는 점이다.[6]

또한 제주국제자유도시 정책은 시장선점을 위해서 경쟁력을 우선적으

---

[5] 오키나와가 국제도시구상을 추진함에 있어 무엇보다 오키나와의 역사성과 문화성에 바탕을 두고, 「류큐왕국 대교역 시대 역사성 발견 → 오키나와 전쟁의 비극 진실규명 → 평화(전쟁·빈곤·환경파괴 등에의 반대까지)에의 기원과 전파 → 평화확대를 위한 교류로의 확장 → 국제도시 형성구상」으로 이어지는 국제도시 추진의 철학적 이념을 분명히 하고 있는 것은 주목할 만하다.

[6] 1963년 이래 제주도 관광개발이 시작되어 40여 년이 지난 시점에서 '지난 세월 관광개발로 혜택을 본 적이 없다'고 대답한 도민이 50% 가까이 되는 현실에서 이 점은 매우 깊이 고려해야 할 사항이어야 한다. 제주발전연구원, 제2차 제주도종합개발계획을 위한 주민의식 조사자료, 2001.

로 고려할 필요가 있다. 개방이란 세계를 대상으로 지역의 문을 여는 것이고 당연히 서로간의 우열을 가리기 위한 경쟁이 수반되기 마련이다. 경쟁에서 이기는 지역부문들은 세계적으로 인정받아 발전가능성이 보장되지만 경쟁에서 지는 부문들은 쓰러져 도태되게 된다. 동전의 앞뒷면처럼 개방에는 바로 경쟁력이 내포되어 있는 것이다.

> 개방은 무작정 무대포로 하는 것이 아니다. 개방에는 신중한 선택과 선택된 부문에 대한 집중이 필요하다. 지역의 생존을 보장하면서, 경쟁력이 없는 부문을 경쟁력이 있는 부문으로 대체하면서, 지역특성을 발굴하고 이를 세계적 보편성과 연계하면서 추진되어야 한다는 점에서 그러하다. 특히 제주국제자유도시의 7대 선도 프로젝트들은 국제도시로서의 경쟁력을 고려한 설정으로 보기에는 무리가 있다. 자유무역지대 설치, 서귀포항 재개발, 중문관광단지 확대개발, 휴양형 주거단지 조성 등은 개발을 선도하는 전략이 아니라 세계 어느 지역에서나 볼 수 있는 보편적 전략들로 제주도다운, 그래서 경쟁력을 확보하고 세계의 사업자나 소비자들에게 어필할 수 있는 자장력(磁場力)은 부족하다(송재호, 2001).

국제자유도시 개방전략은 그 추진에 앞서 지역경쟁력을 분석하는 치밀한 작업이 요구되는 것이다. 관광과 같은 경쟁가능 산업 부문의 개방과 상호작용은 촉진되어야 하지만, 교육이나 농업과 같이 경쟁력이 열악한 부문의 개방은 경쟁할 힘을 얻을 때까지 연기하거나 경쟁력이 있는 산업으로 대체함이 옳다.

관광분야는 더욱 심도있는 검토와 관련 사업과의 연계화가 필요하다. 골프관광객 유치를 강화하고 내국인 면세점을 세웠다고 해서 제주관광의 경쟁력을 강화할 수 있는 것은 아니다. 이들은 촉매개발은 되지만 관광체질을 근본적으로 개선하는 대책으로는 부족하다. 보다 본질적인 관광진흥을 위해서는 지식기반(IT, ET, CT 활용), 정보화, 시민의식(상거래질서), 관광기업 경영전략, 관광추진조직의 혁신, 민·산·관·학의 협력적 리더쉽, 환경보존과 정비 등 총체적 관광역량이 하나로 어우러지는 거시전략적 접근이 요구된다. 관광은 지역의 종합예술품적 성격을 갖고 있기 때문이다.

그렇다면 제주국제자유도시 추진의 기본방향을 리모델링할 필요성이 생겨난다. 이 경우 국제관광도시로서 완벽한 기능을 갖추게 되면 금융, 투자, 업무 등 다른 자유도시기능들이 자연스럽게 부가된다는 점을 상기할 필요가 있다. 국제관광도시를 제대로 추진하면 관광의 장치산업(system industry)적 속성 때문에(송재호, 1999), 공항·항만·정보통신·금융 등 국제자유도시가 요구하는 기본인프라가 필수적으로 따라붙는다. 따라서 제주형 국제자유도시는 국제관광을 중심 축으로 총체적 관광 및 비즈니스 역량(total tourism & business capabilities)을 갖추도록 조정하는 것이 바람직하다.

절차적 준거에 근거할 때, 제주국제자유도시 모델은 사회적 정립과정(social setting)에 하자가 있다. 제주국제자유도시 개발은 지금까지 추진돼 왔던 어떤 개발정책보다 중대하고 그 변화의 폭이 큰 계획임에도 불구하고, 이를 둘러싼 사회적 논의가 너무나 빈약하고 그 결과 도민의 컨센서스가 정립되지 못하고 있다.

지역합의가 없으면 정책의 정통성과 도덕성이 바로 서지 못하고 그럼으로써 개발정책의 추진과정에서 필수적으로 담보되어야 할 '지지와 참여'를 이끌어낼 수 없다. '시작부터 실패가 눈에 보이는' 참으로 이상한

정책이 될 우려가 큰 것이다. 제주국제자유도시 추진에 대해 반대하는 그룹들에 대한 설득보다 '왜 그들이 반대하는지' 지역이 처한 냉엄한 현실성을 경청하고 이를 반영하는 계획으로 전환할 필요가 있는 것이다.

특히 개발의 주체가 제주도 또는 제주도민이 아니라 중앙정부로 되어있어 지방분권의 자치와 역행하고 있고 그럼으로써 정부·기업·시민의 가버넌스 구축을 어렵게 하고 있다. 제주국제자유도시 추진의 최고 결정기구로 추진위원회를 국무총리 소속하에 두고 있고, 실질적 권한을 거의 가지고 있는 개발센터라는 기구도 건교부 장관의 감독을 받도록 되어있다. 개발의 통제권이 개발지역에 있지 않고 외부에 있을 때 개발의 역작용은 심각한 것으로 보고되고 있다(Keller, 1987).

따라서 개발의 추진주체는 제주도와 제주도민임을 분명히 할 필요가 있다. 개발센터는 제주도 산하에 두어 제주도지사의 감독하에 두고 제주도의회가 심의·의결할 수 있도록 해야하며, 중앙정부 지원사항은 국무총리 산하의 추진위원회와 실무위원회에서 담당하도록 수정해야 한다. 더욱이 '지방자치에 관한 특례'를 도입할 필요가 있다. 도·시·군을 통합하여 하나의 행정구역으로 행정계층구조를 축소하는 것을 검토해야 한다(이는 규제완화의 효과도 동시에 갖는다). 또한 교통, 정보, 출입국관리, 관세, 금융, 안전, 교육, 환경 등 제주도와는 별도로 중앙부처의 소속으로 되어있거나 별도의 영역으로 되어있는 지역개발 관련 업무들을 하나로 통합·조정할 수 있도록 도지사에게 특별행정기관의 감독권을 부여할 필요가 있다.

환경보존과 관리 또한 빼놓을 수 없는 중요한 문제이다. 자연환경 보전은 섬인 제주도로서는 다른 어떠한 것보다 세심한 주의를 기울여야 할 사항이다. 개발에 앞서 환경관리 시스템을 우선적으로 세팅함으로써 개발

가능지역만 개발이 이루어지도록 해야 한다. 환경관리 시스템 구축은 환경관리 표준코드의 확립, GIS를 활용한 지하수·생태계·경관 보전지구의 명확화, 환경정책 기본법상의 사전검토제도의 충실한 이행, 협의권자와 개발허가권자의 분리를 통한 환경영향평가의 실질적 시행, 환경용량의 지속적 관리, 지역환경기준 달성을 위한 지역배출 허용기준 설정, 개발지구의 오염물질 배출기준 강화, 해안·해양의 보호관리제도의 도입, 하수·쓰레기처리시설의 확대, 풍력발전·저공해버스 등 오염예방시설의 적극 도입 등을 법제화함으로써 달성될 수 있다.

(4) 논의의 마무리

제주도를 적극적으로 개방하여 세계교환경제에 능동적으로 참여하려는 국제자유도시, 제주호가 닻을 올렸다. 지구촌 사회에 적응하기 위해서 개방이 피할 수 없는 선택이라는 데에는 이의가 없다. 그리고 기왕에 해야하는 개방이라면 능동적인 개방을 추구하는 것도 바람직할 수 있다. 그런 점에서 제주국제자유도시 구상은 나름대로의 타당성을 부여받는다.

그러나 개방에는 신중한 선택과 고려가 요구된다. 잘 살아보자고 하는 개방이 풍요를 가져다주지는 못할 망정, 지혜롭지 못한 선택과 방심으로 인해 거꾸로 지역을 피폐케 하는 재앙으로 작용하지는 말아야 한다.

이런 점에서 세계교환경제에 참여하기 위한 제주의 개방은 환경과 문화, 지역경제, 지역민의 합의와 참여수준, 글로벌 스탠다드의 구비 등 많은 문제점들을 다시 짚어보아야겠지만, 최소한 다음의 세 가지 조건만은 충족시켜야 한다.

첫째, 경쟁력에 대한 고려이다. 개방이란 세계를 대상으로 지역의 문을 여는 것이고 당연히 서로간의 우열을 가리기 위한 경쟁이 수반되기 마련이다. 경쟁에서 이기는 지역부문들은 세계적으로 인정받아 발전가능성이 보장되지만, 경쟁에서 지는 부문들은 쓰러져 도태되게 된다. 동전의 앞뒷면처럼 개방에는 바로 경쟁력이 내포되어 있는 것이다. 국제자유도시 개방전략은 그 추진에 앞서 지역경쟁력을 분석하는 치밀한 작업이 요구되는 것이다.

둘째, 개방으로 인한 부가가치 확대를 지역이익으로 돌리는 문제이다. 지역민의 삶의 질 향상에 기여하지 못하고 남 좋은 일만을 하는 개방은 무의미하기 때문이다. 이를 위해서 개방(세계주의)의 전제로서, 지역화를 동등한 반열에 올려놓을 필요가 있다. 제주국제자유도시 정책은 그 결실을 현지화하기 위한 방안들이 강구되어야 하고 추진과정에서 배제될 수 있는 계층에 대한 사회경제적 배려가 준비되어야 한다. 제주국제자유도시 개발은 개방으로의 원심력뿐만 아니라 지역으로의 구심력을 변증법적으로 통합함으로써, 1차산업 종사자 등 소외계층의 배제를 차단하고 상생과 포용의 정책으로 자리해야 한다.

셋째, 제주국제자유도시 추진은 지역민의 합의와 지지를 얻어야 한다. 정책의 사회구축과정(social setting)을 중시하여 반대계층의 견해를 경청하고 이를 정책과정에서 반영해야 한다. 그 추진체계는 현재의 중앙정부 중심적 추진방식에서 탈피하여 지방분권과 정부·기업·시민의 협력적 리더쉽에 기반하여 국제자유도시 개발에 대한 통제권을 지역에 귀속시킬 수 있도록 다시 설계되어야 한다. 특히 지역행정계층구조를 축소·개편하고 시장 및 시민사회와의 공동관리를 가능케 하는 지역혁신 네트워크를 창출할 필요가 있다.

'글로벌하다'는 것은 하나의 모습이 아니라 다양한 모습의 다차원적 동시공존임을 주목할 필요가 있다. 개방은 오히려 차별화의 공간을 중시한다. 지구촌 시대에는 지방의 정체성이 차별적으로 특성화될수록 그만큼 세계인의 호기심을 자극하고 관심을 유발하는 것이다. 오늘날 어느 사회에서나 쉽게 찾아볼 수 있는, '가장 지방적인 것이 가장 세계적'이라는 명제가 가능해지는 것이다.

국제자유도시가 진정으로 성공하려면 반드시 제주적인 것을 찾아내어 가꾸고 키우는 작업이 선결되어야 한다. 제주국제자유도시는 문호와 시장을 개방해 세계로의 열림을 지향해 나가되, 그 전제로서 '지역의 것'을 먼저 찾고 이를 경쟁력의 원천으로 자리매김하는 지역회귀성을 동시에 충족시키는 것이어야 한다. 제주만이 가지고 있고 제주만이 할 수 있는 것, 이런 것들이라면 국제적 보편성이 전제될 경우, 분명 세계시장에서 경쟁력을 가질 수 있기 때문이다. 오름, 돌담, 산담, 해녀가 우리에게 연상시켜 주는 개념이 좋은 예이다.

국제자유도시, 제주호의 엔진가동에 앞서 '25시'의 저자로 널리 알려진 게오르규가 제주에 다녀가면서 한 말을 곱씹어볼 필요가 있다. "제주에서 가장 인상적인 것은 바람과 그것을 사방에서 수용하는 초가와 돌담이었습니다."

■ 참 고 문 헌

고충석(2000), "제주형 국제자유도시 정책방향설정을 위한 서설적 논의", 제주학연구, 제17집, 제주학회.
김호균(2001), 제3의 길과 지식기반경제, 서울: 백의.
송재호(1999), "제주자유도시구상의 관광정책적 함의," 관광경영학연구, 제4호, 한국관광경영학회.
────(2000), "제주지역 혁신을 위한 관광정책 접근과 논의" 관광정책 강의노트.
────(2001), "제주국제자유도시, 도민생존전략으로 타당한가," 제주국제자유도시 도민토론회, 제주국제자유도시 추진반대를 위한 공동대책위원회 자료집.
양신규·류동민(2000), "신경제와 벤쳐현상의 이해," 경제와 사회, 제47호.
이진복(2001), "제3의 길에 대한 일 고찰," 석사학위논문, 고려대학교 대학원.
현재호(1998), "제주형 미래산업 모형," 21세기 모두를 위한 제주도, 제주발전연구원.
황태연(1996), 지배와 이성: 정치경제, 자연환경, 진보사상의 재구성, 서울: 창작과 비평.
제주도(2000), 제주도 국제자유도시 개발 타당성 검토 및 기본계획.
────(2001), 제주국제자유도시기본계획.
────(2001), 제주국제자유도시특별법안.

Atkinson, R. D.(2000), "Who will Lead the New Economy," Blueprint, Summer.
Axtmann, Roland(1994), Globalization and Democracy, Paper presented at ⅩⅣ World Congress of IPSA(International Political Science Association), Berlin.
Blair, T.(1999), "Progress through Modernisation," http://www.labour.org.uk/
────(2001), "Third Way, Phase Two," Prospect, March.
Edgell, David L.(1991), "International Tourism Policy: Perspectives for the 1990s," World Travel and Tourism Review, 1.
Fallon, J. (1994) The Vanuatu Economy: Creating Conditions for Sustained and Broad-based Development. AIDAB International Development Issues No. 32. Canberra: Australian Government Publishing Service.
Giddens, A.(1998a), "After the Left's Paralysis," New Statesman, 5/1.

(1998b), The Third Way: The Renewal of Social Democracy, London: Polity.

　　　　　　(1999), "Better than Warmed-over Porridge," New Statesman, 2/12.

　　　　　　(2000), The Third Way and its Critics, London: Polity.

Graburn, N. H. H. (1983) The Anthropology of Tourism. Annals of Tourism Research. 10(1). pp.9-23.

Hargreaves, I. and I. Christie(1998), Tomorrow's Politics: The Third Way and Beyond, London: Demos.

Jones, H. (1989) Mauritius: the latest pyjama republic. Geography, 74(3), 268-9.

Keller, C. P.(1987), "Stages of peripheral tourism development: Canada's Northwest Territories," Tourism Management, 8(1).

Kelly, et. al.(ed.)(1997), Stakeholder Capitalism, New York: Macmillan Press.

Martin H. P & Schumann. H, 강수돌 역(1998), 세계화의 덫 : 민주주의와 삶의 질에 대한 공격, 서울 : 영림카디널.

McGrew A(1992), "A Global Society," In Held and McGrew(eds.), Modernity and Its Future, London: Polity Press.

Rosenau, James N(1992), Citzenship in a Changing Global World, In Rosenau and Ernst-Otto Czempiel(eds.), Governance without Government : Order and Change in World Politics, Cambridge: Cambridge University Press.

Siegel, F. and W. Marshall(2000), "The Quality of Life Agenda," Blueprint, Fall.

개발과 보존에 관한 패러다임의
새로운 길을 찾는 환경정책의 방향

강영훈 (제주대학교 행정학과 교수)

　환경문제의 지구적 성격이 갈수록 명확해지는데도 기존의 노력은 권위·실행력 및 장기적 비전의 부족과 고립분산성 등의 이유로 별다른 성과를 올리지 못하고 있다. 우리나라 역시 환경의 문제가 심각하여 세계경제포럼이 발표한 환경지속순위에서 전체 142개국 중 135위라는 치명적인 오점을 남기게 되었다. 이 글은 제주의 경우, 특히 환경문제가 첨예화되고 있는 현실상황 속에서 제주라는 섬의 개발과 보전을 조화시킬 수 있는 이론적 준거를 찾아보는 데 목표를 두고 있다. 제주도는 섬이라는 특수성으로 인해 지난 시기 개발의 폐해로 많은 난맥상을 보여왔고, 환경오염 또한 심각하게 진행되고 있다. 그러나 개발과 보존이라는 상충되는 개념을 하나로 묶는 상생의 철학을 가져보지 못했다. 그런고로 우리는 지금까지의 편중된 의식구조, 즉 개발이냐 보존이냐를 놓고 양자택일하는 자세를 버리고 상생하는 공존의 길을 모색해야 할 것이다. 현재와 미래를 놓고 서로 양보하는 타협과 관용의 정신을 구하기 위해 새로운 패러다임의 변화와 이를 위한 실천의지가 필요한 때이다. 새로운 패러다임의 내용은 제주도 개발에 대한 강점과 약점, 기회와 위협요소를 분석하여 현실을 극복하기 위한 분석틀을 제공하고, 보존에 대한 패러다임에서는 평등성과 관용성이라는 두 가지의 기본가정을 전제로 그 기준을 마련하였다. 그리하여 실용적 섬생태주의 모델을 구성하였으며, 이의 실천명제로 첫째, 제주도에 맞는 발전철학과 이에 따른 환경지표를 정립해야 한다. 둘째, 단기적 혹은 일회성 개발을 지양하고 장기적으로 대처해야 한다. 셋째, 제주도에 맞는 친환경적 개발을 위한 환경지표설정에 있어 섬지역의 독특성을 살리는 방향에서 지표가 설정되고 실천이 구체적이어야 한다. 넷째, 제주도의 독자성을 키우기 위하여 민관 또는 민민의 공동경영과 공동의 리더쉽을 발휘할 수 있도록 시민참여를 최대화하여야 한다. 다섯째, 지방정부가 경제와 능률을 희생시키지 않으면서 지방민의 요구에 부응할 수 있게 유연하고 다양하게 집행하여야 한다는 점이다. 상생의 철학은 평등과 관용이 우선전제가 되는 장기적이고 차분한 준비가 필요할 것이다.

(1) 起-사람과 자연, 그리고 지속가능한 개발

이른바 환경정치가 시작된 지 30년이 됐다. 유엔이 1972년 환경문제를 주제로 첫 국제회의를 개최한 이래 유엔환경계획(UNEP)과 함께 세계 각국에서 환경담당 각료직과 환경정당이 만들어지고 비정부기구의 환경운동도 본격적으로 불붙었다. 이런 환경바람은 20년 뒤인 92년 브라질 리우데자네이루에서 열린 첫 유엔환경개발회의(지구정상회의)에서 '지속가능한 개발'이란 이념으로 집약됐다. 그리고 10년이 지난 2002년 현재의 모습을 보면, 이런 노력에도 불구하고 지구 환경은 거의 모든 분야에서 계속 악화되어 왔다. 지난 한 세기 동안 습지의 반이 사라졌고, 삼림의 넓이도 절반으로 줄었다. 지난 50년간 농지의 3분의 2에서 토양 침식이 일어났으며 민물고기 종의 20%가 멸종 위기에 있다. 환경악화는 사람의 건강에도 영향을 끼쳐 암 등 난치병이 늘어나고 생식 체계까지 위협한다. 200개 이상의 다국간 환경협정이 있지만 성공적인 것으로는 오존층 파괴를 막기 위한 몬트리얼협정이 거의 유일하게 꼽히는 정도다. 지구정상회의의 최대 성과였던 지구온난화 방지 약속은 교토의정서라는 상당히 약해진 틀로 구체화했으나 이것마저 미국 등의 거부로 발효 여부가 불투명하다. 우파의 약진과 함께 각국의 환경정당도 위축되고 있다.

'지속가능한 개발'이란 이념의 지속가능성 여부가 의문시되는 것도 어쩌면 당연하다. 다국적기업이 주도하는 세계화의 급속한 진전과 함께 '지속가능한'은 '시장이 감당할 만한'으로 의미가 변질돼 지구에 대한 자본의 주도권을 넓히는 데 기여하고 있다는 지적까지 나온다.

세계환경기구(World Environment Organization 또는 Global Environmental Organization)를 창설하자는 목소리가 높아지는 것은 이런 배경에서다. 자크 시라크 프랑스 대통령과 레나토 루지에로 전 세계무역기구 사무총장 등 유럽의 몇몇 지도자는 이미 이 기구의 창설을 촉구한 바 있다.

환경문제의 지구적 성격이 갈수록 명확해지는데도 기존의 노력은 권위·실행력 및 장기적 비전의 부족과 고립분산성 등의 이유로 세계인의 필요와 기대에 부응하지 못했다. 세계환경기구는 유엔환경계획과 세계기상기구(WMO), 국제해양위원회(IOC), 국제물계획(IHP) 등 관련 국제기구를 끌어들여 독자적인 환경계획을 수립·집행하면서 각국과 각종 비정부기구, 다른 국제기구 등의 노력을 지원하고 조정하는 것을 지향한다. 지구촌의 환경정치에 에너지를 불어넣기 위한 새로운 시도가 필요한 때다. 물론 지구촌의 한 식구인 우리나라도 예외는 아니다. 우리나라의 환경정치의 현실은 과연 어떤가?

2001년 세계 122개국 중 95위, 2002년 세계 142개국 중 135위, 이것은 세계경제포럼이 발표한 국가별 환경지속지수(Enviromental Sustainability Index: ESI)에 의한 한국의 환경지속순위이다. 2002년의 세계 각 국가에 대한 환경지속지수의 평가순위를 보면 세계경제포럼(WEF: World Economy Federations)이 미국 예일대 환경법·환경정책센터와 컬럼비아대 국제지구과학정보네트워크에 맡겨 수질·대기질 개선 노력 등 5개 분야 20개 지표를 기준으로 각 나라의 환경지속성지수를 평가한 결과, 한국은 100점 만점에 35.1점을 받았다. 평가 대상 142개 국가 중 한국보다 순위가 낮은 나라는 우크라이나(34.5점), 아이티(34.1), 이라크(32.9), 북한(31.8), 쿠웨이트(25.4), 아랍에미리트(25.3) 등 여섯 나라에 그쳤다. 특히 지난해 환경오염상태를 측정하는 분야에서는 지난해 하위 84%에 해당하는 102위에서 한해만에 꼴찌나 다름없는 140위, 환경부하를 줄이려는 노력은 121위에서 올해는 138위로 내려가 전세계에서 가장 취약한 환경오염실태를 보이고 있는 국가로 낙인찍혔다.

주목해야할 것은 이 조사가 세계의 각 국가를 소득수준으로 5개군으로 나누어 조사를 하는 바, 소득이 높은 1그룹에 속하는 우리나라는 동일그

룹 내에 중동국가인 쿠웨이트와 아랍에미레이트 뿐이라는 것이다. 사막 국가인 쿠웨이트와 아랍에미레이트가 우리와 비슷한 환경지수를 보여준 다는 것은 우리나라가 말만 금수강산이지 사막이나 다름없다는 것에 경악할 따름이다.

그러나 사실 우리나라 환경의 질이 선진국에 비해 크게 뒤진다는 것은 이미 잘 알려진 것이니 이번 발표가 그리 놀랄 것도, 새로울 것도 없다. 선진국들을 다녀온 사람들은 우리의 환경이 얼마나 열악한지 몸으로 느낀다. 최근 이민을 가는 사람들의 주된 이유가 자녀교육, 경제적 불안정, 환경의 순이라고 한다. 물론 경제를 위해 환경의 질을 소홀히 하다보니 이렇게 되었다고 할 수 있지만, 문제는 환경을 희생하지 않고도 경제를 발전시킬 여지가 많음에도 불구하고 그렇게 하지 못하고 있다는 점이다.

예를 들어 댐을 건설하는 목적이 무엇인가를 놓고 볼 때, 물 부족을 해소한다는 것이라면 무조건적으로 물을 저장한다는 발상에서 벗어나야 한다는 것이다. 즉, 기존의 자원을 최소로 아끼고 활용하는 방법을 찾기보다는 우선 엄청난 물을 저장시키고 보자는 생각이 문제이며, 비용의 절감과 기회비용(동일 비용으로 한 가지의 경제적 행위를 했을 경우 그 비용으로 할 수 있는 다른 경제적 기회의 상실을 가져온다는 것으로 가장 만족이 큰 순서대로 소비를 해야 한다는 소비자의 합리적 선택이 필요함)의 대체사용이 가능하다는 것을 잊어버린다는 것이다. 어느 지역에서 댐을 건설하려 할 때, 건설에 필요한 인력과 일자리를 제공할 수 있는 기회가 생겨나 즉각적인 효과가 나타날 수 있다고 홍보하지만, 어마어마한 국민의 돈을 쏟아붓고 게다가 심각한 환경오염과 천혜의 자연자원을 무참히 수장시켜 버리는 것은 적극적으로 설명하지 않는다. 환경의 가치가 얼마나 중요한지를 잘 모르는 것인지 아니면 정부의 정책에 힘을 부여하기 위한 외면인지는 정확히 단언할 수 없지만, 아직까지는 개발중심의 사고가 주류를 이루고 있는 듯하다. 그렇지만 정작 국민의 의사에는 반하는 반 상식적인 개발정책이 과연 언제까지 지속될 것인지는 결국은 우리 국민들의 몫이라고 할 수 있다.

작금의 상황속에서 이 글은 우리나라 전체가 유기적으로 연결되어 있는 하나의 거대한 생명체이며, 어느 한 지역만이 오염되었거나 환경이 파괴된 것이 아니라는 생각에서 제주의 경우를 생각해 보고자 한다. 특히 환경문제가 첨예화되고 있는 현실상황 속에서 제주라는 섬의 개발과 보전을 조화시킬 수 있는 이론적 준거를 찾아보는 데 목표를 두고 있다.

(2) 承-개발과 보전의 패러다임

제주도라는 특수성을 고려할 때, 우리는 지난 시기동안 수많은 개발이 이루어져 왔다. 그러나 이제는 신음하는 국토를 위한 새로운 패러다임의 발상이 필요하며, 적극적 실천의지가 필요하다고 할 수 있다. 그 변화의 핵심은 첫째, 제도적으로 말할 때 기존의 환경종속적 패러다임(EPP, Environment Dependency Paradigm)에서 섬지역의 현실상황에 맞게 실용적인 환경지표를 고려하는 실용적 섬생태주의 패러다임(PEIP, Pragmatical Eco-Islandish Paradigm)으로의 변화와, 둘째, 의식적으로는 전통 보수적 패러다임(TCP, Traditional Conservative Paradigm)보다는 부정적 관행은 과감히 파괴하되 창조적인 환경에 대한 사고를 수용하는 방향을 시사하는 창조파괴적 패러다임(CDP, Creative Destructive Paradigm)으로의 변화를 추구해 보자는 것이다.

이러한 목표는 개발과 보전의 조화를 지향하는 세계적인 대응, 국가적인 대응, 그리고 지역적인 대응은 그 기준이 다르고 실천프로그램이 틀리기 때문에 섬지역은 섬환경에 맞는 기준설정과 이에 따른 독자적인 실행프로그램이 필요하기 때문이다. 고로 우리는 지금, 여기를 사는 사람들의 일상적인 삶의 현장에서의 느낌, 의미 그리고 맥락에 초점을 맞추어 환경정책이나 문제에 대한 사람들의 인식과 느낌 그리고 맥락을 해석하고 도민들의 상호주관성(Intersubjectivity)을 찾고 그 함의를 파악하고 해석하는 일이 필요하다.

1. 환경정책의 흐름

제주도는 1970년대에 들어서면서 중앙정부의 주도로 관광개발에 박차를 가하게 된다. 이러한 중앙정부의 정책은 정책에 대한 개념을 파악한다면 그 속성을 꿰뚫을 수 있다. 즉, Y. Dror는 정책이란 "매우 복잡하고 동태적인 과정을 통하여 주로 정부기관에 의해서 만들어지는 미래지향적인 주요 활동지침으로서, 공식적으로는 최선의 가능한 수단을 통하여 공익을 달성할 것을 목적으로 하는 것"(Y. Dror, Public Policy-Making Reexamination, NewBrunswick: Transaction Inc., 1983)이라고 하였는데, 여기서 미래지향적이라는 시기와 공식적으로 최선의 가능한 수단이라는 방법, 공익이라는 목적에 주목된다. 즉, 어느 시기에 어떠한 최선의 방법으로 공공의 이익을 창출하느냐는 것이다. 그러므로 우리 제주도에서 어떠한 개발정책과 이에 따른 환경정책이 이루어져왔는지를 이러한 개념적 속성에 의해 시대별로 파악할 수 있으며, 환경행정적으로는 어떠한 발전과정을 거쳐왔는지를 알 수 있다.

황폐한 국토의 개발을 위해 1960년대부터 불기 시작한 전국적인 개발의 바람이 제주를 외면한 것은 아니다. 특히 1970년대부터 개발이 본격적으로 이루어지기는 했으나, 환경행정적 측면에서 보면 60년대와 70년대 중반까지는 위생관리 중심의 초보적 단계여서 정부나 기업이 환경에 무관심한 시기였다. 즉, 정책의 최우선 목표는 경제개발과 소득증대이고 시기별로는 즉각적인 효과를 보려는 시기이다. 공익의 개념도 환경보전과 같은 장기적이고 포괄적인 이익이 아니라 주민들의 소득과 기업의 수출 증대가 주된 목표였음을 알 수 있다.

우리나라 환경행정의 제1세대라 할 1970년대 중반부터 1980년대 초반까지는 개발의 큰 흐름을 관광개발과 도시개발이 주도하였다. 각종 개발사업과 공공시설설치에 따른 피해와 보상은 주로 물질적인 보상에 급급하여 각종 오염이 가중되기 시작한다. 이로 인해 환경문제의 심각성을 인식하고 이에 대한 정부의 개입이 적극화되기 시작한 시기로서, 산업체의 오염배출 규제 등 정부에 의한 직접규제가 환경정책의 기본골격이 되는 "공해방지중심"으로 업무활동이 이루어진 시기이다. 특히 1977년 환경보전법이 제정되고 1980년부터 환경청이 발족하여 본격적인 환경정책이 수행되었다.

1980년대 중반부터 90년대 중반까지는 주민들의 생활을 위협하는 대규모 개발사업의 증가와 독점자본의 지배강화에 따른 생활환경의 악화가 가중되었다. 이 시기는 주로 오염관리행정이 사후관리에서 사전예방으로 확대되면서, 배출업소의 기술적인 공해방지중심에서 자연환경, 주민의견 수렴, 피해분쟁조정 등 사회경제적 여건을 함께 고려하는 "환경관리중심"으로 전환되는 시기이며, 간접규제방식인 경제적 유인제도를 활용함으로서 배출부과금, 환경개선부담금, 폐기물 예치금제도 등을 도입하여 경제적 수단을 환경규제정책으로 발전시켜왔다.

〈그림 1〉 개발의 외적·내적 경향분석을 위한 틀(Framework)

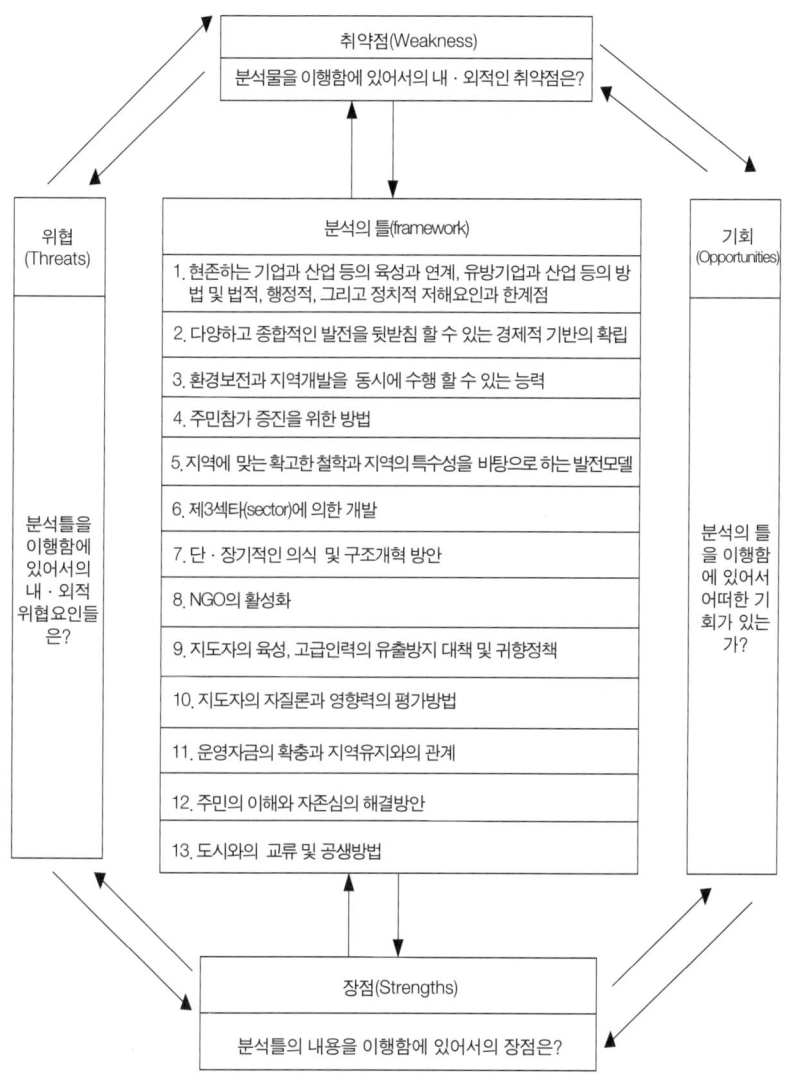

이후 1990년대 후반 이후부터는 환경행정의 중심을 사전예방에 집중함으로써 전략환경평가, 통합환경평가제도 등을 도입해 나가고 있으며, 기업과 정부간 상호신뢰와 협력으로서 "기업의 자율적인 환경오염 저감"을 추구하고, 소비자 의식향상에 따른 지속적인 소비제도를 확산시켜 새로운 소비문화를 정착시키고자 노력하고 있다.

그렇다면 과연 제주도의 개발과 보전이라는 두 마리의 토끼를 잡을 수는 없는 것인가? 경제와 환경이 어우러지는 최선책은 과연 무엇인가? 지금껏 걸어온 길을 되풀이 할 수는 없기 때문에 우리는 개발과 보전에 대한 새로운 패러다임이 필요할 것이다.

2. 제주도 지역의 개발과 보전에 관한 패러다임 변화의 필요성

제주도 개발상황에 대하여 우선적으로 필요한 것은 개발에 대한 내·외적 분석기법(Internal-External Analysis)을 이용하여 제주지역의 개발과제의 맥락을 찾는 데 있다. Nutt & Backoff에 의하면 실제적으로 지방의 강점에 관한 분석(Strengths), 지방의 취약점에 관한 분석(Weaknesses), 지방의 기회에 관한 분석(Opportunities), 그리고 내·외적 환경으로부터의 위협요소(Threats)의 맥락을 현재적 시간속에서 찾고, 그것을 미래의 시간속에서 투사해 봄으로써 환경과 보전을 조화시키는 미래의 논리를 생각할 필요가 있는데, 필자는 이 틀에 따라서 제주도의 개발정책 상황의 맥락을 검토해 볼 때, 13개의 사항을 고려하여 네 가지 맥락으로 정리해 볼 수 있을 듯하다.

(1) 위협의 맥락은 지방화가 제대로 되어있지 않은 상태에서 세계화의 흐름에 대응하여야 하기 때문에 주력산업인 감귤산업 및 관광산업

에 대한 경쟁력체제의 정비가 부족한 상황인데다, 주력 2차산업이 결여되어 있는 상태이므로 새로운 상황에 대한 총체적 대응력과 인적·물적 자원의 절대적 부족의 극복이 요구된다. 제주도가 민자유치와 외자유치 등의 전략을 세워 개발을 촉진시키려 하지만 국내기업의 투자위축과 도내기업의 취약한 자본구조로 인하여 체계적인 개발이 어려운 상황에 직면해 있다.

(2) 장점의 맥락을 제주지역의 지정학적 위치와 자연자원의 독특성에서 관광산업이나 회의산업의 육성 등 장점으로 작용할 수 있을 듯하다. 1997년 8월 1일 중문관광단지내에 컨벤션센타의 설립을 도민자본과 지방자치단체의 힘으로 건설함으로써 국제회의산업이라는 정책목표를 형성해 나가려고 하는데, 국내의 경쟁지인 서울, 부산, 일산, 강릉, 경주 등과 오키나와, 타이페이, 홍콩, 싱가폴 등과 비교해볼 때 자연적이고 지정학적인 요소가(해외 직항로가 개설된다면) 유리한 여건으로 작용할 수 있어 국제회의산업의 육성이라는 정책목표를 추진하는 데 비교우위를 점할 수 있다는 사실이 장점이라고 말할 수 있을 듯하다.

(3) 약점의 맥락은 인구규모가 50만명 밖에 안되므로 경제적 규모로서의 독자성이 약하고, 한반도 주변으로서의 섬지역이라는 인식이나, 정치력의 부족이나 지방자치단체로서의 행정적 지위 등 도세가 약하다는 데서 비롯된다. 예를 들면, 섬지역에서 생산되는 물품 이외의 소비자물가가 전국 최고의 수준으로 나타나는 것은 취약점이라 할 수 있다.

(4) 기회의 맥락은 제주도와 도민들이 해양지역으로서 섬의 특성을 살리면서 섬간의 정책적 연대를 추진하려는 전략은 주변으로서의 고

립된 섬이 아니라 해양지역으로서의 기회의 섬으로 변화시키려는 정책추진에서 나타난다. 1997년 7월 시작된 일본의 오키나와, 중국의 하이난, 인도네시아의 발리간의 소위 ITOP(섬관광정책포럼)포럼 전략 등은 해양지역 섬들의 약점을 기회로 전환시켜 섬으로서의 가능성을 찾아보려는 적극적인 정책적 사례로 보여진다.

앞의 네 가지 요인, 즉 위협과 기회, 장점과 약점에 따른 기본적 맥락은 자기 것을 최대한 키우면서(지방화의 맥락), 남의 좋은 것을 수용하는 (세계화의 맥락) 방향으로 전환되어야 한다는 것이다. 고로 이러한 개발의 맥락을 고려하면서도 제주의 환경보전을 살리는 새로운 패러다임이 절실히 요구되는 것이다.

3. 보전에 관한 패러다임의 생성과정

제주도 개발상황에 대한 제주도민의 사고패턴의 맥락은 섬은 섬지역에 맞는 개발방식과 논리를 찾아야 한다는 공감대일 듯하다. 보전에 있어서도 마찬가지였는데, 이를 총체적으로 보여준 경우가 1990~1992년까지 지속적으로 제기된 제주도개발특별법 논쟁 사례였다고 생각된다. 여기서 가장 유용하게 제기되었던 점은 두 가지였다. 하나는 제주도의 개발과 보전을 결정하는 법을 제정하거나 정책을 수립하는 데 있어서 제주도 역사와 문화 그리고 자연에 걸맞는 "제주형 발전철학"이 필요하다는 점이고 다른 하나는 이러한 철학은 도민들의 함의와 논의를 거쳐야 한다는 것이었다.

결국 환경문제 해결에 대한 논의에서 가장 중요한 것은 환경문제를 사회철학적인 입장에서 다루어야 한다는 점이다. 즉, 환경지표를 설정하는 것은 환경문제에 자연과학적 연구와 조사에 의존한다 하더라도 실천의 주체는 지역에 사는 주민과 행정기관 등이 되기 때문에 당연히 섬에 대한 사회과학적 또는 철학적 인식을 중시해야 하기 때문이다.

섬은 대륙이나 반도와는 달리 모두가 바다로 둘러싸여 있기 때문에 대륙문명권이 아닌 해양문명권이라는 공통점을 갖고 있다. 따라서 섬은 바다에 대한 개척이나 바다와의 동일시되는 문화를 보여준다. 섬마다 바다와의 전설을 갖고 있으며, 바다의 해신을 모시는 일은 똑같다. 그만큼 섬은 자연으로서의 바다와 일치시키는 결과로서 인간과 자연이 일치하는 삶을 살 수밖에 없다. 제주도에서 이어도의 신화 역시 이러한 예라 할 수 있으며, 또한 1932년 제주도의 해녀항쟁은 일제에 대한 제주도의 항쟁으로서도 알려지지만 여성들에 의한 항쟁이었다는 사실은 섬지역 나름의 실질적인 남녀평등의 논리가 없었다면 불가능할 것으로 생각되어진다는 점에서 섬지역의 환경문제를 해결하는 데 있어서 남녀평등의 논리를 중시 여겨야 할 필요가 있다고 보여진다. 세계적으로 환경운동과 여성운동을 통합하는 운동으로서 환경여성주의(Eco-feminism)의 사고가 제기되고 있는데, 제주섬의 문화적 경험에 비추어 볼 때 어느 정도 수긍이 간다.

따라서, 섬의 환경문제를 섬 나름의 사회철학, 문화, 자연적 환경을 종합적이면서 독자적으로 접근하여 기준을 마련하고 실천해야 한다는 입장에서 위의 논의들을 총체적으로 반영하는 섬중심주의적 사고체계로서의 섬생태주의(Eco-Islandism)를 주창하는데, 이러한 모델은 다음의 기본가정을 전제로 하고 있다.

가정1 : 모든 종류의 유기체는 동등한 권리를 갖고 있다. 비록 작은 섬이라 할지라도 대륙과 동등한 권리를 갖고 있으며, 또한 지구상의 남자와 여자는 동등한 권리를 갖고 있다. 따라서 인간과 자연은 동등한 권리를 갖게 된다.

가정2 : 가정1에 의하여 모든 종류의 유기체는 서로에 대하여 관용성을 베풀 때 우주의 모든 것은 조화를 이룰 수 있다. 마찬가지로 작은 섬과 대륙은 서로의 정체성을 지키기 위하여 서로 관용해야 하며, 남자와 여자도 서로 관용을 베풀어야 한다. 자연과 인간이 서로를 지키기 위하여 서로 관용해야 함은 물론이다.

여기서 가정1은 섬철학 기본원리로서의 평등철학이라면; 가정2는 섬철학을 현실화시키는 실천원리로서의 관용(Tolerance)의 정신이다. 평등의 철학 위에서 관용의 정신이 결합되어 섬 지역 나름의 실용주의를 자기나름의 문화적 틀로 정착시킨 사례를 영국이나, 일본, 싱가폴 등 대다수의 섬에서 공통적으로 찾을 수 있다는 것이 필자의 관찰이다. 아울러 이러한 실용주의적 생활과 사고가 보다 개척적이고 적극적인 방향으로 정형화되어 나아갈 때는 앞의 성공적인 사례로 나가지만, 소극적이고 폐쇄적으로 나가는 섬은 현상을 유지하는 생존논리에 매몰된다는 것이 필자의 생각이다.

이러한 가정과 성찰을 토대로 세워진 실용적 섬생태주의 모델(〈그림2〉참조)은 개발과 환경을 서로 관용해야 한다는 개념을 양립하기 위한 하나의 이론적인 제시이다. 필자가 이러한 모델을 착안한 것은 생태여성주의가 비정부기구의 운동에만 의존하는 한계점으로는 특정한 지역으로서의 섬지역에 적용시키는 데 한계가 있고, 실천논리도 섬은 섬 나름의 발전철학에 근거한 패러다임을 민관(民官)이 공유하고 이를 공동으로 실천할 수 있는 정치적·행정적 실체로서의 권리를 가져야한다는 점이 생태여성

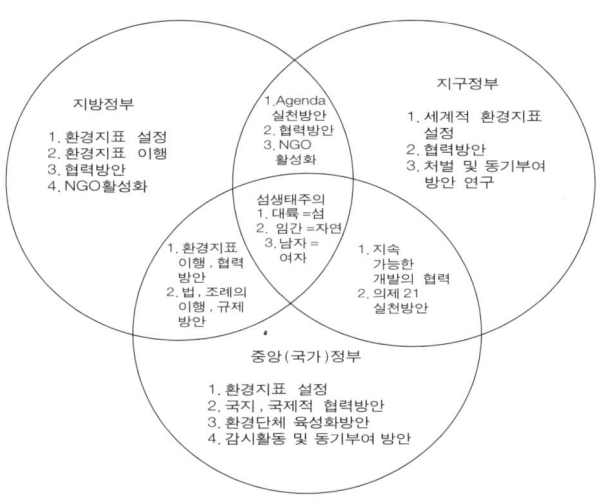

〈 그림 2〉 실용적 섬생태주의

주의와는 다른 점이라 할 수 있다. 이러한 점에서 실용적 섬 생태주의는 섬지역 나름의 독자성을 최대한 살리자는 취지의 논리를 담고 있다.

(3) 轉-패러다임의 생성과 실현을 위한 실천명제

1. 개발과 보전에 관한 패러다임의 생성과정

이제 이러한 개발과 보전의 논리를 어떻게 조화시키는가를 말해보자. 〈그림 3〉에서 보듯이 제도적인 측면에서는 개발과 보전의 조화라는 측면에서 보았을 때 불평등한 관계에 놓여있는 사실, 즉 대기업과 선진국가의 자본과 새로운 기술에 의해 인간과 자연에 불평등의 논리 — 국가와 국가 사이에서 발생하고 있는 개발을 전제로 한 환경착취, 국가와 지방사이의 환경착취, 지방과 지방간의 착취, 대기업에 의한 착취 —를 제공하고 있다는 의미에서 환경종속적 패러다임이라고 규정한다.

　이러한 상황하에서도 섬지역은 강점과 기회는 항상 존재한다고 주장하는 것처럼 개발과 보존에 관한 정책도 이러한 새로운 패러다임으로 전환하지 않으면 안 된다. 이러한 논리에서 발상되어진 것이 실용적 섬생태주의라는 고유의 영역인데, 제도적으로는 지역주민과 자연에 대해서 평등한 권리를 제공하며 개발과 보전이라는 이념은 항상 내·외적 분석(Internal-External Analysis)이라는 틀 안에서 평등하게 이념적으로 적용되어야 한다는 의미에서 실용적 섬생태주의로 종합하여 미래의 개발과 보존에 관한 패러다임으로 제시하고 있다.

　이러한 제도적인 측면의 전환(환경종속적 패러다임에서 실용적 섬생태주의 패러다임으로)과 함께 고려되어야 할 부분이 의식적인 측면인데, 개발과 보전에 관한 전통보수적 사고방식(Traditional Conservative Paradigm)에서 새로운 의식전환의 논리인 창조파괴적 패러다임(Creative Destructive Paradigm)으로의 전환이 필요하다. 이러한 기본적인 변화는 제주도를 위한 철학적 기조랄 수 있는 두 가지 축으로서의 평등과 관용성의 현실적 인식과 정책에의 반영이라고 판단되어진다.

　예를 들면, (1) 가장 부정적인 상황은 개발에 대한 패러다임이 보전에 대한 패러다임을 압도하는 상황인데(〈그림 3〉의 III상한), 철학적 맥락은 섬지역이 독자적으로 환경의 철학, 정책목표 그리고 환경지표를 설정할 수 없어 제도적으로 환경종속적 패러다임에 갇혀있고, 의식적으로는 전통적이고 보수적인 사고방식의 패러다임의 틀을 벗어나지 못하는데서 비

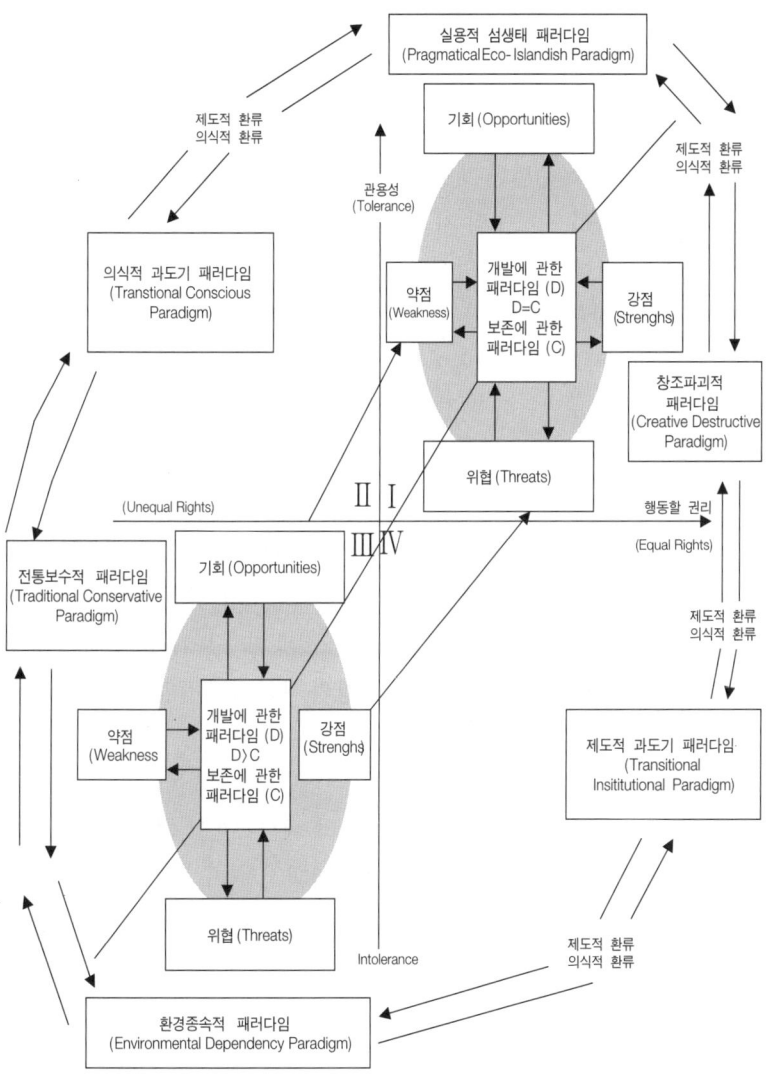

〈그림 3〉 실용적 섬생태주의 모델

롯되는 현상이 나타난다. 제주도의 경우 80년대 초부터 후반까지 이러한 상황이 지속되는데, 제도적으로 개발은 무조건 좋고 의식적으로도 환경문제에 관용의 문제에 대한 인식자체가 없는 상황이다.

(2) 제도적 과도기 패러다임이 나타나는데, 개발이 문제가 있을 수 있다는 상황이 나타난다. 제주도의 경우 1990~1992년까지 제주도 개발특별법 찬반 논쟁에서 무분별한 개발은 지하수 오염을 가져오는 바, 이에 대한 대응책이 나타나서 지하수의 자원에 대한 조사가 이루어진다. 이러한 상황에서는 개발의 부작용을 인식하고 부분적이지만 이에 대한 제도적 대응이 나타나는 상황이라고 할 수 있다.(〈그림 3〉의 IV상한)

(3) 의식적 과도기 패러다임이 나타나는데, 제주도의 경우 제주도개발특별법 논쟁에서 도민들이 환경문제에 대한 중요성을 인식함으로써 의식적인 변화가 일어나게 된다. 이러한 변화는 시민단체의 출현에서 이러한 의식변화의 흐름을 반영하는 것이다. (〈그림 3〉의 II상한).

(4) 의식적인 측면에서 창조파괴적 패러다임과 제도적 측면에서 실용적 섬생태의 패러다임이 주창되는 상황이다. 제주도의 경우 환경 우선주의적 의식전환을 강조하는 논리가 나타나는 것과 제주도가 섬에 맞는 환경지표설정을 제시하는 흐름이 이러한 상황의 부분적인 표출이라고 해석할 수 있다.(〈그림 3〉의 I상한).

이러한 맥락에서 제주도는 의식적으로나 제도적으로 과도기적 패러다임의 수준에 있으면서 의식적으로는 창조파괴적 패러다임으로의 전환과, 제도적으로는 실용적 섬생태주의 패러다임의 모색을 시작하는 단계라고 판단되어진다.

2. 패러다임의 실천을 위한 명제

현재의 제주도 발전은 제주도종합개발계획과 제주도개발특별법 및 국제자유도시 추진에 의해서 진행되고 있으나, 정책과 법은 중앙정부의 관점에서 세워진 것이라고 평가된다. 따라서 지방의 관점에서 수정하고 보완하되 단기적인 목표는 섬의 생존을, 그리고 장기적인 정책목표는 섬의 비전을 창출하는 방향에서 이루어지는 것이 바람직하다고 보여진다. 이를 위해서는 첫째, 각종 계획과 정책이 그 내용의 다양함에도 불구하고 지나치게 나열적이라서 전체를 꿰뚫는 철학이 무엇인지가 명백치 않다. 그러므로 지역의 관점에서 섬지역에 부합하는 철학에 바탕을 둔 내용으로 수정하고, 장·단기의 실천프로그램을 조정하는 발전모델이 제시되어야 한다. 둘째, 대부분의 개발은 1회적인 사업이 간혹 장기적인 관점에서 고려되지 않고 있기 때문에 전체적인 맥락에서 볼 때 우후죽순처럼 체계가 없어 보이며 환경문제 또한 언제나 개발에 대하여 도민의 부정적인 견해가 있을 때마다 약간씩 수정되어야 한다. 셋째, 섬 발전철학에 따른 환경지표의 설정이 필요하다. 제주도 친환경개발을 위한 환경지표설정 작업이 마무리단계에 이르고 있는데, 이는 섬지역의 독특성을 살리는 방향에서 지표가 설정되고 실천전략이 구체적이어야 한다. 넷째, 제주도의 독자성을 키우기 위하여 민관 또는 민민의 공동경영과 공동의 리더쉽을 발휘할 수 있도록 시민참여를 최대화하여야 한다. 다섯째, 지방정부가 경제와 능률을 희생시키지 않으면서 도민의 요구에 부응할 수 있게 유연하고 다양하게 집행하여야 한다. 섬의 발전철학에 맞추어 제주환경을 지키는 것은 매우 소원한 일일지 모른다. 그러나 중요한 것은 환경이나 철학이라는 것은 당장의 조급함으로 메워질 단기간의 사업이 아니라는 점을 명심해야 한다는 것이다. 특히 환경문제에 관한한 우리정부의 조급함은 지난 1960년대부터 시작된 몇 차례의 '경제개발 5개년계획'이 성공하자, 다른 분야에서도 '과학기술혁신 5개년계획', '교육발전 5개년계획' 등으로 5년 단위의 계획을 입안하고 추진하는 것이 관례화로 이어지면서 환경 분야도 예외가 아님을 입증하였다. 환경정책기본법은 매 5년 단위로 환경보전 중기종합계획을 수립해 환경개선을 추진하도록 규정하고 있다. 그러나 환경에서 5개년 계획은 너무 짧다. 적어도 50년 앞을 내다 보는 장기계획이 필요하다. 우선 첫째 이유로, 환경을 파괴하긴 쉬워도 복원하는 데는 오랜 시간이 걸린다는 점이다.

과거 산업화로 황폐해진 영국 템즈 강을 복원하는 데에는 100년 이상 걸렸고, 자동차 공해로 오염된 미국 로스앤젤레스의 대기를 정화하려는 노력은 수십 년째 진행 중이다. 이처럼 한 세대가 당장의 편의를 위해 파괴한 환경은 고스란히 다음 세대의 부담으로 남는다. 그러기에 환경에 큰 영향을 주는 사업은 적어도 50년을 보는 긴 안목을 가지고 판단해야 된다. 예를 들어 바다를 막아 간척지를 만들면 당장은 농토나 산업용지를 얻는 경제적 이득이 커 보일지 모른다. 하지만 50년 동안의 득실을 따져 보면 갯벌을 파괴함으로써 받는 생태계의 피해가 더 크기 때문에 장기적 관점의 사업성은 당연히 의문시된다. 둘째, 환경 투자는 말 그대로 사회의 하부 구조를 마련하는 일로서 당장 가시적(可視的) 효과는 나타나지 않는 경우가 많기 때문이다. 40년 가까이 차근차근 진행되어 온 일본의 하수도 정비 사업이 대표적 예이다. 눈에 보이지도 않고 누구의 업적으로 알아주지도 않지만, 맑은 물을 얻기 위해서 가장 기본이 되는 일이기에 장기 계획을 세워 꾸준히 진행하고 있는 것이다. 셋째, 지금은 환경 문제가 국가의 경제·산업구조에 심각한 영향을 미치는 시대이고, 환경 요건을 맞추기 위한 국가 구조가 변하려면 오랜 시간이 걸리기 때문이다. 예컨대 우리 나라가 기후변화협약의 선진국 기준에 맞추어 온실가스 배출을 억제하려면 엄청난 구조조정과 고통이 예상된다. 이에 비해 일본은 이미 1970년대 1차 오일쇼크 때 정부가 앞장서 산업구조를 에너지 효율적으로 바꾸었음을 귀감(龜鑑)으로 삼을 필요가 있다. 물론 50년 장기 목표를 세우되, 현실에 맞게 세세한 계획은 자주 바꾸어야 할 것이다.

'전(全) 지구적으로 생각하고 지역에 맞게 행동하는' 것과 더불어 '먼 미래를 내다 보고 현재 상황에 맞게 행동하는' 지혜가 필요하다고 하겠다. 이것이 실용주의적 섬생태의 보존을 위한 길이라고 할 것이다.

(4) 結-상생의 길

우리 나라 경제개발의 상징이라고 할 수 있는 경부고속도로를 생각해 보자. 모든 도로는 하나의 길이라고 할 수 있다. 이 길이라는 것의 출발은 하나의 점이다. 사람이라는 점과 점이 이어져 서로의 길이 되고 다시 마을과 마을을 이어야 비로소 길이 된다. 그러나 경부고속도로는 서울과 부산을 잇고 호남고속도로는 서울과 광주만을 잇는 길일 뿐이다. 길가에 놓인 마을들은 이 길과는 전혀 상관 없이 뭉텅 뭉텅 잘려 나간다. 이 고속도로 인해 지금까지 이어졌던 마을과 마을의 길들을 오히려 갈라놓고 찢어 놓았다. 마을을 두 조각으로 쪼갠 채 휑하니 깔린 고속도로라는 길은 각종 소음과 공해를 던져주고 가는 못된 이방인일 뿐 그 마을과는 전혀 상관이 없는 길 아닌 길이 되어 버렸다.

이러한 반 상식적이고 성과중심의 개발을 과연 방치하여야 할 것인가?

우리의 아이들을 썩은 구정물 속에서 아무런 생명의 기운도 없는 죽음의 늪속에 놔두어야 하는가? 이제 우리는 책임과 반성의 길을 걸어야 하지 않겠는가? 잊지 말아야 할 것이 또 한 가지 있다면 길은 사람들만의 것이라고 생각하지 말아야 한다는 것이다. 사람만을 위한 길을 만든다는 것은 큰 오산이며 그 길은 이미 죽어버린 길일 것이다. 사람이건 동물이건 길을 건널 권리가 있다. 동물을, 식물을, 사람을 죽이는 길이 되어선 아니 된다. 누구를 위한 길인가? 상식이 있는 길, 바로 상생의 길이 되어야 한다는 점이다.

제주의 자연은 이제 전국 최고의 관광명소가 되었다. 그리고 우리의 소득수준도 향상되었음을 부인하지 못한다. 그러나 무엇을 위한 개발이었는지에 대한 철학과 고민은 없었다. 다만, 그 폐해가 나타나고서야 깨닫게 되는 무책임한 길을 걸어왔다. 그러나 진정으로 우리가 후손에게 물려줄 자산은 과연 무엇인가? 물론 개발과 보존은 상충되는 개념이니만큼 그 조화를 이루기가 매우 어렵다는 점을 인정하면서 필자는 개발과 보존에 관한 패러다임의 변화를 이야기했으며, 이에 따른 실천명제를 제시하였다. 여기에는 다음과 같은 4가지의 기본적인 원칙을 가지고 접근해야 할 것으로 다시 한번 주지하고자 한다. 첫째, 주민 모두가 참여하는 평등적 공동해결원칙, 둘째, 경제와 환경의 통합원칙, 셋째, 미리 생각하고 고민하는 사전예방의 원칙, 넷째, 상생의 철학적 기조위에서 이루어져야 한다는 원칙이 바로 그것이다.

지구에 살고 있는 사람은 모두가 평등하다. 누구의 책임이 더 큰가를 따지기보다 서로에 대한 이해와 관용의 정신이 필요하다. 남자와 여자, 동물과 식물, 대륙과 섬, 너와 나는 모두가 평등하며, 서로에 대한 사랑과 관용으로 문제해결의 원류를 찾을 것이며, 비로소 상생의 길을 걷게 될 것이다.

  자연에 누를 끼치며 살아가는 우리의 인생은 늘 근시안적 시각에서 오류를 발생시킨다. 좀 더 멀리 보고 크게 보는 자성의 시간이 필요하다. 우리는 지금 인간으로서의 부족함을 절감하면서 다음세대를 위한 철저한 준비를 해야 할 것이다. 준비는 늘 부족하기 마련이다. 그러나 준비없는 미래는 폐허속에 신음하는 후손들의 고통과 수고로움이 기다리고 있다.

지역개발에 소외된 문화정책, 그러나 미래는 문화의 시대이다

박경훈 (제주민예총 부지회장/화가)

1.

제주도개발특별법 시행 10년의 성과를 평가하고 문제점을 도출하여 이의 잘못을 앞날의 교훈으로 삼자는 취지의 이번 글은 필자에게는 버거운 일이다. 우선 개발계획 수립시에 우리 문화예술인들이 중핵에서 논의에 개입한 바 없으며 또한 추진과정 중에도 개입한 바 없기 때문이리라. 그런 의미에서 이 계획의 공과를 묻는 질문에 대한 답이 한갓 구경꾼의 그것일 수밖에 없기 때문이며 논의의 맥을 놓칠 확률이 높기 때문이지만, 적어도 이 판에서 논 경력 때문에 필자가 바라는 문화예술의 방향을 아는만큼 수준껏만 얘기하고 싶다.

알다시피 요즘은 '21세기 문화예술의 시대'라는 명제가 그리 새롭고 놀라울 것이 없는 상용구가 되었다. 하지만 그 회자되어지는 횟수에 비해 이것이 구체적으로 삶의 현실에 어떻게 자리매김되고 구체화되는 것인지에 대한 '상'에 대해서는 각양각색이다. 심하게 얘기하면 그 본질에는 별 관심없이 빌려다 쓰는 인삿말이라 해야 할 것이다. 하지만 '문화', '문화적'이라는 것이 어차피 우리 삶의 다른 표현인 바에야 이에 대한 깊이 있는 논의를 게을리 할 수도 없는 일이다.

주지하다시피 1990년에 시작된 제주도개발특별법과 그에 입각한 제1차 종합개발계획은 당시 제주도가 겪은 가장 강력한 개발 홍역이었다. 70년대 이후 강력하게 추진된 개발드라이브가 90년에 이르러 본격적인 국면으로 접어든 것이었다. 그 특별한 법에 의해 뒷받침되었던 제주개발은 10년이 지난 현재의 제주도를 얼마나 발전시켰고, 그에 따른 제주도민들의 물질적 정신적 풍요로움은 얼만큼 증대되었을까? 그 법이 시행될 때 개발론자들·집행자들은 지금 과연 어떤 평점을 내고 있을까? 매우 궁금한 일이 아닐 수 없다. 당시 도민들의 강력한 반발에도 불구하고 시행된 제주개발의 10년, 그 시간은 제주의 현재를 만드는 과정이었기에 그 당시 특별법을 통해 이루고자 했던 일들은 이루어졌는지, 그 실천과 공과에 대해 엄밀히 분석하는 일이 다시 시작되는 국제자유도시 논의와 관련하여 의미있는 일이리라. 그렇다면 지난 10년간 제주도의 문화예술은 지역개발전략 속에서 어떻게 변화되어 왔는가 개략적으로나마 살펴볼 필요가 있다.

2.

　1990년 제정 시행된 '제주도개발특별법' 상에는 문화와 관련한 특별한 조항이 없다. 고작 교육·문화·예술의 진흥이라는 추상적이고 포괄적인 규정만을 두고 있을 뿐이다. 물론 이는 개발만을 전제로 한 특별법이었기에 제1차 종합개발계획에서 다루어질 문제라서 비켜간 점도 있었으리라. 그렇지만 더 본질적인 것은 관광개발과 지역문화의 성장발전을 별개의 것으로 인식하는 이원적 사고방식에 기인하는 바가 크다. 관광과 문화의 이분법적 인식과 잣대는 제주도개발사 전체를 관통하는 인식이기도 하다. 관광은 돈을 벌게 해준다는 번영의 상징이고, 문화는 여유가 있으면 신경쓰는 정도의 부차적이고 부가적인 것으로 인식하는 경향성 말이다.

　특히 개발논리, 지역발전 논리 속에서의 문화에 대한 인식은 또 다른 문제점을 안고 있는데, 그것은 문화를 좁은 의미의 '문화계' 의 것으로, 즉 문화예술전문영역의 것으로 치부했다는 점이다. 문화를 다수 도민의 삶의 질을 가치·결정 짓는 영역으로 확장·논의하지 못함으로써 경제·문화·복지의 연속적 시너지 효과를 놓쳐버린 것이다. 그것은 이러한 제영역이 엮이어 상승할 수 있는 내적 연관성을 차단시켜 궁극적으로 문화의 발전과 관광개발, 도민의 삶의 질 증대를 각각 별개의 사안으로 분리시켜 버렸고, 그 결과 별개의 정책과 사업이 입안 집행되고 있다는 것이다.

　최근에 와서 각광 받는 '문화산업', '문화관광' 의 논리도 기실 새로운 것이 아니다. 문화예술의 발전, 이를 매개로 한 관광컨텐츠의 다양화 및 촉매요소의 다변화를 이루고 다시 이와 접목된 문화관광의 활성화를 통한 도민경제의 발전의 일 견인차를 이루며 그 발전을 토대로 도민 삶의 질을 증대시키는 것이 결국은 문화산업, 문화복지를 동시에 거두는 방식일 것이다.

그러나 특별법에 의거하여 입안된 제1차 제주도종합개발계획 상의 개발정책은 문화가 관광과 어떻게, 관광이 문화를 어떻게 다루고 조응해야 하는지에 대한 상상력이 결여되어 있다. 그러므로 문화발전전략을 새로운 제주도 관광전략과 정책 속에 어떻게 위치시키고 그 연관성을 접목시킬 것인가하는 지점에서 시행할 경로를 가지고 있지 못했다. 기껏 향토문화 육성이라는 식의 애매모호하고 부차적인 것으로 인식하는 오류를 낳고 말았다.

문화를 담론으로 한 관광시장이 형성되는 문화관광의 시대를 예상하지 못했거나 관광을 하드웨어적, 경제적 시각으로만 접근함으로 해서 한 지역의 문화예술의 발전과 전통문화의 내용성이 궁극적으로 문화관광의 내용성이 됨을 고려하지 못한 근시안적 관광정책이었다는 것이다. 그것은 관광을 중심에 둔 특별법이었기에 관광이 제 사회영역의 타분야에 비해 기형적으로 발달되어 있는 구조 속에서 때때로 문화는 이의 소품 정도로 인식되어 왔으며, 그러한 문화적인 것이 궁극적으로 관광의 또 하나의 기축요소라는 점은 놓치고 경제적 이해타산으로만 제주관광을 인식해왔던 행정의 한계를 노정해 왔으며 지금 현재에도 그 현실은 변함이 없다.

'제1차 제주도종합개발계획' 상의 문화관련추진계획을 살펴보면 앞에 지적한 문제점을 그대로 보여 주고 있다. 안타까운 것은 부족한대로 계획된 만큼 집행이라도 제대로 되었다면 하는 아쉬움이다. 왜냐하면 수립시행 10년이 되는 오늘까지도 여전히 현재의 문제점으로 남아 있는 사안들이 많으며 그것은 문화복지의 개념에서 입안되든 문화관광 개념에서 도입되든 지역사회 문화생활을 위해서는 반드시 필요한 인프라이기 때문이다. 종합개발계획 중 문화관련 정책으로 세가지 축을 설정하고 있다.

먼저 '문화예술창조력의 제고'를 방안으로 세웠는데 그 추진방향으로
1)문화예술 창조력을 드높이기 위한 문예진흥기금의 확대
2)문화예술전문인력의 확대
3)창작환경과 여건개선
4)문화예술단체를 지역문화예술활동의 구심체로 육성 등을 들고 있으며
이에 따른 분야별 계획에서는
1)문예진흥기금조성 확대
2)고급 예술인력과 문화예술행정 전문인 양성
3)예술창작 환경의 조성
4)문화예술단체 육성 등을 들고 있다.

둘째로 '문화공간 확충 및 문화매개기능 강화'를 전략으로
1)문화의 사랑방 역할을 담당할 문화원 설립
2)문화예술진흥의 전당이 될 문화공간 시설의 확충
3)제주도문예회관을 문화센터의 구심점이 되도록 확충
4)문화매개기능 강화
5)도시문화환경조성 추진
6)문화행정기능 개편 등을 추진방향으로 잡고
분야별 계획으로
1)문화원 설립
2)문화예술공간 확충

3)제주도문예회관 확충
4)문화매개기능의 확충강화
5)문화연출 공간으로서의 도시환경 조성
6)문화행정기구의 기능 개편을 들고 있다.

셋째로 '도민문화향수기회의 확대' 로서
1)도민문화감성 함양
2)문화예술프로그램의 개발과 보급 등
이상 세 가지 전략 위에 각 추진방향과 분야별 계획을 세워 놓고 있다.

이상 요약한 계획을 보면 전략과 추진방향, 분야별 계획의 부실함이 드러나고 있다. 분야별 계획은 추진전략이 담고 있는 대안적 인식을 충분히 반영하는 조처라야 함에도 불구하고 실제적이지 못하다는 것이다. 그 계획이 집행되었을 때 전략과 방향에서 목표로 한 성과를 거두어야 하는데, 수립된 분야별 계획은 그것의 일부일 뿐 전체의 문제를 해결할 수 없는 사업들이다.

이렇게 수립된 사업들 역시 계획으로 끝이 났지 실현된 사업들은 많지 않다. 물론 이 중 몇몇은 나름대로 성취된 것들도 있다 하나 그것이 일관되게 계획의 실천으로 이루어졌다고는 보기 힘들다.

위의 계획 하에 집행된 대표적인 사업으로는 국립박물관의 건립, 제주문화원 건립, 제주도문화예술재단의 건립(물론 계획에서는 민간기구였다) 등이다. 그 외의 사업추진계획들은 대단히 중요하며 현실적인 사안들임에도 불구하고 대부분 집행되지 못했는데 상기한 집행사업들도 대부분 국비보조사업으로 제주도가 독자적으로 기획하고 추진한 사업들은 아니다. 그런 의미에서 제주도가 주도적으로 나서서 지역의 문화예술상황을 타개하고자 한 의지는 미약했다고 평가 할 수 있다.

특히 삶의 질 향상과 관련하여 가장 중요한 항목이라 할 '도민문화향수기회의 확대'는 사실은 문화복지정책항목이다. 문화복지를 단순히 향수기회의 확대라는 측면에서 인식하는 문제점을 드러내고 있다. 도민·대중은 문화복지의 주체이면서 대상이기도 하다. 이 양측면이 고루 활성화 될 때 비로소 문화적인 생활이 영위되는 것이다. 그럼에도 불구하고 도민·대중을 향수자로서만 대상화시켰기 때문에 그 방법은 당연히 보급·권장으로 나타나는 것일 수밖에 없다.

10여 년 전에 계획되었던 사업들이지만 현재에도 그 필요성이 절실한 것이 문화관련 인프라의 확충이다. 특히 당시에 이미 문예회관의 기능상 한계를 절감하고 있었고 그에 따라 수립되었던 문예회관 확충계획이 제대로 집행되었다면 현재 문예회관이 당면하고 있는 기능상의 문제점을 상당부분 극복할 수 있었으리라는 아쉬운 대목이기도 하다. 10년 동안 일회적으로 날려 버린 소모성 예산을 조금만 투자했어도 지금과는 많이 달라졌을 것이다. 문예회관은 아직까지 증축, 확장되지 못하고 있다.

다음으로 미집행된 '문화행정기구의 개편 및 문화예술행정전문인 양성'의 필요성인데, 이 역시 당시부터 미래를 위해 전문적 소양의 문화행정체계가 필요함을 인식하고 있었지만 집행되지 않았다. 또한 예술대학의 건립 또는 예술고등학교의 건립 역시 지역의 문화예술 발전에는 중대한 것이므로 현재에도 무용, 국악, 연극, 사진, 영상 등 고급전문인력양성을 위한 학부의 설치는 필요한 것이다.

셋째로 당시로서는 상당히 진취적인 계획 중 눈에 띄는 것이 저리 융자를 통해 창작여건을 제고하는 '창작금고'의 운영계획인데 이 역시 현재까지 이루어지지 않고 있다. 이는 당시에 상당히 진보적인 제안이었던 것이다. 아직까지도 전국적으로 이를 시행하는 자치단체는 없다. 그렇지만 이러한 절실하고 구체적인 계획들이 제대로 시행되지 못함으로 해서 현재에는 더 많은 문제에 봉착하게 하고 있다.

제1차 제주도종합개발계획상의 문화예술 및 문화관련 추진계획들은 상당부분 현재에도 그 필요성이 충분한 것들이다. 10여 년 전의 계획이라서 그런지 몰라도 주로 문화예술전반을 포괄하는 듯하지만 그 기저가 주로 문화예술창작자 중심으로 짜여졌다는 느낌이 강하다. 적어도 자치단체의 문화정책이라면 문화예술공급자 및 소비자, 창작자이면서 향수자인 전체적인 대상을 아우르는 구도에서 입안되어야 하겠지만 당시의 계획은 좀 더 넓은 의미의 '문화권', '문화복지' 차원에서 접근하지 못함으로 해서 사업의 선후차성과 문화예술계의 문제지점 맥을 제대로 짚지 못하는 오류를 범하고 있다.

향토문화의 보존과 진흥과 관련해서도 무형문화재 전수관 건립, 기능보유자 지원 강화 등과 방사탑 및 신당을 보호 대상으로 설정한 것 등은 매우 중요한 인식이나 이 역시 아직까지 지정되지 못해 방치되어 있는 상태이다. 제주문화의 정체성 등을 포괄하는 철학이나 전통 및 현재에 상존하는 예술에 대한 인식의 미비 등도 드러난다.

전반적으로 제1차 제주도종합개발계획상의 문화예술관련 계획은 예술 중심, 전문영역 중심의 사고, 고급문화의 보급과 영역 확대라는 측면이 강했다고 할 수 있다. 또한 가시적이진 않지만 충분히 필요했음에도 불구하고 예산의 선후차성에 밀려 집행되지 않은 사업들은 계획만이 능사가 아니라 실현 가능한 계획을 수립하는 것이 매우 중요한 것임을 우리에게 시사하고 있다.

제주도의 문화관련 부서의 명칭은 '관광문화국' 이다. 필자는 이 명칭을 접할 때마다 매번 주객이 전도된 느낌을 지울 수가 없다. 제주도의 행정 체계 속에서의 문화의 위상이 어떠한지를 보여 주는 대목이라서 더욱 그렇다. 21세기 문화입국을 논하는 시대에 관광문화국의 일개 부서로 전락한 제주도의 행정기구 조직 자체가 '문화' 에 대한 도정의 인식 정도를 드러내는 것이고, 관광에 종속되거나 부차적인 업무로 전락한 위상을 말해 주고 있으며, 그에 따른 예산의 위상을 말해 주는 것이다. 바로 그 지점에서 지금 현재 점증하는 도민들의 문화 욕구를 받쳐주지 못하는 현실적인 문제도 발생하는 것이다.

2000년 (사)제주민예총에서 행한 〈제주도문화환경진단조사〉 결과를 보면 도민의 65.3%가 문화예술의 혜택을 누리지 못하고 있다고 생각하고 있다. 제주도민들이 체감하는 문화예술 혜택의 결핍감은 문화예술시설 및 공간 부족, 참여 기회의 부족, 자치단체의 지원 결핍 등에 기인하는 바 크다.

또한 응답자의 65.5%가 문화예술교육 참여를 희망하고 있어 사회적인 문화향수 및 창작, 재교육에 대한 열망이 높음을 알 수 있다. 이는 90년대 이후 도민들의 문화생활을 영위하고자 하는 욕구가 그만큼 커졌음을 의미한다.

자치단체의 문화예술정책수준에 대해서는 50%가 대체적으로 불만족을, 15%가 만족도에 비해 자치단체의 문화정책에 대해 높은 불만족도를 보여 지역의 낙후된 문화활동의 1차적 책임은 지방자치단체의 정책부재에서 찾고 있음을 알 수 있다.

지방자치단체의 문화관련 정책 중 가장 역점을 두어야 할 것으로 38.7%가 문화예술공간시설 확충, 18.3%가 문화예술교육의 확대, 문화예술인·단체에 대한 지원 순으로 조사 되었다. 전국조사 결과인 시설확충 17.2%

에 비하면 제주도민들의 문화인프라에 대한 부족감이 크다는 것을 알 수 있다.

　문화행정에 대한 불만족과 함께 현재의 상황이 개선되기 위해서는 행정의 역할이 가장 중요하다고 꼽고 있는데 이 말은 뒤집으면 제주도를 비롯한 제 행정기구가 도민의 욕구에 앞서지는 못할지라도 부응하지도 못하고 있다는 얘기가 된다. 이 대목에서 우리는 도민들의 문화욕구 앞에서 이제는 문화복지 차원에서 새로운 행정지표를 마련하고 그에 따른 목표의 설정과 그에 부응하는 적실한 정책을 펴야 될 때라는 것을 심사숙고해야 할 것이다.

　지난 10년 간의 문화예술관련 지표의 변동만을 살펴보면 다음과 같다.

〈표1〉 1990 / 2001년 제주도 문화시설 변동추이

구 분		종합문예회관	박물관	공공도서관	전시관	문화의 집
'92	21	2	5	7	7	
	제주시	1	3	3	5	
	서귀포시	1		2	1	
	북제주군		1	1		
	남제주군		1	1	1	
2001	56	2	6	16	18	10
	제주시	1	5	4	4 / 3	5
	서귀포시	1	1	4	1 / 4	1
	북제주군			4	3	2
	남제주군			4	3	2

자료:문화예술현황 2002 제주도

〈표1〉을 통해 알 수 있듯이 외형적으로는 문화관련 시설이 비약적으로 확충된 듯하지만 실제 분석해보면 많은 도민들이 왜 문화관련시설의 부족함을 지적하는지 알 수 있다. 전시실의 경우 대부분의 전시관은 대관 또는 기획전시가 자유롭지 못하거나 불가능한 상설전시관들이다. 제주도 문예회관 전시실과 시립 신산갤러리(관광민속관)를 빼면 저렴하게 대관하여 작가나 일반인들이 이용하여 창작 발표를 할 수 있는 공간은 사설 전시관 세 곳 뿐이다. 그 세 곳 역시 규모나 대관비에 있어 작가나 아마추어 창작자들이 이용하기에는 부담이 큰 편이다. 제주도문예회관은 제주도를 대표하는 문화공간임에도 불구하고 제반 시설이 낙후된 점과 활용수요를 맞추기 어려운 현실, 대형 전시·공연기획이 불가능한 시설 규모 등으로 여러가지 문제점에 봉착해 있는 것이 현실이다. 북제주군과 남제주군의 경우는 지난 10년 동안 건립된 바가 없다. 그나마 많이 확충된 것이 박물관으로 타 지역에 비해 아주 늦었지만 올해 초 개관한 국립박물관은 제주문화의 중요한 산실이 될 것이다. 문화의 집은 문민정부 들어서 정부 차원에서 입안된 문화관련기반 시설로 프랑스의 문화의 집을 모델로 도입된 것인데 최근 자치단체들이 앞다투어 건립하고 있는 시설로 아직 그 보급률이나 그 운영내용에 있어서는 제대로 자리잡지 못하고 있다. 특히 북제주군과 남제주군 지역은 제주시와는 다른 반농반도시형 좁합문예회관이 건립되어야 할 것이다. 또한 운영시간과 프로그램도 그러한 특성을 반영하여 별도로 모색되어야 한다.

〈표2〉 2000~2001년까지의 제주도문화예술 예산의 변동 현황

(단위:천원)

구분 년도	총예산액(A)	관광문화 예산(B)	문화예술예산			비율(C/A)
			계(C)	문화예술	문화재	
2000	558,634,817	51,656,555	17,230,655	6,564,962	10,665,693	3%
2001	723,794,219	76,609,203	19,080,871	8,132,773	10,948,098	2.6%
2002	695,797,070	83,791,202	18,923,250	10,186,475	8,736,775	2.7%

자료:제주도

〈표2〉의 최근 3년간 제주도문화예술 예산의 변동추이를 보면 문화예술 관련 예산의 비중은 최근 3년간 관광문화 도 전체예산의 증액비율에 비해 제자리 걸음을 면치 못하고 있다. 관광문화관련 내 문화예술의 예산이 전체 예산 대비 2002년 도 총예산 (695,797,070,000원)중 관광문화관련예산이 12%이며, 그 중 문화예술관련예산은 관광문화예산 중 22,58%로 총예산 대비 2.72% 이다, 이 역시 문화예술과 문화재예산으로 나누어 보면 문화예술과 예산이 총예산 대비 1.46%, 관광문화예산 비율 12,15%, 문화재예산이 관광문화예산 대비 10.42%이다.

전체 예산의 1.46%, 관광문화예술관련예산대비 12.15%의 문화예술의 예산으로 문화복지니 문화예술의 발전이니 하는 말들을 꺼낸다는 것은 예산 상으로도 참 우스운 얘기가 된다. 이러한 예산의 비율은 행정정책의 비중에서도 그대로 나타나며, 바로 그런 의미에서 제주도의 문화예술의 발전이나 문화복지 입국은 현실과는 동떨어진 남의 얘기가 되어버리는 것이다.

다음으로 지역의 문화예술 활성화와 그에 따른 변동상황을 보자.

〈표3〉 1990~2000 제주도문예회관 공연횟수의 변동상황

구분		'90	'91	'92	'93	'94
계	공연일수	228	273	286	254	302
	공연횟수	318	351	381	331	379
	관람인원	120,385	121,100	134,070	116,505	130,610
대극장	공연일수	136	165	179	146	174
	공연횟수	180	202	240	194	225
	관람인원	103,165	108,222	122,270	99,345	108,660
소극장	공연일수	92	108	107	106	127
	공연횟수	138	149	141	137	154
	관람인원	17,220	12,878	11,800	16,360	21,450
놀이마당	공연일수	-	-	-	2	1
	공연횟수	-	-	-	2	1
	관람인원	-	-	-	800	500

구분		'95	'96	'97	'98	'99	2000
계	공연일수	343	351	375	411	457	461
	공연횟수	435	435	408	459	481	512
	관람인원	147,120	121,815	132,508	136,564	137,600	142,832
대극장	공연일수	206	188	208	233	247	259
	공연횟수	272	224	259	290	267	303
	관람인원	126,645	97,983	115,079	114,915	115,676	123,429
소극장	공연일수	136	163	165	163	206	202
	공연횟수	163	211	149	169	214	209
	관람인원	20,375	23,832	16,729	19,340	21,424	19,403
놀이마당	공연일수	1	-	2	15	4	-
	공연횟수	1	-	3	15	4	-
	관람인원	100	-	700	2,309	500	-

자료:제주도

90년 공연일수에 비해 2000년의 공연일수는 두배를 넘으며 공연횟수도 62%의 증가를 보인다. 그에 비해 관람인원은 15% 성장에 그친다. 이것은 창작 주체의 증가에도 불구하고 관람 인원은 별로 증가하지 않았다는 것으로 문화향수기회의 확대라는 측면에서 발전이 없다는 얘기이다. 발표와 향수, 생산과 소비의 조화가 이루어지지 못하는 것이다. 물론 이는 공연의 대중성 여부와도 관계가 있다.

〈표4〉 1990~2001년까지의 문화재 지정 현황

구분 년도	계	국가지정문화재					
		소계	보물	사적	천연기념물	주요무형문화재	중요민속자료
'90	96	32	1	1	18	5	7
'91	105	32	1	1	18	5	7
'92	102	23	1	1	18	5	7
'93	109	32	2	2	24	5	7
'94	109	40	2	2	24	5	7
'95	117	40	2	2	24	5	7
'96	118	41	2	2	25	5	7
'97	119	42	2	3	25	5	7
'98	122	44	3	4	25	5	7
'99	128	46	4	5	25	5	7
2000	133	50	4	5	29	5	7
2001	137	52	4	5	30	5	8

구분 년도	계	도지정문화재					
		소계	유형 문화재	무형 문화재	기념물	민속 자료	주요무형 문화재
'90	96	64	9	9	39	4	3
'91	105	64	9	9	39	4	3
'92	102	70	15	9	39	7	-
'93	109	69	14	9	39	7	-
'94	109	69	14	9	39	7	-
'95	117	77	14	10	45	8	-
'96	118	77	14	10	45	8	-
'97	119	77	14	10	45	8	-
'98	122	78	14	11	45	8	-
'99	128	82	15	11	48	8	-
2000	133	83	16	11	47	8	1
2001	137	85	16	13	48	7	1

국가 및 도지정문화재는 70%의 증가추세를 이루었는데 이러한 증가추세에도 불구하고 보존과 복원의 시비와 논란이 끊임없이 제기되고 있으며, 또한 방사탑 및 신당 그리고 동자석 등은 그 문화적 중요도에 비해 여전히 문화재보호망 안에 있지 못해 확대되는 도시화와 지역개발의 와중에서 파괴와 망실이 가속화되고 있다.

〈표5〉 1990/2001 제주도내 문화예술단체 현황

구 분	1994	2001
	119	189
(사) 한국예총제주도지회	10	11
(사) 한국민예총 제주도지회	5	8
연 극	13	12
문 학	11	23
미 술	25	28
서 예	17	22
음 악	28	30
사 진	9	15
무 용	1	6
국 악		16
영 화		1
그외 문화관련 사단법인체		17

〈표5〉에 나타난 바와 같이 94년 대비 2001년도의 문화단체 증가수는 62%의 증가율을 보인다. 이처럼 문화창작 또는 발표의 주체들은 크게 증가하였음에도 불구하고 앞의 〈표1〉에서 보았듯이 제주도의 문화예술관련 기반시설의 구축 수준은 엄청난 불균형을 이루고 있다. 도민들의 문화인프라의 부족에 대한 지적은 단순히 많은 것이 좋다라는 생각이 아니라 지난 10년간의 문화욕구의 증대를 제주도가 아직까지도 정책적으로 반영하지 못하는 데서 오고 있음을 알 수 있다. 앞의 〈표2〉예산 변동추이에서

도 보았듯이 도민들의 문화복지 측면에서의 각종 요구에 부응하기에는 현 예산구조가 절대적으로 부족한 것임을 알 수 있다.

이상 살펴 본 것처럼 제주도개발특별법에 의거한 제1차 제주도종합개발계획은

1) 타 분야에 비한 극심한 불균형

2) 문화를 문화복지/문화예술/전통문화/문화산업/문화관광을 포괄하는 복합적 영역으로 사고하지 못하고 문화예술이라는 전문영역으로 한정하였다는 한계

3) 21세기 문화의 시대를 대비하는 문화시스템 및 문화인프라 구축에 실패했다는 점을 문제점으로 지적 할 수 있다.

그렇다면 10년이 지나서 수립된 제2차 제주도종합개발계획에서는 이러한 문제점을 어떻게 보고 어떤 대안을 마련했는가를 간단히 살펴보자.

제주도종합개발계획에 대한 종합평가에서 문화분야와 관련하여 '제주문화예술재단 설립, 국립박물관 및 관광민속관 설립, 제주예술의 세계화 기반 조성, 제주목관아지 복원 등 향토문화 창조적 계승·발전을 도모했다'고 평가하고 있다. 앞에서 살펴 보았던 평가와는 대조적인 평가이고, 여전히 몇몇 하드웨어적 성과를 들어 제주예술의 세계화 기반 조성 등을 운운하고 있다. 이것은 여전히 지난 10년을 면밀히 검토하고 현재의 문제점들을 반영하고자 하는 의지가 박약함을 느끼게 한다. 문화가 작용하고 작동하는 지점을 대단히 잘못 읽어내고 있다는 생각이 들게 한다.

구체적인 문화예술부문계획을 보면

전통의 토대 위에 피어나는 문화 제주를 모토로

1) 제주문화의 정체성 구현

2) 제주문화유산의 체계적인 보존과 관광자원화

3) 지역문화예술의 세계화 추진

등을 내세우고 그 발전전략으로

1) 문화예술의 창조적 발전

2) 문화·예술의 자원화로 지역경제에 기여

3) 문화·예술의 창조력 제고를 위한 기반 정비

를 내세우고 있다.

그 하부계획으로,

제주문화의 뿌리찾기 운동, 미지정문화유산 발굴, 문화재지도 제작, 문화예술자원의 지적 재산화 등의 사업과 기업메세나 활성화, 문화예술공무원의 전문화와 기획가 양성, 전통문화전수회관 건립, 공공미술(public art) 활성화, 문화권 정립 및 생활권 단위 문화센터의 개설 등을 실행사업으로 잡고 있다.

1차계획과 비교하여 훨씬 다양하고 지역문화의 현실에 밀착된 계획이라 볼 수 있는데, 그 중에서도 '문화권 정립과 생활권 단위 문화센터의 개설사업' 등은 상당히 필요하고 적실성 있는 사업이라 볼 수 있다. 이는 특히 도민의 문화생활을 영위하는 데 있어 그 기본이 되는 전략으로 이를 기반으로 문화복지의 제반 계획을 수립할 수 있다. 하지만 제2차 종합개발계획의 각 부문별 계획을 통하여 이러한 부문별 권역 설정이 각각 제출되는데 특히 정주체계, 관광권역 설정, 문화권역 설정이 일관된 협의 속에서 제출되지 못하고 부문별 계획 내에서만 사고함으로 인해 각 부문의 내적 연관성을 상실하고 있다. 실제 생활권인 정주체계와 문화권역은 생활문화권이라는 측면에서 반드시 합치되어야 하는 것이고, 관광권역과 문화권역 역시 거점 인프라의 조성 등에서 합치되는 개발전략 속에서 나와야

<그림1> 제2차 종합개발계획상의 부문별 권역 설정

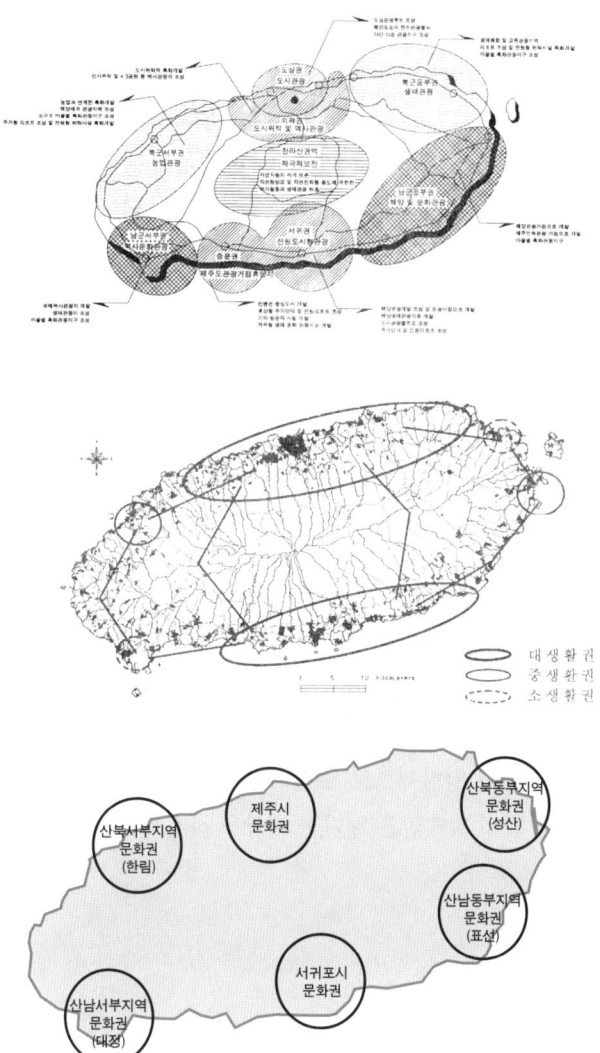

하는 것임에도 불구하고 각 권역의 설정이 공동연구를 통한 연관성 없이 설정되어 있다.

제2차 종합개발계획상의 문화・예술부문 계획은 문화권역 설정 및 생활권 단위의 문화 개념을 도입함으로해서 문화예술가 중심, 전문적 영역 중심의 한계를 탈피하고는 있으나, 타 부문계획과의 연관성을 고려한 문화복지망 구축이라는 시대적 필요성에는 미치지 못하고 있다. 그 외의 사업들 중에서 문화・예술의 자원화를 통한 지역경제에의 기여 정책은 최근의 문화산업론을 도입한 개념으로 문화예술과 관광 그리고 경제와의 연관고리를 형성하는 개념으로서 현재의 문화의 위상을 어느 정도 잡아내고 있는 긍정적인 면이 있다. 제대로 된 문화상품의 개발과 순수문화예술의 접목이라는 지점에서 향후 적극적으로 발전시켜야 될 문화전략 중의 하나이다.

전반적으로 10년 전의 계획과 비교하여 현재의 필요지점과 문화의 맥락을 어느 정도 짚어내고 있다는 점에서 나름대로 문제의식을 가지고 있다고 하나 기본적으로 도민 '삶의 질 향상' 이라는 큰 목표 속에 그것을 가능케 하는 전도적 문화복지망 구축을 전제로 예술창작 활성화전략 및 전통문화의 관광자원화 방안 등이 타부문과의 상호 연관성 속에서 설정되지 못한 점이 아쉽다. 또한 국제자유도시특별법상의 선도프로젝트 등과 상호 연계고리 없이 일방적으로 추진되는 점 등은 제2차 종합개발계획의 실현 가능성이 그리 밝지만은 않다는 예상을 하게 한다.

3.

　최근 국제자유도시 구상과 관련하여 턱도 없는 예산에도 불구하고 정부·자치단체·개발론자들 모두 장밋빛 청사진을 꿈꾸는 개발몽상가들의 한 철이 도래했다. 과연 그럴까? 과거의 특별법이 그러했듯 국제자유도시 구상에서도 문화예술 관련 특별조항이나 육성책은 별도로 작성되지 않았다. 언론 등을 통해서 이미 먹구름이 드리워진 국제자유도시의 꿈은 그리 쉽게 다가오지만은 않으리라. 우리는 역사적으로 한반도가 제주도와 제주도민을 위해서 능동적으로 무엇을 가져다주리라 믿는 것이 대단히 순진하고 위험한 발상임을 알고 있다. 언제나 그렇듯 한반도의 역사는 제주도를 휘젓고 그 후탈은 이 땅의 민초들이 책임져 왔다. 개발독재시기 돈벌이와 관련하여 쓸만하니까 30년 전부터 눈독 들여 어떻게든 요절내온 것이 그간의 관광개발드라이브 아니었던가? 아마도 이번 국제자유도시건도 이에 크게 다르지 않을 것이다. 앵무새처럼 장미빛을 읊조리는 친구들은 또다시 어려운 문자를 들이대면서 평화의 섬이니, 국제관광이니, 고용창출이니 하면서 제주도 말로 "쑥대기고" 다닐 것이다, 아니 이미 그렇다.
　다시 본론으로 돌아와서 그렇다면 필자가 생각하는 문화의 시대를 현실화시키는 정책적 대안은 무엇일까? 거칠게 정리하면 다음과 같다.
　앞서도 약간 언급한 문제이지만, '문화는 권리이다', '문화는 복지다', '문화는 생활이다', '문화는 산업이다'라는 시각에서 도민의 문화예술 창작과 향수기회를 보장하는 문화복지망 구축(하드웨어와 소프트웨어분야를 망라한), 전문예술창작의 활성화, 전통문화의 보존과 활용을 통한 문화관광의 활성화 등을 연관시켜 사고 하는 것이다.
　문화는 인간 삶의 총화이다. 그러므로 그것은 모든 인간 사고와 상황을 반영하며 인간의 모든활동과 상관한다.

우선 향후 10년 간의 문화정책의 가장 중요한 과제로 문화복지망 구축을 달성목표로 할 필요가 있다. 최근 더욱 확장된 사회의 문화표현 및 향유 욕구에 부응하기 위하여 문화복지망에 대한 모델링이 시급하다.

〈표6〉 문화복지망 구축 모델

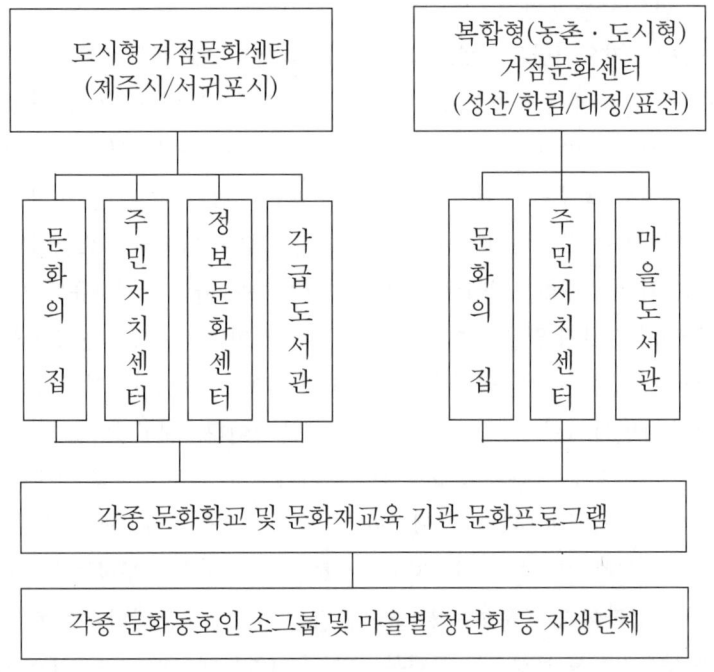

문화복지망은 하드웨어적으로 〈표6〉과 같이 도시형과 반농반도시형 두 개의 유형으로 나누어 도시형에는 대규모거점문화시설(공공미술관,

박물관, 공공도서관, 예술의 전당)을 도입하고 거점문화센터는 복합적 문화예술의 전당(전시실, 공연장, 영상관, 도서관, 정보센터 등)을 도입하며 도시형의 경우 국제적 행사까지 유치할 수 있는 규모를 갖추어야 한다. 또한 반농반도시형의 거점센터는 중규모의 복합형 문화센터로 건립한다. 이러한 권역별 거점문화센터를 축으로 동심원형의 네트워크를 모델로 하는 하부 문화복지네트워크를 구축한다. 여기에는 도시형의 경우 기존의 동별 문화의 집과 각 정보문화센터, 주민자치센터, 각급 도서관 등을 포괄하며, 농촌의 경우는 거점인프라를 중심으로 문화의 집, 마을 도서관 등을 연결한다. 이렇게 구축된 문화인프라 위에 인력네트워크, 프로그램 네트워크를 구축, 원활한 교류행사 및 각종 교육 창작 및 참여기회를 제공하는 프로그램을 운영한다. 또한 이들 상호기관 간의 수평적 네트워킹을 통해 인터넷 등을 이용한 문화정보네트를 구축, 사이버상의 문화소모임, 강연, 전시 등의 제반 활동이 병행되게 한다.

지금까지 비문화적인 자생조직으로만 인식되었던 자연마을의 청년회, 잠수회, 부녀회, 노인회 등도 중요한 문화소집단의 역할을 할 수 있는데 이들은 문화조직화가 어려운 자연마을의 문화활동을 조직화 해내는 데 지대한 역할을 할 수 있는 조직이다.

위의 문화복지망 구축에 의한 문화복지시스템의 운영 속에 전문예술창작의 활성화와 각종 지원을 통해 지역문화예술의 수준을 한단계 높이고, 여기에서 생산되는 고급문화상품과 전통문화의 보존과 활용을 통한 문화유산의 관광자원화 방안이 서로 만나면서 문화와 경제가 조화롭게 발전할 수 있다. 크게 보아서 문화복지망의 구축은 제주문화의 전반적인 발전을 안정되게 가져오는 가장 핵심적인 시스템이다.

〈표7〉 제주문화의 발전 시스템

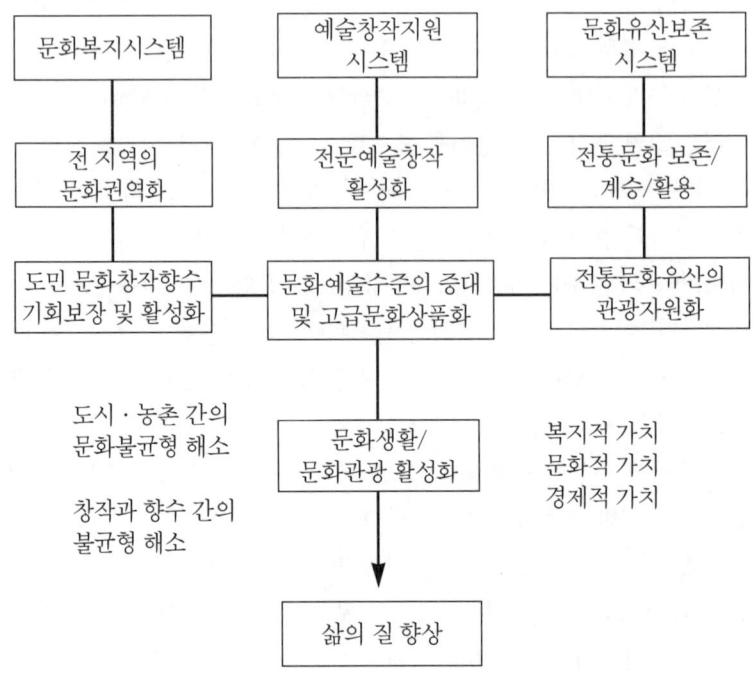

 이러한 아이템은 정교화과정을 거친 것이 아니기에 앞으로 더욱 논의 되어야 할 문제이지만 필자가 생각하는 지역의 문화예술의 발전, 문화관광 등 그 모든 것의 전제는 도민들의 문화생활 속에서 출발된다는 생각이다. 문화의 제1속성은 자발성의 원리이다 이러한 자발적인 문화생활의 영위는 결국 그 사회를 긍정적으로 밝게하는 원동력이 되며 이러한 문화적인 만남은 지역사회의 갈등요인들도 극단적 대결보다는 문화적으로 통합하는 사회통합의 효과를 동시에 가져다 줄 것이다. 배고픔을 해결하고 난

인간의 모든 욕구는 문화적인 것이기에 그러한 문화적인 것을 그 사회의 공적비용을 통해 누리게 하는 것이 행복한 사회의 다른 표현이 아닐까?

위의 문화복지시스템의 구축과 운용은 행정 따로 문화계 따로 지역 따로의 논리로는 불가능하다. 그 제영역이 각자 알맞은 역할을 분담하여야 하며 특히 행정의 경우, 현재의 관광에 종속된, 그 하부단위 기구의 위상으로는 문화복지망 구축이나 운영을 할 수 없다. 마땅히 문화복지를 중심에 둔 문화예술, 문화재, 문화산업, 문화관광 등을 통괄하는 독자적 조직으로 행정조직개편을 도·시·군이 유관하게 이루어져야 한다. 또한 이런 복지망 구축을 위해 지역사회내 대학에 문화복지 관련학과나 문화촉매요원을 양성할 수 있는 비영리교육기관을 두어 인력수요에 대비하여야 할 것이다.

제2차종합개발계획을 보면 각 부문별로 문화적인 유사사업이 중복 또는 내적연관성 없이 나열되어 있다. 이것을 문화부문을 중심으로 각 부문과 연관한 새로운 전략으로 종합해내어 중복투자 등 사회적비용의 낭비를 최소화해야 할 것이다.

4.

결론적으로 제주도의 지역개발과정에서 문화정책은 과연 있었는가라는 질문을 던져야 하겠다. 정책이라 함은 현실의 필요성과 그것이 지니는 기대효과를 계산하여 입안하는 것이며, 그것은 일회적인 것이 아니라 지속적이고 일관된 사업의 연속성 속에서 장단기 목표에 부합되도록 조직적인 계획을 입안해내고 물화시켜 나가는 것일진대 이러한 의미의 정책이라 값할 문화적 접근이 없었다는 생각 때문이다.

필자는 지금까지 문화예술의 정책 부재와 그것들이 노정한 한계들을 지적하면서 그 대안으로 문화복지를 중심에 둔 문화관련 제정책이 수립되어야 함을 역설했다. 관광이든 경제든 제주사회의 각 부문들은 각자 따로 노는 영역이 아니다. 그것은 사회발전단계에 따라 시기적으로 일정한 편차들 속에 존재하며, 그 각각이 내적 외적 연관성 속에 그물망처럼 구조가 엮여 있는 것이다. 지금까지 지역개발과정에서 문화예술을 학예회나 작품발표회 수준으로 인식한다거나 몇몇 예술인들만의 따로 노는 영역 또는 있으면 좋고 없어도 괜찮은 정도의 것으로 치부되었다.

이제 지역개발 정책의 수립과 집행에 있어서 문화란 있으나마나한 부차적인 것이 아니라 그 사회의 삶의 질, 그 수준을 가늠하는 타코메타로서 인식해야 한다. 특히 '문화권(文化權)'은 이제 인간의 기본권으로 인식되고 있다. 그러한 문화권을 충족시킬 수 있는 문화복지정책을 문화예술발전정책의 중핵에 놓고 여타의 문화발전 전략을 수립해야 할 것이다. 제주도가 국제자유도시를 꿈꾸는 것은 정신적 물질적으로 풍요로운 도민의 생활을 위한 일일 것이다. 최근의 문화관광 등과 관련한 논의들을 보면서 본말이 전도된 느낌을 갖게 되는데, 그것은 도민의 문화생활은 뒤로 한 채 문화적인 것으로 장사만 해먹겠다는 속셈이 빤히 보이기 때문이다. 그렇게 시작한 문화 장사는 잔돈밖에 얻지 못하며 얼마 못 가 바닥을 친다. 문화로 장사를 하려면 밑빠진 독에 물을 부어야 하는데, 밑빠진 독에 부은 물이 땅으로 스미어 다시 싹을 틔우고 나무가 되어 열매 맺는 기간을 기다리지 못한다. 그렇게 하여 문화정책들은 정책이라기보다는 사업건수로 제출되고 그렇게 집행된 결과는 박물관 하나, 문예회관 하나 쯤의 덩치 큰 시설물 하나 만드는 데 집착하게 되는 것이다. 지난 10년이 그러했듯 앞으로의 10년도 문화적으로 별로 나아지진 않으리라. 하지만 10년은 짧지 않은 시간이다. 최소한 이번만큼은 긴 호흡의 정책을 제 값 주고 세우고 제대로 집행했으면 하는 바람이다.

제주도 지역개발정책과 주민운동의 전망

조성윤 (제주대학교 사회학과 교수)

1. 머리말

2002년 1월 23일 청와대에서는 국제자유도시 특별법 조인식이 있었다. 참석자 대부분이 제주도를 대표하는 사람들로 채워진 그 자리에서 김 대통령은 특별법에 서명한 후 "오늘은 획기적인 날"이라고 그 날 행사에 각별한 의미를 부여한 다음, 제주가 국제자유도시가 되면 모든 분야의 경제활동이 크게 일어날 것이므로 제주 국제자유도시를 성공적으로 추진하기 위해 중앙정부 차원에서 적극 지원하겠다고 밝혔다. 이 조인식은 제주도 국제자유도시 개발을 국가적으로 인정하는 공식 행사였던 셈인데, 당시 도내 각 신문에는 도내 여러 기관 단체들의 축하 메시지가 다투어 실렸다.

제주도 국제자유도시 개발계획은 지난 30여 년 동안 진행되어온 제주도 지역개발정책의 결산이자, 21세기의 문턱을 들어서는 제주의 대표적인 개발정책이 되었다. 지난 2년여 동안 제주도지사가 제안한 국제자유도시계획을 둘러싸고 많은 논란이 있었고, 지난해 후반기에는 대규모 반대운동이 전개되었고, 많은 사람들이 반대 농성에 참여하였다. 그렇지만 도당국이 적극적으로 밀어붙여 특별법이 국회를 통과하고 난 지금은 반대의 목소리도 잠잠하다. 물론 그대로 사라지지는 않을 것이다. 계기가 주어지면 다시 나올 것이다. 그렇지만 예전처럼 그리 쉽지는 않아 보인다. 왜냐하면 최근 제주도민들 사이에는 국제자유도시 개발을 찬성하는 사람들이 그만큼 많아졌기 때문이다. 물론 그들이 정말 국제자유도시 개발 계획의 내용을 충분히 이해하면서 찬성하는지, 아니면 단지 막연한 기대 때문에 찬성하는지는 이제부터 따져볼 문제이지만.

지난 십수년 동안 제주도는 전국에서 개발 반대운동이 가장 활발했던 지역 중 하나였다. 1988년 탑동개발 반대운동부터 시작하여 1990년대초 제주도 개발 특별법 제정 반대운동을 거치면서 이어진 주민들의 개발 반대운동은 한 때 도민들로부터 폭넓은 지지를 받으면서 확산되어 갔다. 특히 골프장 건설 반대운동, 쓰레기 매립장과 하수종말처리장 건설 반대운동 등 주민들의 반대움직임이 지역 사정에 따라 다양하게 전개된 바 있다. 개발을 반대하는 주민운동이 활발하게 전개되자, 행정당국과 사업자의 손에서 일사천리로 진행되던 개발사업은 주춤하게 되었고, 가끔 개발사업 자체를 포기할 수밖에 없는 상황도 발생하였다. 그러자 지역주민운동, 곧 주민들의 개발 반대 움직임을 지역 이기주의로 규정하여 비난하는 시각과 도민들의 정당한 자기 주장으로 보는 시각이 대립하였다. 한편 환경에 대한 관심이 높아지면서 환경 보전을 강조하는 목소리와 대규모 자본을 끌어 들여 개발 속도를 높이려는 정책의 대립이 치열했는데, 그 대표적인 사례가 한라산 케이블카 설치 문제를 둘러싼 논쟁이 아니었나 생각된다.

그러나 최근 들어 반대의 열기와 방향은 상당히 달라지고 있다. 지방자치가 실시되면서 중앙정부로부터 권력을 이양 받은 민선 지방자치단체장들이 자신들의 업적을 쌓기 위해서 수많은 사업들을 벌이기 시작했으며, 이 때문에 전국 지방자치단체간의 개발 경쟁이 가속화되고 있다. 또한 한국사회가 경제위기, 이른바 IMF체제를 겪으면서 대대적인 구조조정이 이루어졌는데, 그 과정에서 증폭된 주민들의 위기의식은 모처럼 확산되던 환경 보전과 개발 반대 열기를 크게 수그러들게 만들었다.

이 글에서는 지난 30년 동안 진행되었던 제주도 지역개발정책과 이에 반대한 주민들의 집단적인 움직임, 곧 주민운동을 통해서 지역개발정책의 문제점과 주민들의 의식을 살펴보고자 한다. 특히 이 글에서는 그동안 개발 과정을 이끌어 왔던 철학적 기반을 검토하고 도민 주체 개발과 환경 보전을 내세우며 진행되어 온 주민운동의 전망을 모색해 보도록 하겠다.

2. 지역 개발정책과 주민운동

정부가 1960년대부터 경제개발 계획을 수립·추진하였는데, 그 때부터 한국 사회의 자본주의 산업화는 빠르게 진행되었고, 엄청난 규모의 변화가 시작되었다. 한국사회에서의 지역 개발정책은 1960년대 이후 본격적으로 시작되었다. 국가 주도로 경제발전을 통한 근대화를 추구하면서 그 하위계획으로서의 지역 개발정책이 추진된 것이다.

한국사회 전체가 그렇기는 하지만, 특히 해방 이후 제주도의 역사는 그 이전 시기와는 확연히 구분된다. 본격적인 지역 개발이 추진되면서 제주도의 모습을 전과는 아주 다르게 바꾸어 놓았기 때문이다. 제주도의 경제 성장은 감귤산업을 중심으로 한 상업적 농업과 관광산업이라는 두 축을 중심으로 이루어졌다. 감귤산업이 제주도민들의 자발적인 노력에 의한 것이었다면, 관광산업은 국가 주도로 진행되었다.

중앙정부가 제주도를 대상으로 수립한 개발계획은 1960년대까지만 해도 지역특화산업으로 감귤농업과 축산업을 발전시키는 것이었고, 수산개발계획도 수립되었다. 하지만 1970년대부터 제주도 개발정책은 관광산업을 중심으로 바뀌었다. 이 때부터 제주도 개발정책은 국가 주도로 대전환을 경험하게 된다. 1973년 청와대 관광기획단이 제주도를 국제 수준의 관광지로 개발한다는 목표 아래 "관광 종합 개발 계획"을 작성하였고, 1975년 관광 개발을 위한 사업 계획이 나오면서 본격적으로 관광 개발이 진행되었다. 외국인 관광객의 적극적인 유치로 경제 발전에 기여하도록 외화 수입을 증대시키는 데 있었기 때문에, 개발 사업도 이에 맞추어 진행되었다. 중문 지역을 국제 위락 관광지로 지정하여 개발하기 시작하였고, 국제 공항의 확장, 신제주 건설로 이어졌다. 1차·2차 산업 개발을 위한 투자가 뒤로 밀려나고 모든 자원이 3차 산업 중심으로 재편되었으며, 공공 기반 시설 정비와 금융 지원에 힘입어 육지부의 대규모 자본이 관광 개발에 투자되었다.

1980년대로 들어서면서 관광개발 계획은 한 단계 발전하여 제주도를 태평양 지역의 자유 무역항 겸 금융 중심지이자 동시에 국제 관광지로 개발하려는 보다 확장된 야심적인 계획으로 변경되었다. 중문 단지와 함께 화순에 자유 무역항을 만들고, 첨단 과학 산업과 국제적인 대형 은행을 유치해 자유 지역을 조성한다는 것이었다. 그러나 이러한 계획안은 국제적인 상황의 불투명함, 국제 자유 지역으로서의 지역 조건에 대한 의문 제기, 막대한 자본 소요 때문에 경제기획원에 의해 일단 축소 조정되었다. 그 결과 자유항 계획은 연기되고, 제주도를 국민 관광지로 개발하는 "특정 지역 제주도 종합 개발 계획"으로 조정되었다.

　1970년대와 1980년대 중앙정부가 추진한 제주도 개발 정책의 방향은 아름다운 자연 환경을 바탕으로 중앙정부가 기반 시설에 투자하고, 국내 민간 자본을 끌어들여 국제 수준의 관광지로 만드는 것이었다. 중문관광단지와 신제주 건설은 이러한 정책을 상징하는 것이었다. 그 뒤 개발정책은 여러 차례 개발 계획이 변경되었는데, 새로운 계획이 세워지고 관련 법령이 제정되면 그에 따라 과거의 계획을 내던지고 새로운 것을 따라갔다. 이런 과정에서 공항·항만·도로시설 등 기반 시설 투자가 하나 둘 이루어지고, 호텔을 비롯한 각종 숙박·위락 시설이 갖추어지면서 제주도는 국내에서는 가장 유명한 관광지로 자리매김할 수 있었고, 신혼여행의 메카가 되었다.

　지역 개발이 상당한 수준까지 진행될 때까지 제주도에서는 주민운동이 거의 발생하지 않았다. 물론 초기 주민운동 가운데 1983년 안덕 감산리의 이른바 『코오롱 사건』과 1987년의 안덕 서광리의 수해 보상 요구 운동 등이 있었지만, 일정한 지역에 한정된 소규모 운동이었다. 중문관광단지를 조성할 때도, 각종 도로를 건설할 때도 기존 주민들이 살던 마을을 통째로 이주시키거나, 필요한 토지를 수용할 때도 별다른 저항이 없었다.

　그러나 1987년 이후부터는 여러 가지 주민운동이 봇물 터지듯 발생하였으며, 조직 규모나 저항의 양상이 달라졌다. 1988년부터 시작된 탑동 매립 반대운동, 1988년의 송악산 군사기지 설치 반대운동은 그동안 개발 정책을 수립하고 집행하는 과정을 독점해오던 행정당국과 개발 사업자들에 맞서 정면으로 자신들의 주장을 펴기 시작한 사건이었다.

탑동 개발을 둘러싼 반대운동이 다른 주민운동에 미친 영향은 대단히 컸다. 처음에는 삼도동 잠녀들을 중심으로 한 피해보상요구에서 시작되었지만, 곧 허가 과정의 비리를 공격하면서 중앙집권적 개발 독재에 대한 비판으로, 그리고 공유수면 매립이 가져올 환경 파괴를 반대하여 매립면허를 취소시키려는 움직임으로 발전하였다. 지역 주민들은 물론 학생 집단, 시민사회단체, 종교계 등 폭넓은 세력들이 참여하면서 전도적인 운동이 되었는데, 나중에는 국회의원들과 도지사까지 나서게 만들면서 약 4년 동안 진행되었다.

이 운동의 의의는 제주도가 관광을 중심으로 개발되기 시작한 이래 가장 처음으로 발생한 큰 규모의 주민 운동이었으며, 제주도를 관광 산업과 관련하여 개발하려는 기업가들이 무분별하게 환경을 파괴하거나 주민들의 입장을 무시하고 사업을 전개한다면 제주도민들의 강력한 저항에 부딪칠 것임을 보여주었다는 데 있다. 이에 못지 않게 중요한 점은 비록 적은 액수였지만 처음으로 보상금을 받아냈다는 점이다. 전에는 개발정책의 수립·집행 과정에서 제주도 주민들은 대부분 소외되었으며, 피해를 입더라도 그저 앉아서 당하기 일쑤였는데, 보상금을 받아냈다는 소식을 전해들은 이후부터는 자신들의 주장을 요구하면 개발사업을 철회시킬 수도 있고, 보상금을 받아내는 것도 가능하다는 희망을 도민들에게 불어넣는 계기가 되었다.

탑동 매립 반대운동 과정에서 잠녀들이 요구 사항을 부분적으로나마 관철시키고 보상금을 받아내자, 이에 힘입어 예전 같으면 그대로 묻혀버렸을 각 지역 주민들의 요구가 쏟아져 나오기 시작하였다. 1988년 5월과 6월에 걸쳐 발생한 제주시 도두동 잠녀들의 분뇨처리장 철거 및 어장 피해 보상 요구와 북제주군에서 발생한 1988년 6월의 구좌읍 송당리 주민들의 위생 종말 처리장 건설 반대 운동, 1989년 5월 선흘리 위생 종말 처리장 건설 반대운동이 있었다. 대체로 건설 예정 부지에서의 농성과 시청 또는 군청에서의 항의 농성 방식이 주류를 이루었지만, 선흘리의 경우 함덕-조천간 일주도로에서 경운기를 앞세우고 시위하는 적극적인 형태도 나타났다.

한편 한림항 어장 피해 보상 요구 운동, 한동리 넙치양식장 개발계획 반대운동, 화순 마을 공동목장 반환 요구운동 등 지역 주민이 중심이 된 운동이 발생하였으며, 북제주군 조천·신촌 지역에서는 탑동과 같은 형태의 매립 사업이 제주 해양개발 주식회사와 광주고속에 의해『대섬 유원지 개발 계획』이라는 이름으로 추진되자, 조천리와 신촌리가 각각 개발위원회를 중심으로 대책위원회를 구성하였다. 그러나 대책위원회가 활발한 활동을 전개하지 못하자, 신촌동 주민들 중심으로 다시「조천 유원지 개발 저지 추진 대책 위원회」가 결성되어 진정서 제출, 서명운동 등을 벌였다. 이처럼 주민들이 스스로 주민 조직을 결성하여 주민 동의 단계부터 조직적인 거부운동을 전개하자 결국 이 계획은 백지화되고 말았다.

1990년에 마련된 제주도 종합개발 특별법은 제주 지역을 좀더 확대된 관광지로 개발하기 위한 변화를 적극 유도하는 것이었지만, 개발전략은 크게 바뀌었다. 1987년 민주항쟁 이후 과거와 같은 강압 통치를 하기 어렵게 되었고, 지역 주민들의 반대운동의 열기가 뜨겁게 달아오르고 있었기 때문에, 제주도 개발도 지방정부를 앞세우고 중앙정부는 뒤로 물러났다. 말하자면 국가가 주도하던 개발을 도지사 책임 하에 진행되도록 바꾸는 것이었다. 중앙정부는 특별법 제정은 개발을 보다 '효율적'으로 하려는 것이라고 설명하였지만, 실제로는 개발을 더욱 '손쉽게' 하려는 것이었다.

특별법의 제정과정은 결코 순탄하지 않았다. 최초 시안이 1990년 8월에 공개되고 공청회를 거치면서 격렬한 찬반논쟁이 있었고, 범도민적인 반대열기에 부딪치게 되었다. 1991년 들어서 「제주도 개발 특별법」을 반대하는 운동이 일어났는데, 전의 다른 운동보다 훨씬 더 폭넓게, 그리고 조직적으로 진행되었다. 사태가 심각하게 발전하자, 법 제정을 추진한 국회의원들과 제주도 당국은 재빨리 여론을 통해 지적된 문제점을 수정 보완하는 조치를 취했다. 그러나 그 정도로 반대 열기가 가라앉지 않았으며, 반대 움직임은 특히 특별법 반대를 외치며 서귀포에서 양용찬씨가 분신자살하는 사건이 발생하면서 더욱 확산되었다. 도 당국이 제주도민의 생활 또는 복지를 향상시키는 것이 목적이라고 설명했음에도 불구하고 도민들 사이에서는 이 법을 제안한 주체·동기·목적·과정 및 그 내용, 그리고 과거 정부관행에 대한 불신이 컸으며, 때문에 1년 반 가량 지속적으로 반대운동을 전개하였다. 그러나 제주도민들의 반대에도 불구하고 제주도 개발 특별법은 국회에서 날치기로 통과되고 말았다.

특별법 반대운동 이후 주민운동은 오히려 더 활발해졌다. 전도적인 운동은 많지 않지만, 각 마을의 구체적인 사안을 중심으로 다양한 운동이 발생하였다. 하수 종말 처리장 및 쓰레기 매립장 설치 반대운동, 골프장 반대운동 등이 발생하였는데, 처음에 지방정부는 반대운동을 막기 위해 종래의 방식대로 주민들을 회유하거나 억압하는 방식을 사용했다. 한편으로는 주민들의 주장과 반대운동을 지역 이기주의 또는 NIMBY(Not In My Backyard)라고 몰아 붙였다. 그러나 그런 과거의 방식이 통하지 않자, 점차 적극적인 사전예방책을 가동하여 주민들과 의견을 교환하는 방향으로 방식을 바꾸어 주민 동의를 얻어내는 데 성공하는 경우도 생겨났다. 그러나 대부분의 자치단체는 주민들과 대화하면서 주민을 주체로 하는 개발을 추진하기보다는, 주민을 배제한 채 외부 자본을 끌어 들여 대규모 관광단지를 개발하는 방식을 선호하고 있으며, 여전히 과거 방식 그대로 개발을 추진하고 있다.

주목할 점은 1990년대 들어와 지방자치제가 실시되고, 자치단체장을 주민들이 투표로 뽑게 되면서 지역개발은 더 가속도가 붙고 있다는 점이다. 지역개발을 오히려 부추기는 역할을 하고 있는 것이다. 지방선거를 치를 때 보면 도지사·시장·군수 후보들은 가시적 성과를 올리기 위해 다양한 지역개발사업을 공약으로 제시한다. 물론 환경 보호를 정책으로 내거는 경우도 있지만, 이는 지역개발 공약에 비하면 장식품에 지나지 않을 정도로 비중이 낮다. 그 결과 국가가 주도하는 지역 개발은 줄어들었지만, 지방자치단체의 재정을 확충하고 실적을 쌓으려는 지방자치단체가 새로 계획하고 실시하는 사업들이 무더기로 제시되고 있는데, 대부분은 장기적인 비전을 결여한 채 인기획득에 치중하는 경향이 강하다.

그 대표적인 보기로 북군의 묘산봉 지구 개발 계획과 남군의 송악산 지구 개발 계획를 꼽을 수 있다. 둘 다 비슷한 수준의 문제를 안고 있었는데, 1996년부터 시작된 묘산봉 지구 개발 계획을 간략히 보겠다. 이 계획은 도와 군당국이 지역 개발을 추진한 것으로 라인건설이 인구 3만명을 유지하는 체류하는 도시형 휴양지로 개발하겠다고 나섰다. 서김녕리 주민들이 구체적인 주민참여 방안과 생존권 보장 대책을 행정당국과 사업자에게 요구하였지만, 이에 대한 대답은 하지 않은 채, 북제주군이 군유지를 사업자인 라인건설에 매각하려 하였다. 그러자 주민들은 "묘산봉지구 매각은 6백년 동안 이어진 생활터전을 빼앗고 자연환경을 파괴하는 결과를 가져온다"며 주민 동의 없이 이루어지는 일방적 매각 추진에 대해 반대했다. 주민들의 요구를 북제주군이 거부하자, 서김녕리 주민들은 행정당국에 대한 항의 표시로 리사무실 폐쇄와 이장·반장 총사퇴를 결의하면서 대립이 심화되었다. 주민들은 의회에 호소하려 했으나 의회 의원들은 행정당국 편이었다. 군의회는 주민들이 군유지 매각안을 반대하면서 단상을 점거하는 시위를 벌였지만 무시하고 매각을 결정하고 말았다. 그 뒤 의원들은 거칠게 항의하는 흥분한 주민들을 피해 빠져나갔고, 주민들은 경찰과 대치하다 해산하고 말았다.

의회의 지지를 바탕으로 주민을 배제한 채 북제주군은 라인건설에게 묘산봉 관광지구 군유지를 매각하는 계약을 맺었다. 군당국으로서는 대규모 개발계획이 처음으로 가시화되는 것이었기 때문에 큰 기대를 걸고 있었고, 그 때문에 지역주민들의 격렬한 반대도 무릅쓰면서 추진했던 것이다. 그러나 12월부터 시작된 이른바 IMF 경제 위기는 사태를 역전시키고 말았다. 자금 사정이 어려워진 라인건설은 군유지 매입 대금 완납일을 여러 차례 연기하다가 결국 부도를 내고 말았다. 그 뒤 외자를 유치해서 사업을 계속하는 방안을 제시했었지만, 그 역시 실현되지 못했다. 결국 기다리다 지친 북제주군은 1년 만에 매매 계약을 해지하고, 1999년 3월 사업예정자 지정도 포기할 수밖에 없었다.

지방자치선거에서 당선된 단체장들은 관광개발을 추진하면서 주민들의 의사를 수렴하는 긴 과정을 거치기보다는 주민들을 배제한 채 사업자들에게 사업허가를 내주어 빠른 시일 내에 가시적 성과를 올리려 하였다. 주민들은 반대 이유로 자연환경 파괴문제를 내걸었지만, 그보다 더 중요한 것은 자신들에게 미칠 영향이었다. 만약 군당국과 사업자가 주민들과 대화하면서 그들에게 일정한 보상을 약속했다면 아마도 찬성했을런지도 모른다. 때문에 구체적인 주민참여 방안과 생존권 보장 대책을 요구했던 것인데, 이것이 무시되면서 반대운동을 전개하게 된 것이다.

한편 1990년대부터 전국적으로 시민단체들이 결성되고 시민운동이 활성화되는 가운데 제주도에서도 몇몇 주요 시민단체가 생겨났다. 이들은 이전의 독재정권에 맞서 민주화운동을 주도하던 재야운동단체와는 달리 전국적인 이슈보다는 지역 개발 정책에 대한 집중적인 관심을 보였다. 그 중에는 제주경실련(경제정의실천연합), 제주환경운동연합처럼 전국적인 연대 조직의 지부로 있는 경우도 있지만, 참여자치와 환경보전을 위한 제주 범도민회(1년 전부터 제주참여환경연대로 명칭을 변경)처럼 제주도에서 독자적으로 만들어진 단체도 있다.

시민단체들은 제주도 당국이 추진하는 각종 개발정책을 검토하고 시민의 입장에서 의견을 제시하며, 문제가 많은 정책이라고 판단될 경우에는 반대운동을 적극 주도하거나, 참여하면서 성장하였다. 묘산봉 관광지구 개발 반대운동에 참여했던 경실련처럼 지역주민들의 반대운동을 지원하면서 협력하기도 하지만, 송악산 개발 반대운동처럼 주민들과 오히려 대립하면서 환경보전운동을 전개하기도 한다.

3. 지역주민운동의 논리와 근대화 철학

제주도 주민운동 가운데 가장 폭발적이었던 것은 1990년대초 특별법 제정 반대운동이었다. 당시 운동을 주도했던 사람들이 제시했던 주장은 주민 주체 개발과 환경보전, 두 가지였다. 첫번째 주민 주체 개발 주장은 과연 누구를 위한 개발이냐 하는 물음이었다. 제주도 개발이 진행되어 하와이보다 더 멋진 관광지가 되더라도 주민들이 소외된다면 그것은 자본가들을 위한 개발에 그칠 것이라고 보았다. 말하자면 사회적 불평등에 대한 도전, 즉 관광산업으로 발생한 이익의 많은 부분이 도외로 빠져나가 개발의 열매가 평등하게 분배되지 않고, 지역주민이 개발로부터 소외된 데 대한 반발로 나온 것이었다. 또 하나 환경 보전 주장은 개발 과정에서 환경이 파괴되는 부작용이 심해지고 있었는데, 만약 제주도의 자연 환경이 더 이상 파괴된다면 도민들의 삶을 위협하게 될 뿐만 아니라 아름다운 자연 자원을 바탕으로 한 관광지로서의 매력도 사라지게 될 것이라는 경고와 함께 인간과 사회, 인간과 자연의 조화를 동시에 바탕에 깔고 지역개발을 추진해야 한다는 주장이었다. 이 두 가지 주장은 기존 개발 철학에 대한 강력한 도전이었다. 먼저 개발 주체의 문제부터 살펴보자.

  1960년대 이후 한국인들의 마음을 사로잡았던 것은 근대화를 통한 경제발전이었다. 박정희정권은 선진국처럼 풍요로운 국가를 만들어 지긋지긋한 가난으로부터 벗어나려면 경제개발을 서둘러야 한다고 보았다. 경제개발을 위해서는 국가가 주도적으로 경제개발 계획을 수립하고 밀고 나가야하며, 자본을 집중시키고 외국과의 무역을 통해 부를 축적해야 한다는 것이었다. 구체적인 실천 방안으로 제시되었던 「경제개발5개년 계획」과 새마을 운동은 한마디로 '잘 살아 보자'는 것이었다. 박정희정권은 경제개발을 재벌을 앞세워 추진하였는데, 그 과정에서 노동자의 인권, 농민의 소외 등 부의 분배 불평등 문제를 제기하는 세력들을 억압하였다. 가난에서 벗어나려면 우선 부의 총량을 늘려야 하며, 부의 분배는 나중에 해도 늦지 않다. 일단은 노동자들의 희생과 농촌의 소외는 어쩔 수 없으며, 불만 세력을 억압하려면 독재정치가 가장 효율적이라는 것이었다. 이른바 개발 독재였다. 부의 분배를 요구하던 노동운동, 농민운동, 그리고 독재 정권 타도를 외치던 학생운동은 강력히 억압당하였고, 중앙정보부와 경찰이 그 역할을 담당하였다. 국가 행정관청과 군대의 모든 공문서 맨 윗 부분에는 언제나 '증산 · 수출 · 건설'이라는 캐치프레이즈가 적혀 있어야 했다. 대한민국 국민이라면 누구나 근대화를 통한 경제발전에 이의를 달아서는 안 되는 분위기였다. 개발은 언제나 한국 정부가 추구하는 경제정책의 핵심이었고, 비록 독재에 반대하는 사람들에게까지도 한국 사회 구성원들의 절대적인 명제가 되었다.

제주도의 개발정책은 한국사회의 경제발전 계획의 일환으로 전개된 것이었다. 제주도를 처음 개발하기 시작할 때만 해도 개발 이익을 누가 차지하는가를 둘러싼 논쟁은 생각할 필요가 없었다. 소외되었던 지역인 제주도 땅에 박정희 대통령이 관심을 갖고 찾아오는 것만도 고맙고, 어승생 댐을 만들라고 지시하고, 도로를 놓아주는 것만으로도 감격에 겨웠다. 게다가 관광개발정책은 청와대가 모든 개발계획을 기획하고 직접 투자하고 있었으며, 정치적으로 권위주의 정권은 주민들의 목소리를 억압하고 있었기 때문이다. 국가가 제주 관광개발을 추진한 가장 큰 이유는 제주를 국제수준의 관광지로 만들면 외화 획득에 큰 몫을 할 것이라는 기대 때문이었고, 당시 국가 주도의 개발정책에 국내 대자본이 민간 투자하는 것이 당연시되었다.

지역 개발은 그 지역을 특정 목적에 맞게 계획을 세우고 도로, 상하수도, 통신 등의 각종 기반 시설을 정비하는 데서 시작된다. 따라서 땅값이 오르고 건물이 들어서면서 지역 내 활동이 활발해진다는 점에서 새로운 고용창출의 기회가 생기리라 기대할 수도 있다. 하지만 개발 사업에 해당 지역 주민들의 의견이 반영되고, 개발 이익이 주민들에게 상당 부분 돌아가 주민들의 삶이 풍요로워지지 않는다면, 개발된 땅에 외지 자본이 들어와 장사를 하는 것을 그저 지켜보아야 하는 입장이라면, 아름다운 자연 경관이 깨져 나가는 것을 감수하면서 지켜보았던 개발사업은 지역 주민들이 이전에는 느낄 수 없었던 상대적 박탈감을 더 크게 느끼도록 만들어 줄

뿐이다.

　이제 와서 돌이켜보면 제주도민들이 경제발전 과정에서 소득 수준이 높아지고 전보다 풍요로운 생활을 구가하게 된 것은 사실이다. 편리한 교통·공항 시설 확충과 비행기 편수의 증가로 주로 배를 이용하던 주민들의 육지 나들이가 매우 편리해졌다. 관광을 위한 인프라 구축 과정에서 도로도 다른 지역보다도 더 빠르게 깔아 나갔다. 주요 개발계획이 발표될 때마다 외지인의 토지 투기가 성행하였는데, 재빠른 자들은 개발계획을 미리 빼내서 이를 토대로 투자하기도 했다. 서귀포 도시 기본계획 설계용역을 맡았던 대지공사 사장 이정식의 토지 투기 사건은 그 대표 사례로 유명하다. 관광 개발 과정에서 제주도민들의 토지가 외지인의 소유로 넘어가면서, 토지로부터 밀려나는 사람들이 속출했지만, 한편 일부 제주도민들은 땅을 팔아 손에 쥔 돈으로 집을 사고 자가용을 굴리면서 편안한 생활을 누리는 경우도 생겨나게 되었다. 국내 관광이 활성화되어 제주도는 전국에서 가장 유명한 관광지가 되었고, 신혼부부들의 메카로 군림하게 되었다. 그러자 주된 이익은 외부 자본가들 몫이었지만, 계속된 개발 과정에서 건설업과 관광산업을 통해서 부를 축적한 지역 중소자본가 집단도 생겨났다. 이러한 상황 속에서 관광개발을 통한 이익 분배 구조를 보게 되면, 제주도민들은 손해보는 측과 이익 보는 측이 분명하게 갈라졌다. 많은 주민들은 사실상 관광 수익과는 무관하게 생활하였다.

　제주도 당국의 개발 정책은 철저하게 관광산업 중심으로 진행되었다. 반면 농업은 거의 포기 상태에 이르렀는데, 농민이 줄어들고 농촌 경제가 약해지는 속에서도 관광분야에서 창출된 일자리가 도민들에게는 고용 기회를 주었고, 따라서 점차 제주도민의 소득 수준은 향상되었다. 전반적인 경제 수준은 높아졌지만, 토지소유자와 계속된 개발 과정에서 건설업과 관광산업을 통해서 부를 축적한 사람들과 개발 과정에서 소외된 주민들 간의 경제적 격차는 점점 벌어졌고, 불만이 점차 높아졌다. 그런 점에서 본다면 과연 관광 중심의 개발 정책 때문에 주민들의 삶이 풍요로워진 것인지는 좀더 따져볼 문제일 것이다. 오히려 또 하나의 중심축인 감귤 산업을 중심으로 한 상업적 농업이 오랫동안 제주도민들의 삶의 기반으로 기둥 역할을 해 왔으며, 최근 들어 이 기둥이 흔들리면서 심각해진 농업 위기가 주민들의 위기의식을 부추긴 더 중요한 요인이 아닐까 생각하게 된다.

둘째로 환경 보전의 문제는 누가 개발의 주체가 되고 동시에 수혜자가 될 것인가 하는 문제가 아니라, 개발의 속도를 늦추고 개발을 제한하자는 것이라고 할 수 있다. 개발 정책을 수립 집행하던 초기에는 제주도는 물론이고 한국 사회 전체가 환경을 보존해야 한다는 분명한 철학이 없었다. 이는 1980년대 이후부터 생기기 시작해서 1990년대에 와서야 분명해졌다. 그 동안 개발을 추진한 사람들을 지배한 철학은 근대화 논리였다. 국가의 정책적 지원을 받으며 자본가들의 호텔·골프장 등 관광 시설들이 들어서는 과정에서 상당한 정도로 제주도 자연환경이 파괴되었지만, 이는 개발을 위해 어쩔 수 없는 것이었고, 그만큼 잘 살 수 있게 되지 않았냐고 하는 주장이 당연시되어 왔다.

특별법 반대운동 과정에서 제기되었던 두번째 주장은 환경문제에 관한 것이었다. 개발이 진행되면서 제주도의 자연 자원 가운데 많은 부분이 파괴되었고, 지금도 파괴가 계속되고 있다. 물론 도로를 내고, 호텔을 짓고 위락시설을 만들기 위한 어쩔 수 없는 개발이었다 하더라도, 만약 제주도의 자연 환경이 더 이상 파괴된다면 도민들의 삶을 위협하게 될 뿐만 아니라 관광지로서의 매력도 사라지게 될 것이라는 주장이었다. 이러한 주장은 제주도 지역 개발정책을 뒷받침하는 근대화 철학이 지닌 맹점을 지적하는 것이기도 하였다.

　농업시대에는 인간이 자연을 두려워하였고, 부분적으로 자연을 이용해 먹고 살 것을 마련하면서도 자연과 상호 협조적 관계를 유지하려 애썼다. 필요한 만큼 사냥하고 채집하였지만, 그 이상의 능력을 갖고 있지도 않았다. 반면 근대화 철학은 자연을 인간의 행복을 위해 정복해야 할 대상으로 본다. 신을 높은 자리에서 끌어내리고 이성의 시대를 연 인간은 자연과학의 발달로 갖게 된 기술이라는 무기를 이용해 자연을 변형시키고 다양한 상품을 생산할 수 있게 되었는데, 산업혁명으로 인간이 필요로 하는 도구들을 속속 만들어 냈고, 공장제 대량생산은 인간의 소비수준을 크게 높여 놓았으며, 경제적 풍요를 누리게 되었다.

　뒤늦게 근대화의 대열에 뛰어든 한국은 서구를 모델로 경제성장을 통한 근대화를 추구하게 되었는데, 특히 초기 산업화 단계에서는 도로를 놓고 공업단지를 조성하느라 환경문제까지 고려할 여유가 없었다. 경제성장만이 긴박한 문제였으며, 경제성장이 정권의 가장 중요한 치적으로 간주되었다.

　그러나 급속한 인구증가와 도시화, 그리고 산업화를 추진하는 과정에서 발생한 각종 환경 파괴와 대기 및 수질 오염의 증가를 우려하는 목소리는 전세계적으로 커지고 있었다. 1992년 브라질 리우에서 열린 유엔환경발전회의는 환경문제가 전지구적 문제이며, 위기에 대응하기 위해서 지속가능한 발전 이념을 채택하였다. 물론 국가간 이해관계가 서로 날카롭게 대립하고 뚜렷한 합의를 이끌어내지는 못했지만, 환경 문제에 대한 새로운 인식을 전세계적으로 확산시키는 데는 커다란 역할을 하였다. 한국사회에서도 환경의식이 점차 높아지고 있었는데, 바로 그 시기에 제주도에서 특별법 반대운동이 뜨겁게 달아올랐던 것이다.

　이러한 근대화 개발철학에 대한 도전은 그 이후 도민들의 의식에 큰 영향을 미쳤다. 이후 발생한 골프장건설 반대운동을 비롯한 대부분의 주민운동에서 환경 파괴를 막아야 한다는 주장을 흔히 볼 수 있게 되었고, 매스컴은 이러한 주민들의 주장을 크게 부각시켰다. IMF 경제위기가 닥치기 이전의 제주지역 언론을 보면 새로 등장한 환경 보호 주장을 따라가는 논조가 주류를 이루었다. 도민들을 대상으로 한 의식 조사에서도 제주도 개발정책은 환경보전을 가장 먼저 고려해야 한다는 의견이 자연스럽게 나오게 되었다. 이런 가운데 근대화 철학은 환경을 중요시하는 주장의 도전을 받으면서 점차 약해져 이제는 제주 관광의 미래에 대한 대안도 언제나 자연 환경을 보전하는 것을 전제할 정도로 철학이 바뀌고 있는 것처럼 보인다.

　그러나 이는 어디까지나 겉모습일 뿐이다. 국가와 지방정부, 자본가는 물론 지역 주민들의 속마음에는 아직도 근대화 개발 철학이 건재하다. 주민들의 자기 권리 찾기 운동이 전개될 때도 겉으로는 환경 보전을 내세우면서도 내면적으로는 자신들이 개발에서 소외되고, 경제적으로 불이익을 받아왔다는 불만이 더 크게 작용했었다. '다른 지역 땅값은 크게 뛰고, 투기꾼이 몰리는데, 왜 우리 동네는 땅값이 그대로 있느냐'라는 불만이 '우리 동네도 개발예정지로 지정해달라'는 요구로 이어졌다. 때문에 중문단지 만이 아니라 제주도 곳곳이 관광개발 지구로 지정되는 결과를 빚었다. 그런 점에서 근대화 개발 철학은 국가와 지방 정부만의 생각이 아닌 지역 주민들의 생각이기도 한 것이다. 최근 송악산 관광개발을 둘러싼 논란 역시 이런 맥락에서 살펴볼 수 있다. 환경을 보전하자는 생각과 우리 동네도 땅값이 올라야 하고 경제적으로 풍요로워야 한다는 생각이 갈등을 빚고 있는 것이다.

1988년에 있었던 송악산 군사기지 설치 반대운동을 돌이켜 생각해 보자. 모슬포의 송악산 지역은 다른 지역보다 늦게 1980년대 종합개발계획에 의해 비로소 관광지구로 지정되었다. 모슬포는 송악산을 비롯한 수려한 자연환경을 지닌 지역이었지만, 그전까지만 해도 관광개발이 전혀 이루어지지 않은 정체된 지역이었다. 지정학적 입지조건 때문에 군사 요충지로 주목받았고, 실제로 국방부에서 상당한 땅을 묶어 두고 있는 지역이었다. 때문에 관광개발 예정지로 지정된 다른 지역의 땅값이 크게 상승하고, 그 지역 주민들이 땅을 팔아 이익을 얻는 소식을 들을 때마다, 이 지역 주민들은 다른 지역에 비해 상대적 박탈감을 강하게 느꼈다.

그러다가 발표된 개발계획이었으니 주민들에게 관광수입은 물론, 땅값이 오를 것이라는 기대감은 컸다. 또한 남제주군이 이 지역을 위한 종합개발계획을 내놓아 주민들의 기대감을 더욱 부풀렸다. 게다가 1987년 노태우 대통령후보는 서귀포지역 선거 연설회에서 군사시설보호구역으로 묶여 있는 상당 부분의 토지를 주민들에게 나누어주겠다는 공약을 발표하였다. 대선 공약은 주민들에게 무엇보다 반가운 소식이었다. 또한 수입 농산물과 농정정책의 실패로 소득수준이 점점 떨어지는 것을 피부로 느끼던 주민들은 관광개발로 지역 경제가 살아나고 자신들의 소득이 증가할 것이며, 땅값이 오르고 임대 경작하던 토지도 불하받을 수 있게 된다고 믿게 되었다.

대정 주민들이 원한 것은 다름 아닌 생존권으로 표현되는 경제적 향상이었다. 그러나 반년도 지나지 않아 주민들은 정부가 약속했던 토지 불하도, 개발계획의 실천도 아닌 새로운 군사시설이 들어선다는 사실을 듣게 되었다. 지역 주민들이 느낀 배신감은 다른 어느 지역보다도 컸을 것이다. 군사기지 설치 반대 대책위원회를 구성하고 적극적으로 시위에 나선 것에는 이러한 배경이 있었다. 당시 지역주민대책위원회의 요구사항과 결의사항을 검토해 보면, 관광개발에서 소외되고 있던 주민들에게 기대감을 갖게 했던 송악산지구 관광개발계획이 하루아침에 취소된 데서 오는 분노와 배신감, 나아가 자신들이 고향으로부터 쫓겨날지도 모른다는 두려움이 겹쳐 있음을 알 수 있다.

당시 국방부가 군사기지 설치계획을 백지화함으로써 주민들의 운동은 가라앉았다. 하지만 주민들이 바라는 관광개발은 그 뒤에도 계속 이루어지지 않고 지지부진하다가 1999년부터 남제주리조트개발(주)이 외자를 유치하여 송악산과 주변에 호텔·리조트 단지·놀이공원·상가 등을 조성, 장기체류형 종합휴양지로 개발하겠다는 계획을 제시하면서 구체화되었다. 그런데 개발업자가 제시한 개발계획안이 송악산 환경을 파괴할 가능성이 많다는 전문가들과 시민환경단체의 비판이 나오면서 문제는 복잡해졌다.

송악산 개발안의 문제점을 지적하는 일간지 보도가 나간 직후 대정읍 기관·단체장들이 긴급회의를 열어 대책을 논의하고 서명운동에 돌입한 것은 이들이 얼마나 송악산 개발에 큰 기대를 걸고 있는지 시사해준다. 이들은 당시 "어렵사리 외자를 유치해 추진하는데 웬 말이냐"며 강하게 반발했다. 그러나 환경단체와 지질관련 학자들은 송악산이 세계적으로 보기 드문 화산체로 학술적으로 가치가 높을 뿐만 아니라 일본군 진지동굴·주변 비행장과 더불어 4·3 유적이 분포돼 있어 인문·문화적으로 보전할 가치가 높다며 이곳에 대한 개발을 반대했다. 결국 송악산 개발논쟁은 이후 각종 행정절차·법적 문제점까지 들춰내는 홍역을 치르면서 법정소송으로까지 비화되었다. 환경단체가 법정 소송을 주도하면서 주민들을 설득하려 했지만 관광 개발에 거는 지역 주민들의 기대는 거의 절대적이었으므로, 현지 주민들의 비난을 감수하면서 소송을 진행할 수밖에 없었다.

　1990년대로 들어서면서 불어닥친 골프장 건설 사업 열풍에 대한 주민들의 반대 움직임을 통해서 이 문제를 좀더 생각해 보자. 골프장 건설 사업은 자본가들에게 매력적인 사업 중 하나였다. 1990년대 이전에 제주도의 골프장은 3개 밖에 없었지만, 지금은 8개가 되었고, 10개 이상이 건설 중에 있다. 앞으로도 더 많은 골프장이 들어설 것으로 예상된다. 1990년대초부터 제주도 당국은 골프장 건설을 세금 수입이 크게 늘어난다는 점과 허가를 내줄 때 상당한 액수의 기부금을 받아낼 수 있다는 점 때문에 매력적인 사업으로 여겼다.

　그러나 골프장 예정 지역마다 예외 없이 반대 운동이 일어났으며, 농촌 주민들과 심각한 갈등을 빚은 바 있다. 골프장 건설 반대 운동 과정에서 가장 자주 등장한 구호와 반대 이유는 골프장 건설이 자연 환경을 파괴하므로 건설을 중지시켜야 한다는 것이었다. 골프장 건설 과정에서 산림이 파괴되고 먼지와 소음 공해가 발생할 뿐만 아니라 골프장에서 사용하는 농약이 수질을 오염시킬 것이며, 골프장을 이용하는 과정에서 대량의 지하수를 뽑아 쓰기 때문에 수자원 고갈 현상을 불러일으킬 것이라는 주장이었다. 1990년에 있었던 금악리 주민들의 반대운동은 물론, 그 뒤 북촌리를 비롯한 여러 지역에서도 이러한 주장은 한결 같았다. 이와 함께 "골프장이 들어서면 주변 땅값이 떨어지고, 주민과의 위화감 조성이 우려된다." 든가, "지역 개발은 골프장 건설이 아니라 주민의 의사와 부합하고 지역 주민에게 실질적인 이득이 올 수 있는 방향으로 추진되어야 한다." 라고 하여 관광개발을 전면 부인하는 것은 아니지만, 환경 이슈를 맨 앞에 내세우면서, 지역 개발과정에서 주민들의 이익을 함께 고려할 것을 동시에 요구하였다.

그러나 반대운동이 진행되는 과정을 검토해 보면, 끝까지 환경 이슈를 관철시키려는 경우도 있었지만, 대부분 뒤로 갈수록 주민들의 환경 관련 요구는 줄어들고, 대신 주민들에게 일정한 보상을 한다면 합의를 해주는 형태로 바뀌어 갔다. 왜 그렇게 되었을까? 주민들이 환경 관련 지식을 얻는 것은 주로 신문·방송을 통해서였다. 하지만 언론 보도를 통해 얻은 지식에 의존한 주민들의 대응은 생각만큼 큰 힘을 발휘하기 어려웠다. 왜냐하면 주민들은 반대운동 이전까지는 생태계 균형과 환경 파괴에 별로 관심이 없었다. 반대운동이 시작되면서 비로소 관심을 갖기 시작했고, 신문·잡지의 주장을 그대로 가져와 자신들의 논리를 보강하는 데 사용한 정도에서 크게 벗어나지 못했다. 말하자면 환경 관련 주장은 골프장 건설 반대 운동의 논리를 다듬기 위해 외부로부터 받아들인 것이었을 뿐 주민들 스스로의 자각에 의한 주장으로 성숙되지는 못했던 것이다. 뿐만 아니라 행정당국자들과 사업자들의 논리와 주장이 만만치 않았다. 그들은 골프장 건설이 환경 오염을 유발할 가능성이 있음을 인정하지만, 충분히 예방할 수 있다는 입장을 갖고 있었다. 게다가 그들은 환경영향평가를 거쳐 환경처 장관으로부터 승인을 얻어냈다는 점에서 법적으로 유리한 입장에 서 있었고, 전문가들을 동원하여 자신들의 입장을 정당화할 수 있는 능력이 있었다. 때문에 주민들은 운동 초기에는 환경 관련 주장을 강하게 내세우다가도 점차 초점을 이동하지 않을 수 없었으며, 동시에 환경 관련 이슈보다는 지역 개발에서 소외된 존재로서의 자신들의 입지를 밝히고 보상금을 얻어내려는 이슈를 내세울 때 오히려 더 큰 호응을 얻을 수 있었다. 때문에 반대운동이 주로 피해 보상을 요구하는 방향으로 진행되었고,

일단 피해 보상이 이루어지면 운동이 소멸되는 양상을 보였다.

4. 맺는 말

지난 30여 년 동안 한국사회의 경제발전은 국가주도로 진행되었는데, 그런 속에서 제주도는 다른 지역의 공업화 전략과의 분업 체제를 형성하여 관광 개발을 추진하였고, 나름대로 성과를 거두었다. 지방자치 시대로 접어들면서 전국 지방자치단체들의 경쟁 구도가 전개되자 개발의 속도는 점점 빨라졌고, 최근에 다시 국제자유도시계획이 제시되면서 이제 그 절정에 올라선 느낌이다.

제주도 당국이 국제자유도시를 추진하는 이유는 두 가지라고 생각된다. 하나는 잘 나가던 제주도 관광산업이 침체에 빠져들고 있으니 빠른 시일 내에 획기적인 발전 방안을 내놓아야 한다는 강박관념 때문이고, 또 하나는 중앙정부가 제주도를 다른 지역과는 달리 특별 취급을 해주어 대규모 투자를 하도록 만들려는 것이라고 생각한다. 이런 도당국의 생각은 물론 도민들에게까지 널리 퍼져 있는 개발 열망과 땅값 상승에 대한 기대감을 바탕에 깔고 있는 것이며, 근대화 철학에서 벗어나지 않은 것이다.

하지만 결코 쉽지 않을 것이다. 국가의 특별 대우에 기대는 전략은 중앙집권 국가 시절에나 가능했던 이야기이다. 문제는 이제는 국가가 마음대로 계획을 수립 집행할 수 있는 자율 영역이 크게 줄어들었으며, 앞으로 점점 더 줄어들고 있다는 데 있다. 지방자치시대이고 민주화가 상당히 진전되었기 때문에 제주도에만 투자를 집중하는 정책을 세우기는 어렵게 되었다. 강원도가 제주도를 경쟁 상대로 삼고 있는 것에서 잘 드러나는 일이다.

  그런데도 많은 제주도민들이 국제자유도시 개발계획을 막연히 지지하는 가장 큰 이유는, 경기가 회복되고 IMF체제를 벗어났음에도 불구하고 주민들의 위기의식은 계속 이어지고 있기 때문이다. 이 위기의 시점에서 혹시 국가가 막대한 투자를 제주도에 해준다면 고용이 창출되고 지금보다 더 잘 살 수 있게 되지 않을까 하는 막연한 기대도 있다. 사실 위기의 가장 중요한 축은 관광이 아니라 감귤을 중심으로 한 농업이다. 오랫동안 호황을 누리던 감귤농업이 벽에 부딪친 지금, 이에 관해서는 중앙정부도 지역개발계획을 통해 뚜렷한 장기 대책을 내놓지 못했고, 적극적인 투자계획도 마련한 바 없다. 동시에 지방정부의 정책은 농업의 위기는 어쩔 수 없으며, 장기적으로 제주도는 농업을 포기하고 관광으로 승부를 걸어야 한다는 쪽으로 방향을 잡고, 도민들을 설득하려 하고 있다. 그리고 이러한 설득이 어느 정도 먹혀 들어가고 있다고 생각된다.

  이제는 국가와 외부 자본에 대한 막연한 기대를 버려야 한다. 국가가 대규모 투자를 해주리라고 기대하는 데서 벗어나야 하며, 그 때문에 예상되는 땅값 상승에의 기대도 버려야 한다. 남이 떠주는 밥을 먹고, 손쉽게 돈을 챙기려는 생각이 바뀌어야 한다. 우리들 스스로가 주인이 되어 우리의 삶을 설계해야 한다. 그리고 관광 중심의 개발 전략을 수립하면서 농업에 관한 본격적인 대책 수립을 소홀히 하는 지역개발정책을 전면적으로 수정해야 한다. 제주도 농촌에 맞는 개발계획을 수립 실천하려는 노력이 무엇보다도 절실히 요청된다.

  그동안 제주도 개발의 방향을 잡아온 철학은 근대화 개발 논리였지만, 앞으로 제주도의 미래를 결정할 철학은 환경 보전을 기본으로 하면서 도민들의 토론과 합의에 바탕을 두는 것이다. 즉, 생태보전과 민주주의의 실현을 바탕 삼아 우리의 실정에 맞는 개발 전략을 신중하게 세우고, 착실하게 하나씩 진행하는 것이 중요하다.

그동안 진행되었던 지역주민들의 개발 반대운동이 보여준 것은 지역주민들은 지금 어떤 방향으로 세상이 바뀌어갈지, 그리고 자신들이 어떻게 대응해야 할지를 알지 못하고 있다는 점이다. 그들이 벌인 싸움은 적극적이고 능동적인 싸움은 아니었다. 단지 닥쳐오는 위기를 본능적으로 감지하고 맞선 것뿐이다. 그들에게는 자신들의 삶을 지키겠다는 생각말고는 다른 분명한 대안은 없었다.

오늘날 시민운동 또는 새로운 사회운동의 흐름은 환경 이슈를 전면에 내세우는 녹색 평화 운동으로 가고 있다. 제주 지역 주민들의 개발 반대 운동도 크게 보면 이러한 흐름의 한 귀퉁이를 차지하는 것일지도 모른다. 제주지역 주민들은 그동안의 주민운동을 통해 많은 경험을 쌓았다. 물론 아직 제주의 환경을 보전하자는 의식보다는 더 잘 살기 위해 개발을 찬성하는 근대화 열망이 더 강하지만 제주지역 주민들의 환경의식은 계속 높아지고 있다. 그런 점에서 미래의 희망은 남아 있다.

세계화 시대의 제주 지역발전전략
- 성찰과 대안 -

고호성 (제주대학교 법학과 교수)

1. 발전의 담론은 지금도 유효한가

　발전의 담론은 지금도 유효한가.
　시대가 변하면 문제의식도 변해야 하는 것은 당연하다. 시대가 변했음에도 문제의식이 변하지 않으면, 그 때의 문제의식은 문자 그대로 허위의식, 즉 이데올로기가 된다. 힘있는 자들이 기존의 이득을 지키고 확대하기 위한 억지 주장이 되고 마는 것이다.
　그래서 우선 묻고 싶은 것이, 발전의 담론은 지금도 유효한가 하는 점이다. 어쩌면 우리에게 이미 신화화되고 종교화된 것처럼 보이는 발전의 담론 자체를 문제삼는 것에는 몇 가지 이유가 있다.

우선, 세계적으로 발전의 담론이 크게 쇠퇴하였다는 점이다. 저개발국의 발전 문제나 지속가능한 발전(sustainable development) 문제 등을 논의하는 경우에나 발전의 담론은 겨우 그 모습을 찾아볼 수 있다. 그리고 저개발국의 발전 문제나 지속가능한 발전 문제 자체도 세계의 주류적 논의 속에서는 크게 약화되어 있다.

오늘날 세계의 주류적 논의에서 지배적인 담론은 무엇인가. 알다시피, 그것은 시장의 담론 또는 경쟁의 담론이다.

시장의 담론과 발전의 담론은 크게 다음과 같은 점에서 차이가 난다.

발전의 담론은 기본적으로 정부의 의식적 노력, 즉 계획을 통하여 경제의 성장 또는 삶의 질의 향상을 가져올 수 있다는 계획주의적 사고에 기초하고 있다. 정부의 의식적 노력을 통하여 성장 또는 향상을 가져올 수 없다면, 발전 그 자체를 정책적으로 논의하는 것은 별 의미가 없기 때문이다.

시장의 담론은 발전의 담론이 기초하고 있는, 바로 이 계획주의적 사고의 부정에서 출발한다. 정부의 계획 또는 발전계획은 시장을 교란하여 오히려 성장과 향상에 해가 된다는 것이다. 이른바 '정부의 실패'에 대하여 장황하게 설명할 필요는 없을 것이다. 시장의 담론은 정부의 계획보다는 시장에서의 공정한 경쟁이 경제의 성장과 삶의 질의 향상을 가져올 수 있다는 것에 기초하고 있다.

여기에서 시장의 담론을 전적으로 옹호하고 싶은 생각은 없다. 나는 오히려 시장구조의 문제점과 시장과 경쟁이 가져오는 폐해, 이른바 '시장의 실패' 문제에 학문적, 실천적 관심을 더 많이 가지고 있다. 다만, 여기에서는 시대의 조류를 있는 그대로 이야기하고, 또 시장의 담론이 지배적인 가운데서 발전의 담론이 차지하고 있는 정치경제적 의미를 생각하고 싶은 것뿐이다.

시장의 담론이 지배적 조류임에 불구하고, 발전의 담론이 우리에게 그토록 뿌리깊은 이유는, 아마도 우선 60~70년대의 경제성장에 대한 기억 때문일 것이다. 이렇게 얘기할 수도 있을 것이다. 하나의 성공은 항상 또 하나의 실패를 예비하는 법인데, 그것은 성공에 대한 기억과 성공으로 형성된 역학관계가 새로운 변화를 가로막기 때문이다.

그러나 발전의 담론이 강고한 더 중요한 이유가 있다. 그것은 정치 때문이다. 정치인들이 표를 얻는 가장 손쉬운 방법은, 자신이 또는 자신의 정부가 발전정책을 통하여 경제의 성장이나 삶의 질의 향상을 가져올 수 있다고 선전하는 것이다. 시장의 담론이 바로 이것을 부정하고, 비판하고 있음에도 말이다.

정치인만 문제되는 것이 아니다. 발전의 담론을 지지하는 또 하나의 세력이 있는데, 그것은 발전정책으로 말미암아 보호 또는 육성되는 산업의 기득권자 내지는 예비 기득권자들이다. 이들은 시장과 경쟁의 압박을 피하고 보호장벽 속에서 독과점적 지위를 누리려 한다.

사회적 약자들에 대한 시장적 압박으로부터의 보호는 필요한 것이 아니냐는 의문이 들 수도 있을 것이다. 그러나 그것은 발전의 담론으로 가능한 것이 아니라, 분배의 담론으로 가능한 것이다. 발전이라는 이름 아래, 사회적 약자들에 대한 배려가 얼마나 많이 사라져 왔는가.

시장의 담론 속에서 정부, 행정의 위상과 역할은 재정립된다. 제주의 지적 풍토를 생각할 때, 이 점은 특히 강조될 필요가 있는 것으로 보인다. 정부, 행정의 직접적 개입을 통하여 경제의 성장이나 삶의 질의 향상을 가져올 수 있는 것이 아니기 때문에, 정부, 행정은 시장의 공정한 구조를 유지하고, 주민들의 경쟁력을 향상시킬 수 있는 방안을 모색하고, 경쟁에서 탈락하는 사회적 약자들에 대한 보호방안을 강구하는 것에 전념해야 하는 것이다. 경제적 성장이나 삶의 질의 향상과 같은 문제, 즉 발전의 문제는 시장의 역할에 맡겨야 하는 것이다.

이것이 바로 자유주의 또는 신자유주의의 핵심 주장이다. 물론, 경쟁에서 탈락하는 사회적 약자들에 대한 보호가 타당한 것인가 하는 점은 논쟁이 되고 있다. 경쟁에서 탈락하는 사회적 약자들을 보호하면 경쟁에서의 탈락을 두려워하지 않게 되어 경쟁 자체가 약화된다는, 이른바 '도덕적 위험'(moral hazard)론자들이 그 한 극단에 있다. 그러나 현실적으로 보면, 사회적 약자에 대한 보호는 전적으로 부인된다기보다는 정도의 문제로 다루어지는 것이 보통이다.

발전담론의 유효성을 문제삼는 것은 세계의 주류적 논의에서 발전담론이 쇠퇴하고 시장담론이 지배적이 되었기 때문만은 아니다.

시장담론이 근거하고 있는 자유주의적 정책관보다는 발전담론이 근거하고 있는 계획주의적 정책관이, 경우에 따라서는 더욱 타당하다는 주장도 있을 수 있다. 그러나 설령 그렇다고 하더라도, 우리 사회의 현단계 위상에서 발전담론이 유효한가 하는 문제는 그대로 남는다.

이렇게 생각하는 것이 편리할 것이다. 극빈국 또는 저개발국에서 발전담론이 지배적이 되는 것은 어쩌면 당연할 수 있다. 그러나 만일 선진국, 예를 들어 미국에서 발전담론이 지배적이 된다면, 그것은 어떤 정치경제적 의미를 가질 것인가.

발전이라는 말은 사실 매우 다의적인 의미로 쓰이고 있다. 발전이라는 말과 개발이라는 말이 어떤 관계에 있는 것인지, 발전이라는 말은 경제적 성장만을 가리키고 있는 것인지 아니면 분배적, 환경적 개선도 포함하고 있는 것인지 등등, 발전이라는 말의 의미론적 탐구는 매우 흥미로운 일이고 정책론적으로 매우 유용할 수도 있다.

그러나 이 문제는 이미 다른 기회에 거듭 논의한 바도 있고(제주도내의 개발분쟁에 대한 환경법적 연구, 1992; 21세기 제주발전의 이념정립에 관한 연구, 2001), 여기에서 다시 논의한다면 서술을 매우 복잡하게 만들 것이기 때문에 한 가지 문제만을 지적해 두기로 한다.

발전이라는 말은 전체사회의 발전이라는 총체적 관점에서 사용되기도 하고, 정치, 경제, 사회, 문화, 개인, 기업, 행정의 발전이라는 부분적 관점에서 사용되기도 한다. 여기에서 혼란이 일어날 수 있다.

발전의 담론은 지금도 유효한가라는 문제 제기에 대한 정서적 저항을 극복하기 힘든 것은 바로 이 혼란 때문이다. 개인의 발전, 기업의 발전, 정치의 발전, 행정의 발전, 문화의 발전 등등에 대한 논의는 지금도 또 앞으로도 계속 유효할 수 있다. 그러나 여기에서 문제삼는 것은 그런 부문적 관점에 대한 것이 아니라, 제주의 지역발전이라고 할 때와 같은 총체적 관점에 대한 것이다.

어쨌든, 만일 선진국, 예를 들어 미국에서 전체사회의 발전이라는 총체적 관점의 발전담론이 지배적이 된다면, 그것은 어떤 정치경제적 의미를 가질 것인가.

그것은 무엇보다도, 무수히 많은 부문적 문제들을 은폐하는 역할을 하게 될 것이다. 전체사회의 발전이라는 총체적 관점의 발전담론은 기본적으로 경제적 문제, 특히 경제성장 문제를 축으로 전개되기 때문이다.

전체사회적 발전문제가 하필이면 경제발전 또는 경제성장 문제를 축으로 하여 전개되는 이유는 여러 가지가 있다. 그러나 여기서 굳이 이른바 '경제결정론'을 원용하여, 터무니없는 이념적 의심을 초래하고 싶지는 않다.

독일의 법사상가 마틴 크릴레(Martin Kriele)는 사회윤리와 개인윤리의 차이점을 '하위가치 우선의 원칙'과 '상위가치 우선의 원칙'으로 설명하고 있다. 사회윤리적 차원에서는 의·식·주와 같은 물질적 가치가 우선되어야 하고, 개인윤리적 차원에서는 희생, 헌신과 같은 정신적 가치가 우선되어야 한다는 것이다. 이것이 서로 전도되면 그야말로 비도덕적(전제적) 사회, 비도덕적 개인이 되고 만다는 것이다.

이런 점에서, 개인적 차원이 아니라 사회적 차원의 논의라면, 마땅히 경제 문제가 우선되어야 하고 또 우선될 수밖에 없다. 전체사회적 발전문제가 경제발전 또는 경제성장 문제를 축으로 전개되는 한 가지 이유를 여기에서도 찾을 수 있는 것이다.

이렇듯 총체적 관점의 발전담론은 경제문제 내지 경제성장 문제를 축으로 전개되는 것이다. 그러므로 이런 발전담론이 지배적이 되면, 일반경제 내지 경제성장 문제를 제외한 다른 많은 부문적 문제들이 발전담론에 종속되어 은폐된다. 고유문화의 보존·계승을 위한 정책문제 같은 것이 대표적인 예가 될 것이다.

그러므로, 크릴레적 시각을 빌려 말하자면, 극빈국 또는 저개발국에서는 발전담론이 우선되어야 하지만, 선진국, 예를 들어 미국과 같은 나라에서는 오히려 부문적 문제들이 우선되어야 한다고 할 수 있다. 실제로 선진국에서의 정책담론은 총체적 관점의 발전담론보다는, 예를 들면 교육, 의료와 같은 부문적 문제들에 대한 것이 일반적이다.

문제는 우리 사회가 어떠한 단계에 와 있는가 하는 것이다. 대한민국 전체로 볼 때, 우리 사회가 물론 미국과 같은 선진국(developed country)이라 할 수는 없겠지만, 이미 저개발국(underdeveloped country)도 아니다.

발전도상국(developing country)이라는 개념도 이제 적실성을 상실하고 있다.

내 생각은 우리나라에서도 발전담론이 지배적이어야 하는 시기는 이미 지났다는 것이다. 내 생각만은 아니다. 우리 정부는, 그토록 깊은 인상을 남기고 있는 '경제개발 5개년계획' 이라는 표현을 이미 1982년에 '경제사회발전 5개년계획' 이라는 표현으로 바꾸었다가, 1993년에는 '신경제계획' 이라는 표현으로 다시 바꾸었으며, 1998년 이후부터는 총체적인 경제계획 그 자체를 아예 수립하지 않고 있다. 경제기획원의 폐지도 이와 관련된 것이다.

우리 정부의 이러한 정책 변경은 직접적으로는 물론 발전담론에서 시장담론으로의 전환에 기인하고 있는 것이지만, 다른 한편으로는 우리 사회에서도 발전담론이 지배적인 시기는 이미 지났다는 생각을 우리 정부 자체가 갖고 있다는 것을 보여주는 실례라고 할 수도 있을 것이다.

여태까지의 제주 지역발전정책을 되돌아보고, 미래의 지역발전정책을 모색해 보는 자리에서 군이 발전담론의 유효성 문제부터 제기해 보는 것은, 발전담론 그 자체에 대한 비판적 의식이 전제되지 않으면 지역발전에 대한 새로운 정책적 시각 자체가 성립되기 힘들다고 생각하기 때문이다.

물론 내 본심은, 개발이냐 보존이냐, 21세기 지역발전의 방향은 무엇인가 하는 등의 총체적 관점의 발전담론을 버리고 시장담론을 기반으로 삼으면서도, 더욱 구체적이고 개별적인 정책문제들이 발전담론에 종속되지 않고 그 자체로 독립적이며 대등한 위치에서 논의되어야 한다는 것이다.

구체적이고 개별적인 정책문제들이라 함은, 예를 들면 다음과 같은 것이다. 제주지역 관광시장의 공정한 경쟁을 어떻게 확보할 것인가, 중국관광시장의 폐쇄성을 어떻게 개선시킬 것인가, 경쟁에서 탈락하는 사회적 약자들의 의료복지를 어떻게 개선할 것인가, 제주 여성근로자들의 사회적 지위를 어떻게 향상시킬 것인가, 제주의 학교교육을 어떻게 개선할 것인가, 제주의 주차문제를 어떻게 개선할 것인가 등등.

사실 정책적 담론에서 핵심적인 쟁점은 최종적 결론이 아니라 의제의 설정, 이른바 아젠다(agenda) 설정 그 자체이다. 의제가 어떻게 설정되느냐에 따라 최종적 결론은 이미 그 속에 내포되기도 하고, 최종적 결론이 달라지기도 하기 때문이다.

자세한 설명을 할 여유는 없지만, 이에 대한 대표적인 이론이 이른바 '투표의 사이클링(cycling) 현상'이다. 예를 들어, A, B, C, 세 안이 있을 때, 첫째, A안과 B안을 먼저 표결하여 이긴 안과 C안을 표결했을 때, 둘째, B안과 C안을 먼저 표결하여 이긴 안과 A안을 표결했을 때, 셋째, C안과 A안을 먼저 표결하여 이긴 안과 B안을 표결했을 때의 결과가 모두 달라지는 경우도 있다는 것이다. 결국 의제가 어떻게 설정되는가에 따라 결론이 달라진다는 것이다.

이런 저런 정책적 논의에서 비판적 입장을 표명하는 경우, 대안을 제시해보라는 질책을 받는 경우가 많다. 그러나 문제의 설정 자체가 잘못되었을 경우에는, 그런 문제 속에서 대안을 제시해보라는 질책 자체가 잘못된 것이다. 쟁점은 문제의 설정 자체인 것이다. 뒤에 설명하겠지만, 나는 제주국제자유도시론이야말로 문제가 잘못 설정된 그런 대표적인 사례라고 생각한다.

지금 이 시점에서는 발전담론 역시도 그런 잘못을 내포하고 있다고 생각하지만, 그래도 여기에서 발전담론을 전적으로 부인하는 태도를 취하고 싶지는 않다. 한편으로는 제주지역 사회에서 그토록 뿌리깊은 발전담론 자체를 전적으로 부인하는 것은 효과적이지 못하기 때문이다. 오히려,

온건하게 발전담론의 틀을 시대에 맞게 수정하도록 하는 편이 나을 것이라고 생각한다.

또 국가적 수준이 아니라 지역적 수준, 예를 들어 서울이 아니라 특히 제주에서는 발전담론이 나름대로 의미가 있을 수도 있다는 점도 고려하고 싶다. 한 나라 안에서도 지역마다 발전의 정도가 다를 수 있고, 현재 처해 있는 상황이 다를 수 있기 때문이다. 다음 절에서 이 점과 관련된 문제를 논하기로 한다.

어쨌든, 중요한 것은 기존의 발전담론을 지배하고 있는 60~70년대식의 발전정책관을 극복하는 것이다. 60~70년대식 발전정책관이라 함은 경제성장 일변도의 계획주의적 발전정책관을 말하는 것이다.

두 가지 방향의 수정이 필요한 것으로 보이는데, 하나는 경제성장 일변도의 발전정책관을 성장, 분배, 환경이 조화되는 규범주의적 또는 인간주의적 발전정책관으로 수정하는 것이다. 다른 하나는 계획주의적 발전정책관을 시장주의적 발전정책관으로 수정하는 것이다.

전자의 문제는 이미 앞에서 제시한 논문(제주도내의 개발분쟁에 대한 환경법적 연구, 21세기 제주발전의 이념정립에 관한 연구)에서 나름대로 입장을 밝힌 바 있기 때문에, 여기에서는 후자의 문제에 집중하여 논의를 전개하기로 한다.

2. 제주경제는 위기인가

제주경제 위기론은 현 시점에서 제주지역 발전담론의 핵심적인 근거로 기능하고 있다. 되돌아 생각하면, 60~70년대에는 한국경제 저발전론 내지 제주경제 저발전론이 당시 발전담론의 핵심적 근거였다. '잘 살아보자'는 것은 못 살고 있다는 상황 인식을 전제로 하는 것이었다.

그러나 60~70년대식 저발전론은 이제 그 적실성을 잃었다. 개인적 수준에서야 60~70년대 정도 또는 그보다도 못한 상황에 있는 사람들도 있을 수 있지만, 사회 전체적 수준에서는 분명히 그 때와 상황이 다르다. 지금은 '못 살게 될지 모른다'는 걱정이 발전담론을 지탱하고 있는 것이다.

여기에 미묘한 문제점이 내포되어 있다. 논리적으로 보면, 경제 저발전론은 발전담론의 직접적 근거가 될 수 있지만, 경제위기론은 발전담론의 직접적 근거가 될 수 없기 때문이다. 경제위기의 원인이 시장이 제 기능을 발휘하지 못하는 점에 있다면, 경제위기론은 오히려 시장담론의 근거로 되는 것이 더욱 타당할 수도 있다.

제주지역 경제에서 시장원리가 제대로 기능하고 있는가 하는 점에 대해서 나는 회의적이다. 그러나 이제 자세히 논해 나가겠지만, 제주가 현재 겪고 있는 경제적 어려움은 근본적으로 보면 시장원리가 제대로 기능을 하지 않았기 때문이 아니라, 오히려 세계화 경향에 따라 시장원리가 확대되었기 때문에 생긴 것이다. 이런 점에서 제주경제 위기론을 시장담론의 근거로 삼기는 힘들 것으로 보인다.

경제위기론을 시장담론의 근거로 삼기 힘들다고 해서, 그렇다면 발전담론의 근거로 삼을 수는 있는가, 달리 말하면, 경제위기론이 시장담론의 근거가 되는 어떤 적극적인 이유가 있는가 하는 문제는 사실 좀 깊이 생각해 볼 만한 것이다. 그러나 여기에서는 일단 경제위기론을 발전담론의 근거로 삼지 않을 이유 역시 쉽게 발견되지 않는다는 점에서, 제주경제 위기론을 발전담론의 근거로 삼는 세태에 따르기로 한다.

그러나 문제는 제주경제가 정말 위기인가 하는 점에 있다. 경기는 항상 변동하는 것으로 호경기 때에는 낙관론이 지배하고 불경기 때에는 비관론이 지배한다는 사실은 널리 알려져 있다. 성장율과 같은 몇몇 경제지표들이 나쁘게 나타난다고 즉각 경제가 위기에 처했다고 하는 것은 과장인 것이다.

 진정한 문제는 그러한 지표 악화가 구조적, 추세적인 것인지, 상황적, 순환적인 것인지에 대한 판단이다. 구조적, 추세적 지표 악화라야만 경제위기론이 성립할 수 있는 것이다. 이 판단은 대단히 어려운 일이다. 어쩌면 상황이 종료된 후, 사후적으로만 그러한 지표 악화가 구조적, 추세적인 것이었는지, 상황적, 순환적인 것이었는지 판단을 내릴 수 있는 것인지도 모른다.

 아직 그러한 결과가 확인되기 이전에는, 경기는 항상 변동하는 것이기 때문에 일단 그러한 지표 악화는 상황적, 순환적인 것이라는 판단에서 출발하는 것이 논리적이다. 그러므로, 그러한 지표악화가 구조적, 추세적이라는 판단을 내리기 위해서는, 경기변동론을 뛰어넘을 수 있는 새롭고 적극적인 근거를 제시하여야 한다.

 그러므로 제주 경제가 정말 위기인가 하는 문제는, 경제지표 악화가 구조적, 추세적이라고 판단하는 설득력 있는 이유를 댈 수 있는가 하는 문제로 전환되는 것이다. 이것은 전적으로 이론적인 문제다.

 경제지표 악화와 같은 현상이 아니라 그 원인에 초점을 맞추어야 한다는 뜻이다. 위기를 얘기하는 이유가 그것을 극복할 대안을 제시하기 위한 것이라는 점에서도, 원인에 대한 관심은 중요하다. 원인을 알아야 대안을 제시할 수 있는 것이 아닌가.

 물론 많은 사람들이 세계화를 제주경제 위기의 원인으로 제시하고 있다. 그런데 세계화의 어떤 측면이 제주경제의 위기로 작용하고 있는 것인지, 이에 대한 설명은 결여되어 있는 경우가 보통이다. 기껏해야 세계화로 경쟁이 치열해져서 위기라는 정도로 넘어가고 만다. 그래서 더욱 강력하게 지역발전정책을 추진해야 한다고 주장한다.

이건 잘못이다. 세계화는 그런 논리가 아니다. 경쟁이 치열해지면 위기가 온다는 것도 옳은 논리가 아니다. 경쟁이 치열해지면 위기가 오는 것인지, 전체 사회적 관점에서 효율화 노력이 증가되어 오히려 모두에게 이득이 되는 결과를 낳게 되는 것인지 한 마디로 얘기할 수 없다.

세계화는 오히려 경쟁의 효율화 기능에 기초한 윈-윈(Win-Win)의 논리에 입각하고 있다. 세계화는 어느 일방이 다른 일방을 착취하는 것이 아니라, 시장과 경쟁의 확대가 궁극적으로 당사국들 모두에게 윈-윈적 이득을 준다는 논리가 오늘날 지배적이 된 것이다. 이런 논리가 아니었다면, 세계화논리가 그토록 강력한 힘을 발휘할 수도 없었을 것이다.

세계화의 윈-윈적 논리는 데이비드 리카도(David Ricardo)의 비교우위설에 의하여 간단히 설명될 수 있다. 워낙 유명한 이론이라 여기서 중언부언할 필요는 없겠지만, 이 때의 비교우위 개념에 대한 오해가 너무 흔하고, 또 이 이론이 내포하고 있는 중요한 지역정책적 함의 역시도 간과되는 일이 많기 때문에, 약간의 설명은 불가피한 것으로 보인다.

비교우위설의 요체는, 무역자유화가 확대되면 무역당사국 내부에서는 비교우위가 있는 산업으로 특화가 일어나서 전체적으로 생산성이 높아지고, 그 결과 증가된 생산물이 무역국 상호간에 서로 교환되어, 결국 무역국 쌍방이 모두 이득을 보게 된다는 것이다.

주의할 것은 비교우위의 개념이다. 이때의 비교우위는 이중의 비교에 기초하고 있는데, 산업별 국가간 생산성 비교와 국내적 산업간 생산성 비교가 그것이다. 리카도가 든 예에 따르면, 가령 영국의 모직물산업과 포도

주산업이 포루투갈의 모직물산업과 포도주산업에 비하여 모두 단위 생산비가 높다고 해도, 즉 생산성이 낮다고 해도, 영국 모직물산업의 대포루투갈 비교생산성이 영국 포도주산업의 대포루투갈 비교생산성에 비하여 높다면, 영국의 경우에는 모직물산업이 비교우위에 있는 산업이고 이 산업으로 특화가 일어난다는 것이다. 포루투갈의 경우는 그 반대다.

이해를 돕기 위해 우리의 예로 들어보자면, 가령 우리나라의 자동차산업과 감귤산업이 중국의 그것에 비하여 모두 단위생산비가 높다고 해도, 즉 생산성이 낮다고 해도, 우리나라 내에서 자동차산업과 감귤산업의 대중국 비교생산성을 비교할 때 자동차산업의 비교생산성이 감귤산업에 비하여 높다면, 우리나라는 자동차산업이 비교우위산업이고 이 산업으로 특화가 일어난다는 것이다.

그러므로, 이 경우 우리는 자동차산업으로 특화하고, 중국은 감귤산업으로 특화하여 전체적으로 더 많은 자동차와 감귤을 생산하고 이를 서로 교환하여, 총체적으로 보아 우리나라도 이익을 보고 중국도 이익을 보게 된다는 것이 바로 세계화 내지 무역자유화의 윈-윈적 측면이라는 것이다.

관광산업의 예도 들어두는 것이 편리할 것이다. 반론도 없지 않겠지만, 관광산업에 관한 한, 제주는 우리나라에서 가장 우위에 있다고 할 수도 있을 것이다. 그렇더라도 예를 들어, 동남아시아 국가와 비교할 때, 우리나라의 반도체산업과 관광산업의 비교생산성 중, 반도체산업의 비교생산성이 관광산업에 비하여 높다면, 우리나라, 또 제주의 관광산업은 비교열위산업이 되는 것이다. 이 경우 반도체산업으로의 특화가 일어난다.

리카도의 모델은 이른바 2국 2상품 모델로 너무 단순한 느낌이 없지 않지만, 이것을 다국 다상품 모델로 일반화했든, 리카도의 생산성 개념을 부존자원 개념으로 바꾼 이른바 헥셔-올린(Hechsher-Olin) 모델을 취했든,

특화에 의한 무역자유화의 윈-윈적 효과는 주류 경제학에서 확고하게 이론 구성되어 있다.

여기에서 특화의 이익, 즉 비교우위산업으로 특화하여 이익을 볼 수 있다는 비교우위설의 핵심논리가 지니는 의미에 주목할 필요가 있다. 무역상대국들은 서로 특화에 의하여 총생산량을 증대시킬 수 있고, 또 이것을 상호 교환하여 무역국 모두가 이익을 볼 수는 있지만, 이 이익은 총량적인 것이라는 점에 주의해야 하는 것이다.

특화의 논리는, 무역국 내부의 부문적 관점에서 보면 비교우위산업은 팽창하고 비교열위산업은 쇠퇴한다는 것을 의미한다. 자동차산업과 감귤산업의 예를 그대로 받아들인다면 우리 나라의 경우, 자동차산업은 팽창하고, 감귤산업은 쇠퇴한다는 것이다.

총량적인 측면에서는 자유무역에 의하여 무역국 모두가 이득을 볼 수 있지만, 무역국 내부에서 보면 특화의 결과, 이처럼 팽창하는 산업과 쇠퇴하는 산업이 생겨서, 팽창하는 산업부문에서는 이득을 보고 쇠퇴하는 산업부문에서는 손해를 보게 되는 것이다. 바로 이러한 현상을 자유무역의 차별적 효과(differential effect)라고 부른다.

자유무역의 차별적 효과가 부각되면, 자유무역에 대한 국내적 반발이 심해질 수 있기 때문에, 세계화 또는 무역자유화를 부르짖는 사람들은 이 효과를 애써 외면하려는 경향을 보이고 있다. 그러나 세계화 시대에 정부나 행정의 위상과 역할이 어떠해야 하는지를 생각함에 있어서, 자유무역의 차별적 효과는 결정적 중요성을 지니고 있다는 점을 잊어서는 안 된다. 개방화, 자유화, 탈규제화 이후에 정부나 행정은 어디에서 자신의 위상과 역할을 찾을 수 있을 것인가.

자유무역의 차별적 효과는, 사실상 비교우위산업과 비교열위산업을 사후적으로 구분하는 역할을 한다는 점에도 주의할 필요가 있다. 이 또한 정책적 함의가 중대하기 때문이다.

비교우위산업, 비교열위산업은 이론적 분석개념일 뿐, 비교생산성을 측정하여 한 나라의 비교우위산업과 비교열위산업을 사전적으로 판별해내는 것은 사실상 불가능한 것으로 알려져 있다. 그러므로, 정부가 이런 이런 산업은 비교우위산업이니 이런 이런 산업을 육성하는 정책을 취해야 한다는 식의 생각은 잘못될 가능성이 높다는 것이다. 비교우위산업과 비교열위산업의 구분은 자유무역의 결과, 시장의 기능에 따라서 팽창하는 산업과 쇠퇴하는 산업이 나타나는 것을 보고 사후적으로 판별될 수밖에 없다는 것이다.

어쨌든, 자유무역의 차별적 효과를 이해하게 되면, 세계화 시대에 지방경제가 겪고 있는 어려움의 원인도 분명하게 파악할 수 있게 된다. 한 마디로 지방에는 비교열위산업이 위치하고 있기 때문에 지방경제가 어려움을 겪고 있는 것이다.

세계화 시대에 지방경제의 이러한 어려움은 구조적, 추세적인 것이다. 그래서 세계화시대 지방경제의 위기, 제주경제의 위기를 말할 수 있는 것이다. 그러나 요점은 제주경제의 위기는 세계화 때문이 아니라 세계화의 차별적 효과 때문이라는 점에 있다. 바로 이 점에 대한 인식을 분명히 해야 하는 것이다.

세계화는 무역자유화만이 아니라, 외국인투자자유화도 핵심내용으로 하고 있다. 외국인투자자유화의 정치경제적 구조에 대한 논의는 혼란을 거듭하고 있고, 그 원-원적 효과가 의심되는 경우도 많다. 그러나 주류적 논의의 출발점은, 이른바 맥두걸-켐프(McDougal-Kemp) 모델인데, 요소시장과 상품시장을 종합해서 볼 때, 이 모델 역시 리카도적인 차별적 효과의 문제를 내포하고 있는 점에 차이가 없다.

　이 점에 대한 자세한 논의는 생략한다. 다만, 세계화 논리는 역시 리카도적인 무역자유화의 윈-윈적 효과에 근거하여 주장되고 있기 때문에, 외국인투자자유화 문제의 분석을 피하여도 정책론적인 문제가 크게 일어나지는 않는다는 점은 지적해 두고 싶다.

　세계화가 아니라 세계화의 차별적 효과라는 방향으로 문제 인식이 바뀌면, 지역정책적 대안도 바뀔 수밖에 없다. 대안의 방향은 두 가지다.

　하나는 세계화 내지 자유무역의 차별적 효과 때문에, 제주처럼 비교열위산업이 위치하여 손해를 보고 있는 지역의 경우에는, 적어도 무역자유화로 손해를 보는 정도에 상응하는 지원을 중앙정부에 요청하는 것이다. 세계화 내지 무역자유화를 통하여 비교우위산업이 얻는 이득은 비교열위산업의 희생을 전제로 한 것이고, 또 그런 이득이 손해보다는 크기 때문에, 이런 지원 요청은 논리적, 도덕적 타당성을 지닌다.

　비교열위산업에 대한 이러한 지원의 문제를 보통 무역조정지원(trade adjustment assistance)의 문제라고 한다. 농업부문에 대한 이른바 직불제가 대표적인 것이다. 무역조정지원제도는 농업 직불제에서 보는 바와 마찬가지로 산업보호정책이라기보다는 직접적 소득이전정책의 형태를 취하는 것이 일반적이다.

　WTO가 권장하고 있는 것도 그러한 방향이다. 그러나 비교열위산업 내지 비교열위산업지역에 대한 무역조정지원의 방향이 직접적 소득이전정책의 형태만을 취해야 한다는 필연적 이유가 있는 것은 아니다.

　WTO 규범을 전제로 한다고 하여도, 비교열위산업 또는 비교열위산업지역에 대한 무역자유화의 충격을 완화하는 다양한 형태의 산업보호정책을 취할 수도 있다. 미국, 유럽연합과 같은 선진국에서도 사실상 그런 산업보호정책을 취하는 사례들이 많이 있다. 우리나라에서 논의되고 있는 지역균형개발론도, 세계화, 개방화시대를 전제로 한다면 이러한 무역조정지원의 관점에서 이해될 수 있는 것이다.

대안의 두 번째 방향은, 경쟁력정책(competitiveness policy)의 방향이다. 세계화시대에 지방경제 내지 제주경제가 겪고 있는 위기의 원인이 비교생산성의 열위에서 초래되는 차별적 효과에 있다면, 지역발전전략의 기본방향은 생산성 강화, 요즘 많이 쓰는 개념으로는 경쟁력 강화에 초점을 맞추는 것이 당연하기 때문이다.

이것이 불가능하다면, 남는 것은 첫 번째 대안, 즉 무역조정지원을 요청하는 방법밖에 없다. 그러나 이것은 본질적으로 수세적인 것이라는 한계를 지닌다. 지금보다 나아지겠다는 것이 아니라, 지금보다 나빠지는 것을 얼마간 막아보겠다는 것이기 때문이다. 무역조정지원은 항구적인 것이 아니라 잠정적인 것일 뿐이다.

결국 성장이나 향상을 목표로 발전정책을 취하려 한다면, 대안은 경쟁력정책밖에 없는 것이다. 그리고 경쟁력을 향상시킬 수만 있다면, 그래서 비교우위의 지위를 차지할 수만 있다면, 무역자유화의 차별적 효과는 거꾸로 작용하여, 세계화 시대가 새로운 도약의 기회를 제공할 수도 있다는 점에도 주목할 필요가 있다.

그러나 문제는 경쟁력이라는 개념이 대단히 복잡하고, 또 경쟁력정책은 상당한 고통을 수반하는 것이라는 점에 있다. 그래서 다양한 경쟁력 요소들, 예를 들면, 노동의 경쟁력, 경영의 경쟁력, 기술의 경쟁력, 정책의 경쟁력 등등의 요소들 중에서 특히 무엇을 문제로 삼을 것인지는 정치적 역학관계에 의해서 결정되는 측면이 있다.

경쟁력이라는 문제 제기는 해당 부문의 내부적 혁신을 내포하는 것이기 때문에, 그러한 혁신의 고통을 서로 다른 부문으로 떠넘기려는 파워 게임이 벌어지는 것이다. 그래도 최종적으로 중요한 것은 이 모든 요소를 종합한 총체적 경쟁력이다. 결국 이 총체적 경쟁력이 비교우위 또는 비교열위의 지위를 결정하게 되는 것이다.

무역조정지원이라는 관점에서 중앙정부의 지원을 요청하는 것과 내부적 혁신을 통하여 총체적 경쟁력을 향상시키는 것을 적절히 조합하는 것도 지역정책의 현실에 있어서 대단히 중요한 논점이다. 대외적 내지 대중앙적 관점에서는 중앙정부의 지원폭을 최대화하면서, 대내적 관점에서는 경쟁력 향상을 위한 내부혁신을 추진해 나가는 것, 그리고 이 둘을 서로 긴밀하게 연계하는 방법을 찾는 것이 제주의 입장에서는 무엇보다 필요하다고 할 것이다.

3. 제주국제자유도시론은 타당한 대안인가

세계화 내지 자유무역론의 차별적 효과와 그것에 기초한 두 가지 대안, 즉 무역조정지원과 경쟁력정책이라는 관점에서 보면, 제주국제자유도시론은 크게 잘못된 문제설정이다.

제주국제자유도시 기본계획과 특별법에 구체화된 실제 내용을 보면, 그것은 사실 국제자유도시라는 개념과는 상당한 거리가 있다. 이 때문에 논점 자체가 매우 혼란스럽지만, 일단 국제자유도시라는 개념에 초점을 맞추어 논의를 전개해 나가기로 한다.

이러한 관점의 논의는, 국제자유도시라는 명칭이 살아있는 한, 언제라도 그 명칭이 지시하는 방향으로 내용이 개정될 수 있다는 점에서 나름대로 의미가 있는 것이다. 그리고 실제로 그러한 움직임은 곳곳에서 발견된다.

국제자유도시의 정책적 의미는 한마디로 대외개방론이다. 제주국제자유도시특별법이 언급하고 있는 것처럼, '사람, 상품, 자본의 국제적 이동'이 자유화된 지역이 국제자유도시인 것이다. 국제도시가 아니라 국제 '자유' 도시라고 하는 한에 있어서는 대외개방론적 함의를 결코 피할 수 없다.

제주국제자유도시론이 잘못된 문제설정이라는 가장 큰 이유는 바로 이 점에 있다. 앞에서 어쩌면 지루할 정도로 설명해 온 것처럼, 세계화라 부르든, 무역자유화라 부르든, 대외개방의 차별적 효과 때문에 위기를 맞고 있는 제주지역 현실에서 오히려 대외개방을 추진하고 있는 것이다.

역설적인 정책이라는 것도 얼마든지 있을 수는 있을 것이다. 그러므로 국제자유도시론이 어떤 의미를 지니는 것인지 좀더 상세하게 분석해 볼 필요가 있다.

'사람, 상품, 자본의 국제적 이동'이 자유화된 국제자유도시라는 개념을 더욱 정확하게 표현하면, 사람, 상품, 자본의 국제적 이동에 대한 법제적 장벽이 제거된 지역이라고 할 수 있다. 사람, 상품, 자본의 국제적 이동에 대한 법제적 장벽은, 대외경제법이라 불리는 광범위한 국내법상의 규제들을 말하는 것이다. 예를 들면, 출입국관리법(외국에서는 이민법이라고도 한다), 무역법, 관세법, 외국인투자관련법, 외환거래법 등등의 법률에 설정해 놓은 규제들이다.

그러므로 기술적으로만 보면, 국제자유도시는 아주 간단하게 성립시킬 수 있다. 국회를 열어 사람, 상품, 자본의 국제적 이동을 규제하는, 앞에서 예시한 법규들을 개정하기만 하면 되는 것이다. 정부의 재정투자 확대 등은 고민할 필요도 없다. 지금 제주가 원하고, 또 지금 제주에 필요한 것이 이런 것이라고는 도저히 믿어지지 않는다.

시대의 흐름이 그렇기 때문에 어쩔 수 없지 않느냐는 식의 논리도 발견되는데, 이것은 너무 단순한 논리이다. 대외개방 내지 세계화의 정치경제학적 구조는 사실 매우 복잡한 것이다. 문제를 좀더 종합적으로, 좀더 정밀하게 파악하지 않으면 안 된다. 특히 민족국가 내지 국민국가라는 근대적 국가체제의 존재의미나 그 현실과 전망까지도 염두에 두어야 한다.

세계화라는 말은 상당히 다의적인 의미로 사용되고 있지만, 역시 중심적인 의미는 사람, 상품, 자본의 국제적 이동에 대한 법제적 장벽들을 제거해 가는 과정을 말하는 것이라는 점은 옳다. 그러나 분명한 것은 아직도 나라마다 정도의 차이는 있지만 모두 이러한 법제적 장벽을 설치해 놓고 있다는 사실이다.

특히 사람의 이동에 대해서는 어느 나라나 아직도 엄격한 규제를 하고 있으며, 상품의 이동에 대해서는 관세를 통한 규제만을 인정하자는 것이 WTO와 같은 무역자유화 협상의 기본전제이지만, 아직도 모든 부문에 대해서 완전한 타협이 이루어져 있지는 않다. 자본의 이동에 대해서 나라마다 경쟁적으로 외자유치를 추진하고 있기 때문에 상당한 자유화가 이루어지고 있지만, 역시 외환거래나 외국인 투자에 대한 각종 규제들이 남아 있는 것이 현실이다.

왜 이런 법제적 장벽들이 아직도 남아 있는 것일까. 자유주의 경제학자들은 이러한 장벽들을 불합리한 국내산업 보호장벽으로 매도하는 경향이 있지만, 문제가 그렇게 간단하지는 않다.

이러한 국내산업 보호장벽들이 정치적, 경제적, 사회적 비용 등을 총체적으로 생각하는 경우에는 오히려 바람직한 것일 수도 있고, 더 나아가 이러한 장벽들은 국내산업 보호장벽에 그치는 것이 아니라 무역이득의 더 많은 부분을 차지하려는 국가간 경쟁의 수단일 수도 있기 때문이다. 전략적 무역정책론, 교역조건개선론 (최적관세론), 유치산업보호론과 같은 보호무역의 경제이론도 종합적으로 검토할 필요가 있다.

어쨌든 결국은 세계화가 이러한 장벽들을 완전히 제거하게 될 것이 아닌가 하는 문제도 제기해 볼 만한 것이다. 이 문제는, 만일에 이러한 장벽이 완전히 제거된다면, 그것은 세계가 마치 하나의 나라처럼 통합되는 것을 의미하는 것이라는 점에 주목하여 판단하여야 한다.

세계화 경향을 과도하게 강조하는 경우, 결국 그렇게 될 것이라는 인상을 받기도 하지만, 이른바 민족국가 내지 국민국가라는 근대적 국가는 여전히 강력하게 존재하고 있다는 사실을 직시할 필요가 있다. 단순히 존재하고 있다는 사실만이 아니라, 민족적 적대감이나 문화적 다양성, 권력의 편재현상 등등을 고려하면, 그러한 민족국가 내지 국민국가가 존재해야 할 당위성 자체가 인정된다는 점도 무시하지 못한다.

결론적으로 말하자면, 사람, 상품, 자본의 국제적 이동에 대한 법제적 장벽의 제거 문제는 궁극적으로 정도의 문제임을 인식하는 것이 중요하다는 것이다. 제거할 것인가 말 것인가가 아니라 어느 정도로 제거 또는 완화할 것인가가 문제라는 말이다.

세계화 경향으로 이러한 이동장벽이 크게 완화된 것은 사실이고, 우리나라에서도 WTO의 성립과 외환위기 이후 대외개방이 크게 이루어졌으며, 지금도 그 개방폭은 계속 확대되고 있다. 그러나 이러한 개방이 어느 정도까지 확대될 것인지 지금으로서는 누구도 예단할 수 없다.

제주국제자유도시론도, 결국은 사람, 상품, 자본의 이동장벽을 어느 정도 더 완화시킬 것인가 하는 정도의 문제라고 할 수 있다. 그러나 복잡한 점은 제주국제자유도시론은 국가 전체를 대상으로 하는 것이 아니라 제주라는 한정된 지역을 대상으로 하는 것이기 때문에, 우리나라 전체의 개방폭과 연동되면서, 그보다는 더 폭넓게 개방되어야 의미를 가진다는 점이다.

그러므로 우리나라 전체의 개방폭이 충분히 넓은 상태라면 제주국제자유도시론은 정책적으로 무의미한 것이고, 우리나라 전체의 개방폭이 계속 넓어져 가는 상태라면 제주국제자유도시론의 정책적 의미도 계속 사라져 가게 되는 것이다. 중요한 것은, 60~70년대가 아니라 지금 현재의 시점에서 우리나라의 개방폭과 그 전망을 전제로 제주국제자유도시론의 정책적 의미를 판단해야 한다는 것이다.

대외개방이 지역주민들에게 어떠한 결과를 초래할 것인지 하는 문제는 일단 제쳐두기로 하겠다. 중앙집중적 경제구조 속에서 제주처럼 세계화의 차별적 효과로 어려움을 겪고 있는 한정된 공간의 지역정책이라는 관점에서만 보아도 국제자유도시론은 여러 문제점을 내포하고 있기 때문이다. 그 문제점은 다음과 같이 정리해 볼 수 있다.

첫째, 국제자유도시라는 개념으로는 중앙정부의 재정투자 확대를 요청할 근거를 제시할 수 없다. 국제자유도시라는 개념은 근본적으로 사람, 상품, 자본의 법제적 이동장벽을 제거해 달라는 법제 개정 요구이기 때문이다. 쉽게 말해서 법만 고쳐주면, 시장과 경쟁의 원리에 따라 스스로 문제를 해결하겠다는 주장이 국제자유도시론인 것이다.

세계화의 차별적 효과로 어려움을 겪고 있는 비교열위산업지역에는, 앞에서 설명한 것과 같이 무역조정지원이라는 관점에서 오히려 중앙정부 재정지원 확대가 이루어져야 한다는 점에 비추어 보면, 제주국제자유도시론의 이러한 문제점은 치명적인 결함이다.

둘째, 사람, 상품, 자본의 법제적 이동장벽을 제거하여 국제자유도시가 되면, 제주는 시장과 경쟁의 원리에 따라 발전을 이룩할 수 있을지도 모른다는 기대는 너무 비현실적이다.

제주의 경쟁력 조건에 대한 엄격한 검토도 없이 웬일인지 이런 기대가 국제자유도시론자들 사이에 당연한 것처럼 퍼져 있다. 홍콩, 싱가포르에 대한 막연한 비교, 60~70년대 제주국제자유항 등의 논의 기억 등이 그런 기대를 갖게 한 것으로 생각되지만, 이론적으로 보면 이러한 기대는 단 한 가지 논리 위에 구축되어 있는 것으로 이해할 수 있다. 그것은 바로 제주에 대한 대외개방의 독점적 지위 부여다.

우리나라 전체가 폐쇄되어 있고 제주만 대외개방된다면, 지역주민이나 국가경제 전체에 어떤 결과가 초래될 것인지는 별론으로 하고, 제주라는 지역적 공간의 성장이 이루어질 수도 있다는 점은 인정하기로 하겠다. 북한처럼 전체가 폐쇄되어 있는 상황에서 신의주만이 경제특구로 대외개방된다면, 적어도 신의주라는 지역적 공간의 성장 가능성을 인정할 수 있는 것과 같은 논리이다.

그러나 북한이 아닌 우리나라의 현재 상황에서 이것은 시대착오적인 발상이다. 우리나라와 중국 등이 비교적 폐쇄된 체제였던 60~70년대라면 생각해 볼 만도 한 일이었을 것이다. 하지만 지금은 우리나라 자체가 대폭 대외개방되어 있고, 중국 자체도 대외개방되어 있는 상태이다. 이런 상황에서 제주만 대외개방의 독점적 지위를 갖겠다는 것은 이미 불가능한 일인 것이다.

수도권 서부지역, 부산항, 광양만 지역 등을 대상으로 하는 경제특구론이 구체적으로 제기되자 큰 충격을 받고 있는 제주의 현실이 독점적 지위를 기대했던 저간의 사정을 예증하고 있다. 제주국제자유도시론은 매우 시장주의적인 접근법처럼 보이지만, 사실 그 배경에는 보통 지대(rent)라고 부르는 독점적 지위 내지 독점적 이득을 추구하는 대단히 반시장주의적인 사고방식이 흐르고 있는 것이다.

국제자유도시론과 이론적 관련이 없음에도 불구하고, 제주국제자유도시특별법에 규정된 내국인 면세점, 골프장 세금감면제도 등에서도 그런 지대추구적 사고방식이 나타난다. 예를 들어 내국인 면세점이나 골프장 세금감면제도가 제주에 한해서 인정되는 것이 아니라, 전국적으로 동일하게 인정되는 것이었어도 제주가 그토록 이런 제도에 집착했을까.

아직도 논쟁적이며 유보적인 상태로 남아 있는 문제가 외국인학교의 내국인 입학자격 완화 내지 철폐, 외국대학에 대한 영리적 특혜 부여 여부다. 다른 문제점들은 별론으로 하고, 어쨌든 이런 제도들도 제주지역에 한정해서 인정되는 것이 아니라 전국적으로 동일하게 인정되는 것이라고 한다면, 제주에서 이를 주장하는 목소리는 일거에 잦아들 것이라고 생각한다.

여기에서 이런 지대추구적 사고방식을 전적으로 부정하는, 어쩌면 매우 도덕주의적인 입장을 제시하고 싶은 것은 아니다. 지역이익이라는 특수이익을 위해서 그런 정책을 주장하는 것도 경우에 따라서 필요할 수 있을 것이다.

그러나, 문제는 설령 어떤 독점적 지위 내지 독점적 이득이 일단 부여되었다고 하더라도, 그러한 지위 내지 이득이 계속 유지될 수 있을 것인가 하는 점이다. 지금과 같은 시장주의적 정책상황 아래에서 이러한 것을 기대하기는 사실 매우 힘들다.

아마도 특별보호가 필요하다는 예외적 상황에 대한 논거가 분명하고 허용대상도 매우 제한적인 범위에 한하는 경우에만 그러한 독점적 지위가 부여될 수 있고, 또 상당 기간 유지될 수 있을 것이다. 폐광지역의 내국인 카지노가 그런 논리에 입각한 전형적인 예라고 할 수 있다.

그러나, 대외개방, 그것도 포괄적인 대외개방의 독점적 지위를 제주지역에 달라고 하는 것은 지금과 같은 세계화, 개방화의 시대에는 이미 불가능한 일이기도 하지만, 또 설령 특정한 부문에 대하여 그러한 지위가 부여되었다고 하더라고 결코 장기간 유지될 수 있는 것이 아니다.

오히려 중앙정부 입장에서는, 부담스러운 대외개방 이슈들을 제주국제자유도시나 경제특구 등을 통하여 기정사실화시키고 점차 전국으로 확산시켜 나가려는 전략적 태도를 취하고 있다고 보는 것이 현실적일 것이다.

국제자유도시의 정책적 의미는 대외개방론이지만, 그것도 매우 특수한 일방적 대외개방론임에 주목할 필요가 있을 것이다. 대외개방론에도 크게 두 가지 방식이 있는데, 하나는 상호적 대외개방론이고 다른 하나는 일방적 대외개방론이다.

상호적 대외개방론은 개방당사국들 사이에서 우리는 이 정도 개방할 테니 그쪽은 이 정도 개방하라고, 서로 상호적 입장에서 대외개방을 하려는 입장이다. 무역자유화 협상과 같은 개방협상의 현실은 이런 상호적 대외개방론에 입각하고 있다.

일방적 대외개방론은 상대국들의 개방 여하에는 상관없이 우리만 일방적으로 대외개방을 하려는 입장이다. 문제는 일방적 대외개방론의 근거다. 리카도적인 윈-윈 효과는 상호적 대외개방론의 경우만을 설명할 수 있기 때문이다.

일방적 대외개방론의 근거는 매우 논쟁적인 상태이지만, 해외경쟁력 도입을 통한 생산성 향상을 근거로 드는 것이 보통이다. 쉽게 말해서, 경쟁의 격화를 통해서 경쟁력을 향상시키겠다는 논리인 것이다.

그러나 이러한 논리가 무역자유화 내지 세계화의 차별적 효과 때문에 어려움을 겪고 있는 비교열위산업지역의 발전전략으로 타당한 것인지는 매우 의심스럽다. 특히 비교경쟁력이 취약한 주민적 입장에서는 너무나 위험한 발상법이다. 그나마 유지되고 있던 주민적 기업들을 무너뜨릴 가능성이 너무 큰 것이다.

경쟁에서 탈락하는 주민들은 어디로 가야할 것인가. 늘어난 노동력으로 말미암아 노동시장에서의 경쟁마저 더욱 격화하게 될 것이고, 노동시장의 경쟁격화는 궁극적으로 임금 등 근로조건을 악화시키게 될 것이다.

어떻게 취약한 비교경쟁력으로 고통받고 있는 지역에서 이런 정책방향을 취할 수 있는지 납득할 수가 없다. 중앙정부가 전국적 수준에서 이런 정책을 추진하고 있다고 하더라도 지방정부는 오히려 주민적 입장에서 그러한 정책방향을 견제하고, 보완책을 마련하려고 노력하는 것이 당연한 사리인데, 이건 입장이 완전히 뒤집어져 있는 것이다.

다시 한번 강조하지만, 세계화, 개방화의 시대, 제주지역과 같은 곳에서 지방정부가 취해야 하는 올바른 정책적 방향은, 대외적인 측면에서는 무역조정지원적 관점에서 중앙정부의 지원을 요구하며 개방의 충격을 완화하는 한편, 대내적인 측면에서는 궁극적으로 주민적 경쟁력을 높일 수 있는 방안을 구체화하며 새로운 기회를 모색하는 것이다.

필요하다면 해외경쟁력을 도입하는 것도 고려해 볼 수는 있는 일일 것이다. 그러나 그것은 국제자유도시와 같은 포괄적 도입방식이어서는 안 되고, 주민적 경쟁력을 강화시키기 위한 보완책의 범위에서 논의되는 수준이라야 할 것이다. 주민적 이니셔티브를 잃지 않아야 한다는 뜻이다.

제주국제자유도시론을 주장하고 실제로 추진한 제주지역의 정책담당

자들이 일방적 대외개방론에 입각하여 그러한 정책을 추진한 것이라고 믿어지지는 않는다. 제주국제자유도시 기본계획과 특별법의 구체적 내용들도 국제자유도시라는 명칭과는 상당히 어긋나 있다.

자유무역지역을 제외한 7대 선도프로젝트의 내용, 내국인 면세점과 골프장 세금감면제도, 투자진흥지구제도 등등, 제주국제자유도시의 핵심내용들은 사실 국제자유도시와는 상관이 없는 것들이다.

굳이 일방적 대외개방이라는 국제자유도시 개념과 연관되는 내용을 들자면, 무비자입국 확대, 외국인학교 내지 외국대학 특혜 부여, 제주공항 자유무역지역 정도에 그치고 있다. 이 경우에도 그 내용은 매우 형식적이거나, 비현실적인 것으로 되어 있다.

그래서 제주국제자유도시론은 일방적 대외개방론이 아니라는 주장도 성립할 수 있는 것이다. 이것은 매우 역설적인 논리다. 국제자유도시라는 개념은 일방적 대외개방론이지만, 제주국제자유도시는 일방적 대외개방론이 아니라는 것이기 때문이다.

문제상황을 솔직하게 정리할 필요가 있을 것이다. 국제자유도시라는 명칭과 제주국제자유도시 기본계획 및 특별법의 구체적 내용이 어긋나 있다는 것 자체는, 제주국제자유도시라는 문제설정이 잘못되어 있다는 것을 보여주는 가장 직접적인 증거다.

명칭과 내용의 이러한 불일치가 정책의 지향점 자체를 혼란스럽게 만들고 있다는 점도 우려되는 대목이다. 지금 제주의 정책 현장에서 이 혼란은 극에 달한 것으로 보인다. 그저 지역발전을 위한 것이라는 이름만 붙으면, 어떤 방향, 어떤 내용의 정책이라도 모두 제주국제자유도시를 위한 것이라고 주장되고 있는 것이다.

국제자유도시라는 개념이 포기되었더라면 좋았겠지만, 어쨌든 제주국제주유도시특별법이 제정된 이상, 그 내용 전체를 어떻게 이해하여 앞으로의 전개방향을 설정해야 할 것인지, 사실 난감한 상황이다.

어쨌든 지금 시점에서 논의는, 수도권 서부지역, 부산항, 광양만 등을 대상으로 하는 경제특구론이 가시화된 상황 등을 고려할 때, 이미 제주국제자유도시론의 정책적 의미는 형해화되어 버렸다는 사실을 솔직하게 인정하는 것에서 출발하여야 할 것으로 생각한다.

국제자유도시라는 일방적 대외개방론적 개념에 연연하지 않으면, 제주국제자유도시론을 제주경제특구론이라는 관점에서 이해하는 것도 가능해질 것이다. 60~70년대부터 제주와 연관하여 제기되었던 국제자유도시라는 개념을, 제주경제특구의 설치근거를 제시하기 위하여, 말하자면 방편으로 이용했다는 인식만 명확히 하면 되는 것이다.

제주국제자유도시론을 국제자유도시론으로 이해하는가, 경제특구론으로 이해하는가 하는 점은 정책의 기본방향 설정상 대단히 중요한 차이점을 가져온다. 경제특구론은 일방적 대외개방으로 정책방향이 한정되는 의미를 지니지 않을 뿐 아니라, 중앙정부의 행·재정적 지원의 근거로도 기능할 수 있기 때문이다.

지금으로서는 이런 방향으로의 인식을 분명히 하고, 무역조정지원과 경쟁력정책의 관점에 서서 그 구체적 방안들을 모색해 나가는 것이 어쩌면 유일하고도 시급한 대안으로 생각된다.

제주국제자유도시론이 지역내에서 논의되어 온 과정이나, 현재의 제주국제자유도시 기본계획 및 특별법의 내용을 종합적으로 평가하면, 제주국제자유도시론은 그 명칭과는 달리, 사실 일방적 대외개방론이라기보다는 특히 외국인투자를 중심으로 하는 민자유치론으로서 의도된 것이라고 말할 수도 있다.

그러나 설령 그렇다고 하더라도, 내걸어진 국제자유도시 개념은 잘못된 것으로 지역주민의 입장에서 볼 때 너무 위험하고, 또 민자유치전략의 포괄적 구조에서 볼 때도 너무 일면적인 것이다. 국제자유도시라는 개념이 살아 있는 한, 개념 설정의 잘못에서 유래하는 갈등은 앞으로도 계속될 수밖에 없을 것이다.

민자유치전략의 포괄적 구조에서 볼 때, 제주국제자유도시론은 우선 제도적 개선측면에 주목한 것이라고 말할 수 있다. 그것도 대외개방론과 내부개혁론의 두 가지 제도개선론 중에서 대외개방론 쪽에 치우쳐진 방향이다.

민자유치 문제는 사실 제도개선론을 넘어 더욱 포괄적인 정치경제적 구조 속에서 파악되지 않으면 안 되는 것이다. 논의의 출발점은 외국인투자자이든 내국인투자자이든, 민간투자자는 기본적으로 수익성을 좇아 움직인다는 사실이다. 제도적 비용을 줄여주는 것도 크게 보면 민간투자자의 수익성을 높여주는 방법 중의 하나에 불과한 것이다.

그러나 결정적인 것은 어느 한 부분만이 아니라 종합적인 측면에서의 수익성이다. 민간투자자는 예를 들면, 양질의 값싼 노동력이 있는지, 지가는 어떤 수준인지, 기술접근성은 어떠한지, 유통비가 많이 들지는 않는지, 시장접근성은 어떠한지, 규제 코스트가 높지는 않은지 등등, 수많은 요소들을 종합적으로 계산하여 투자를 결정하는 것이다.

이러한 다양한 요소들 중, 지역의 입장에서 보면, 고칠 수 있는 것도 있고, 고칠 수 없는 것도 있으며, 먼저 고쳐야 하는 것도 있고, 나중에 고쳐야 하는 것도 있다. 고치는 것이 바람직한 것도 있고 바람직하지 않은 것도 있다.

효과적인 민자유치전략이 되려면, 이러한 다양한 요소들을 지역실정에 맞게 전체적으로 디자인(design)한 것이라야 하는 것이다. 외국인 투자자를 타겟으로 삼아야 하는지, 내국인 투자자를 타겟으로 삼아야 하는지, 대형 투자자를 타겟으로 삼아야 하는지, 중소형 투자자를 타겟으로 삼아야 하는지, 각각에 따른 민자유치 활동은 어떻게 구성해야 하는지, 이런 요소들도 종합적으로 고려해야 한다.

민자유치는 대형사업 중심으로 외부자본이 유치되어야 하는 것이라는 편견을 불식하는 것도 시급한 일이다. 경제적 의미에서 중요한 것은 외부자본이냐 내부자본이냐, 대형사업이냐 소형사업이냐 하는 것이 아니라 민간투자가 활성화되는 것, 그 자체이기 때문이다.

어떻게 하면 민간투자가 활성화될 수 있을 것인가. 제주국제자유도시론은 민자유치론으로 이해한다 하여도, 그것은 대형사업 중심의 외부자본 유치를 염두에 두고 있는 것이지만, 현재와 같이 몇몇 제도적 인센티브를 부여하는 방식으로는 민자유치가 획기적으로 이루어질 것으로 기대하기 어렵다.

부수적으로 발생할 사회경제적 문제점들을 별론으로 하면, 어쨌든 제주국제자유도시특별법에서 제주에 한하여 독과점적 이득을 부여하고 있는 부분, 즉 내국인면세점이나 골프장 세금감면제도 등과 관련해서 어느 정도 투자가 활성화될 수는 있을 것이다. 물론 이러한 독과점적 특혜가 과연 계속 유지될 수 있을 것인가는 문제로 남는다.

올바른 방향은 제주지역의 전체적 경쟁력에 관심을 가지고 지역경쟁력 제고정책을 취하는 것이다. 제주가 전체적으로 경쟁력을 가질 때, 민간자본도 스스로의 수익성을 추구하며 유입되거나 동원되게 되는 것이다. 민자유치론이라는 시각에서도 국제자유도시론이라는 문제설정에서 경쟁력정책이라는 문제설정으로 전환해야 할 필요성이 대두되는 것이다.

4. 제주의 경쟁력정책은 어떠한 방향을 취해야 할 것인가

경쟁력정책은 오늘날 지배적인 시장주의적 발전정책의 기본방향이다. 세계화 내지 무역자유화의 차별적 효과로 말미암아 어려움을 겪고 있는 비교열위산업지역의 경우에는 경쟁력정책의 필요성이 더욱 크다고 할 수 있다.

경쟁력정책은 우선, 정부가 특정산업을 보호·육성하는 이른바 산업정책(industrial policy)을 부정하는 의미를 지니는 것이라는 점에 주목할 필요가 있다. 계획주의적 발전정책의 시대에 산업정책은 발전정책의 기본방향이었다.

계획주의적 발전정책의 시대에 발전이론을 선도하고 있었던, 이른바 불균형성장이론을 보면 산업정책적 발전정책의 의미를 쉽게 이해할 수 있다. 불균형성장이론은 정부가 산업연관효과 내지 파급효과가 큰 산업부문을 집중적으로 보호, 육성함으로써 전체 경제의 성장을 도모할 수 있다고 보는 이론이다. 아시다시피, 이 이론은 60~70년대 우리나라 경제개발과정에서 발전정책의 기본전략으로 채택되었다.

균형발전이 타당한가 불균형발전이 타당한가 하는 점도 매우 논쟁적이었던 문제이다. 그러나 여기에서는 이런 점을 문제삼는 것이 아니다. 여기에서 문제삼는 것은, 정부, 즉 행정이 직·간접적으로 특정산업을 보호, 육성하는 것이 타당한가 하는 점이다.

오늘날 지배적인 시장주의적 경제정책관은 바로 이런 정부 개입을 부정하는 것이다. 정부의 개입은 시장을 왜곡시키고, 정부 자체를 부패시켜서 전체 경제적으로 비효율적인 결과를 낳게 된다는 것이다. 이른바 정부의 실패가 나타난다는 것이다.

정부실패론은 특히 사회주의국가가 붕괴된 이후, 범세계적으로 지배적인 정책이론으로 자리잡았다. 그럼에도 불구하고 우리나라, 특히 제주지역의 경우에는 아직도 정부주도형의 계획주의적 발전정책관, 산업정책적 발전정책관이 불식되지 못하고 있다.

왜 이런 일이 일어나고 있는 것일까. 산업정책적 요구 내지 산업정책적 발전정책관이 사회적으로 강고하게 남아있게 되는 정치경제학적 원인에 대해서는 이미 많은 연구들이 행해져 있다. 한마디로 말해서, 그것은 그러한 정책으로 이득을 누리게 되는 세력들의 정치적 압력이 강하기 때문이라는 것이다.

그러나 세계화 내지 무역자유화의 차별적 효과 때문에 충격을 받고 있는 제주지역 실정에서 이러한 일반적 논리를 과장되게 부각시키고 싶지는 않다. 현재와 같은 상황에서 지역산업의 보호·육성을 요구하는 것은 무역자유화의 차별적 효과로 말미암은 충격을 완화해 달라는 의미를 지닌 것으로 이해할 수 있고, 또 그러한 성격의 요구는 앞에서 설명한 무역조정지원적 관점에서 정당화될 수 있을 것으로 보이기 때문이다.

하지만, 분명한 것은 이제 정부지원을 통한 지역산업의 보호·육성이 제주의 미래를 담보하는 대안이 될 수 없다는 것이다. 세계화, 개방화로 시장의 조건이 달라졌고, 정부가 지향하는 정책방향과 정부가 동원할 수 있는 정책수단이 달라졌다는 것을 인정해야 하는 것이다.

한 가지 문제를 언급해 두는 것이 좋을 것으로 보인다. 그것은, 60~70년대 우리나라가 이룩한 경제적 성공을 보면, 계획주의적 발전정책 내지 산업정책적 발전정책도 타당한 것이 아니냐는 의문이다. 어쩌면 60~70년대를 경험한 많은 사람들에게는 정서적으로 극복하기 힘든 문제라고 할 수도 있을 것이다.

하버드대학의 폴 크루그만(Paul Krugman)은 이 문제에 대하여 '아시아 기적의 신화'(Myth of Asia's Miracle)라는 1994년 논문에서 다음과 같이 대답하고 있다. 특히 아시아 외환위기 이후, 이 논문이 얼마나 유명해졌는지는 설명할 필요가 없을 것이다.

그는 이 논문에서 아시아국가들의 정부주도형 경제성장을 사회주의국가들이 초기에 이룩한 경제성장과 비교하면서, 그러한 성장은 여태까지 이용되지 못하고 남아 있던 자원들의 단순한 동원에 성공한 것일 뿐이라고 지적하고 있다. 그러므로 동아시아국가들이 이룩한 정부주도형 경제성장도, 그러한 자원동원이 일정 수준에 이른 뒤에는 사회주의국가들과 마찬가지로 한계에 부딪히게 될 것이라는 것이다.

그리고 그가 이 논문에서 실제로 암시하고 있는 것은, 동아시아국가들이 이미 그러한 한계에 도달했다는 것이다. 바로 이 때문에 이 논문이 아시아 외환위기 당시, 마치 이러한 경제위기를 예견한 것과도 같이 받아들여지면서 명성을 얻게 되었던 것이다.

특정산업에 대한 정부의 보호, 지원을 의미하는 산업정책을 부정하는 경쟁력정책은 경쟁적 시장의 문제해결 능력에 대한 신뢰에 기초하고 있는 것이다. 그러므로 경쟁력정책은 우선 경쟁적인 시장의 구조와 그러한 구조 속에서의 공정한 경쟁활동을 전제로 한다.

이 글의 첫머리에서 제기한 것처럼, 사실 시장주의적 시각 속에서는 발전의 개념이 시장의 직접적 목적으로 제시되지 않는다. 시장의 결과 발전이 이루어진다 하더라도 그것은 별개의 문제다. 오히려 정책론적인 측면에서는 시장정책과 발전정책이 서로 대립적으로 이해되는 것이 일반적이다.

그래서 시장주의적 경제정책은 발전 개념에 얽매임 없이, 경쟁적인 시장구조를 유지하고, 그러한 구조 속에서 공정한 경쟁활동을 보장하는 규칙을 시행하는 것으로 그 역할을 한정한다. 이러한 경제정책을 특히 산업정책과 대비되는 의미에서 보통 '질서정책' 이라고 부른다.

질서정책이라 함은, 자유롭고 공정한 시장과 경쟁의 질서 확립 그 자체가 경제정책의 목표며 내용이라는 뜻이다. 어떠한 산업이 어떠한 형태로 전개될 것인가 하는 등, 경제활동의 실질적 내용은 정부가 개입할 문제가 아니다. 그러한 실질적 내용은 시장기능에 맡겨져야 한다는 것이다.

경제정책의 현실은 산업정책과 질서정책이 얽혀 있는 상태이지만, 질서정책은 오늘날 경제정책의 중심 지향점으로서 기능하고 있다. 우리나라의 공정거래위원회와 같은 경쟁질서 전담부서의 정책적 위상이 크게 높아지고 있는 것은 이런 흐름이 반영된 것이다.

그러나 질서정책은 공정한 경쟁질서를 유지하는 데 그치고, 내용적인 면에서는 시장기능의 결과를 기다릴 뿐이라는 점에서 소극적 성격을 지니는 정책이라고 할 수 있다. 발전이라는 적극적 목표를 인정하는 한에 있어서는 질서정책만으로는 부족하고 거기에 어떤 적극적 요소가 부가되어야 할 필요성이 의식되지 않을 수 없는 것이다.

경쟁력정책의 정책론적 위치는 바로 여기에 있다. 원래 시장과 경쟁이 효율적 결과를 가져오는 메커니즘은, 시장과 경쟁이 개별적인 경제주체들의 효율화 노력을 증대시키고, 이러한 노력 증대에 따라 궁극적으로는 효율적인 결과가 초래된다는 것이다. 말하자면 시장과 경쟁이 개별 경제주체들의 경쟁력 향상 노력을 초래하고 이에 따라 효율적인 결과가 발생한다는 것이다.

시장과 경쟁의 메커니즘이 이런 것이라면, 시장기능의 결과를 소극적으로 기다릴 것이 아니라, 시장과 경쟁이 효율적 결과를 가져오게 하는 중간 연결고리인 개별 경제주체들의 경쟁력 향상 노력을 정부가 지원함으로써 더욱 발전적인 결과를 가져올 수 있다는 시각이 성립될 수 있는 것이다. 경쟁력정책은 바로 이 점에 착안한 것이다.

시장과 경쟁이 경제주체들의 효율화 내지 경쟁력 향상 노력을 증대시키는 방식은 사실 매우 냉혹한 것이다. 효율화 노력에 실패한 자들을 탈락시킴으로써 그러한 노력을 강제하는 것이기 때문이다. 시장과 경쟁을 경제의 기본축으로 삼는 한, 이러한 냉혹한 메커니즘을 근본적으로 불식시킬 수는 없다. 그러므로 경쟁에서 탈락하는 자들에 대한 보호와 배려의 문제는 결코 회피할 수 없는 정책과제로 계속 남아 있게 될 것이다.

다만, 경쟁에서 탈락하는 자들에 대한 보호는, 그들을 사후적으로 보호하는 소극적 정책보다 그들의 경쟁력 향상 노력을 지원하는 적극적 정책이 더욱 효과적일 수 있다는 점을 인식할 필요가 있다. 경쟁력정책은 이런 관점에서도 정당화될 수 있는 것이다.

특히 개방과 경쟁의 시대에 비교경쟁력의 취약성으로 말미암아 어려움을 겪고 있는 제주지역과 같은 곳에서는, 이상과 같은 관점에서 경쟁력정책의 필요성이 더욱 크다고 할 수 있다. 무역조정지원과 같은 사후적, 소극적 방향보다는 경쟁력정책이라는 미래적, 적극적 방향이 더욱 요청되는 것이다.

개별 경제주체들의 경쟁력 향상 문제에 있어서 경제주체 스스로의 의지와 노력이 중요하다는 점은 아무리 강조해도 지나치지 않을 것이다. 그러나 그것으로 모든 것이 충족되는 것은 아니다. 개인이든 기업이든 정부든, 개별 경제주체들은 자신들이 통제할 수 없는 외부적 환경 속에서 경제활동을 하는 것이고, 그들의 경쟁력은 자신의 의지와 노력만이 아니라 그런 외부적 환경과 통합되어 결정되는 것이기 때문이다.

　개별 경제주체들의 경쟁력에 영향을 미치는 외부적 환경은, 말하자면 공공재적 성격을 지니는 것이다. 그러므로 개별 경제주체들의 경쟁력 향상 노력에 대한 정부의 지원은 그들에 대한 개별적이고 직접적인 지원만을 말하는 것이 아니다. 오히려 더욱 중요한 것은 공공재적 성격을 지니는 외부적 환경을 개선하는 것이라고 말할 수 있다.

　이런 점에서 경쟁력정책은 경쟁력을 구성하는 다양한 요소들을 전체적, 종합적으로 파악하는 바탕 위에서 개선책을 제시하는 방향을 취하게 된다. 시스템 경쟁력, 국가경쟁력, 지역경쟁력과 같은 사회 전체적 경쟁력 개념이 제시되는 이유는 여기에 있다.

　경쟁력 개념을 이렇게 포괄적인 것으로 설정할 때, 그 개념이 매우 복잡하고 혼란스러워지는 것은 피할 수 없다. 경쟁력을 구성하는 요소들이 너무 광범위해지는 것이다. 그러나 경쟁력 개념이 복잡하다고 해서 바로 경쟁력정책이 잘못된 것이라고 말할 수는 없다. 중요한 것은 개념의 단순성 여부가 아니라 정책의 방향이기 때문이다.

　그러나 경쟁력 개념의 복잡성이 문제를 전혀 일으키지 않는 것은 아니다. 경쟁력정책의 구체적 내용을 설정하려 할 때, 이 복잡성이 정치적으로 악용되면 문제는 더욱 커진다.

　사실 경쟁력정책의 최대 논쟁점은 경쟁력정책이라는 방향 자체가 옳으냐 그르냐 하는 점이 아니라, 경쟁력을 향상시키기 위하여 어느 부문이 개선되어야 하느냐 하는 점에 있다. 경쟁력정책은 기본적으로 개혁정책이기 때문에 개혁의 부담을 누가 질 것인가에 대하여 힘 겨루기가 행해지는 것이다.

　이러한 힘 겨루기는 경쟁력정책상 경쟁력의 구성요소를 어떻게 파악할 것인가 하는 문제로 나타나게 된다. 경쟁력 개념이 원래 경영학에서 출발한 것이기 때문에 경쟁력정책은 사업자 위주로 반노동적, 반환경적 방향으로 전개되는 일도 많지만, 이것이 경쟁력정책의 본질은 아니다. 경쟁력 개념은 더욱 포괄적이고 전체적인 관점에서 공정하게 정립되어야 하는 것이다.

한마디로, 경쟁력정책상 논의의 초점은 경쟁력의 개념에 있는 것이 아니라, 경쟁력의 구성요소를 어떻게 파악할 것인가 하는 점에 있다고 할 수 있다. 다양한 경쟁력 요소들을 체계화시켜서 종합적으로 파악하는 유형적 인식이 긴요한데, 아직 일반적으로 수긍되는 유형화방식은 정립되지 못하고 있다.

다만, 경쟁력정책에 관한 여러 논의들을 참고하면, 인적·지적 경쟁력 요소, 제도적·행정적 경쟁력 요소, 사회적·문화적 경쟁력 요소, 기타 일반경제적 경쟁력 요소 등으로 유형화하는 것이 비교적 일반적이며, 또 내용상으로도 타당한 것으로 생각된다.

이런 입장에 서면, 경쟁력정책은 개별 경제주체들의 경쟁력에 영향을 미치는 인적·지적 경쟁력 요소, 제도적·행정적 경쟁력 요소, 사회적·문화적 경쟁력 요소, 기타 일반경제적 경쟁력 요소들을 어떻게 개선시킬 것인가를 문제삼는 정책이라고 말할 수 있다.

이론적인 측면에서 한 가지 문제를 언급해 둘 필요성이 있어 보인다. 경쟁력정책의 대표적 이론가로는 하바드대학의 경영학자 마이클 포터(Michael Porter)가 잘 알려져 있다. 그는 기업차원의 문제로 논의되던 경쟁력 개념을 산업차원으로 확대시켜서, 생산요소 조건, 수요조건, 경쟁양상, 관련산업 조건을 경쟁력의 구성요소로 하는, 이른바 다이아몬드모델을 제시하였다. 경쟁력정책은 이러한 마이클 포터 식의 사고방식을 지역,

국가 차원으로 더욱 일반화한 것이다.

그러나 경쟁력 개념을 강조하는 경영학자들과는 달리, 엄격하게 경제학적 입장을 고수하는 경제학자들은 경쟁력 개념을 지역, 국가 차원으로 일반화하는 것에 반대하면서, 오히려 생산성이라는 개념을 강조하는 경향이 있다. 국가경쟁력이론을 비판하는 폴 크루그만(Paul Krugman)이 그런 대표적인 경제학자다.

경쟁력이라는 개념이 적합한지 생산성이라는 개념이 적합한지, 이론적인 측면에서는 충분히 논의해 볼 만한 문제라고 생각된다. 그러나 정책적인 측면에서는 이러한 논쟁이 결정적인 중요성을 지니는 것으로 생각되지 않는다.

생산성이라는 개념도 총생산요소 생산성(total factor productivity)이라는 개념에 이르면 복잡한 성격이 다르지 않고, 또 정책적 맥락에서는 생산성 그 자체가 문제되는 것이 아니라, 생산성을 높이기 위하여 개선해야 하는 다양한 구성요소들이 문제되기 때문이다. 이것은 경쟁력의 구성요소와 크게 다르지 않은 것이다.

이런 이유 때문에, 생산성이라는 개념보다는 일반에 더욱 쉽게 전달되는 경쟁력이라는 개념을 취하면서, 그 내용은 총생산요소 생산성 개념을 중심으로 구성하는 것이 오늘날 경쟁력정책상 경쟁력 개념의 일반적 동향이라고 말할 수 있다.

지역수준에서 경쟁력정책의 핵심은, 인적·지적 경쟁력 요소, 제도적·행정적 경쟁력 요소, 사회적·문화적 경쟁력 요소, 기타 일반경제적 경쟁력 요소 등의 경쟁력 구성요소를 지역실정에 맞게 어떻게 종합적으로 개선해 나갈 것인가 하는 점에 있다고 할 수 있다. 어떤 것이 우선적으로 개선가능한지, 어떤 것에 중점을 두는 것이 현실적인지, 종합적인 관점에서 분석하고 대안을 제시해야 하는 것이다.

우선은 그런 다양한 요소들의 현황을 비교지역적, 시계열적 관점에서 파악하는 것이 중요하다. 물론, 제주의 엄격한 경쟁력 현황 분석을 전제하지 않고도, 정책현장에서 각각의 경쟁력 구성요소들에 대한 개선책을 제시할 수도 있고, 또 그런 개선책들이 나름대로 유용한 기능을 발휘할 수도 있을 것이다. 중요한 것은 경쟁력 향상이라는 방향 자체이기 때문이다. 그렇더라도 역시, 어디에 우선순위를 두고 어디에 중점을 둘 것인가 하는 것을 결정하기 위해서는 현황 파악이 전제되어야 한다.

제주지역 경쟁력의 현황이라는 문제에 대하여, 주어진 여건상 제주는 경쟁력이 취약할 수밖에 없다고 지레 짐작하는 것도 경계하여야 할 것이다. 60~70년대의 개발연대를 거치면서 지금 이만한 경제수준에 도달할 수 있었다면, 제주 역시도 그 당시에는 나름대로 경쟁력을 지니고 있었던 것이다.

그러므로 과거 제주는 어떠한 측면에서 경쟁력을 지녔지만, 세계화, 개방화의 새로운 시대적 흐름 속에서 경쟁력 상황에 어떠한 변동이 생겼으며, 앞으로는 어떠한 방향으로 경쟁력을 높여나가야 할 것인가 하는 관점의 문제의식이 올바르다고 할 수 있다.

우선 눈에 띄는 것이, 지금까지 제주의 경쟁력은 주로 온화한 기후, 아름다운 경관과 같은 천연적 자산에 기초하고 있었다는 점이다. 제주의 감귤산업과 관광산업은 여태까지 주로 그러한 천연자산에 기초하여 경쟁력을 유지하고 있었던 것이다.

이러한 자산은 국내시장이 보호되고 있던 시대에 나름대로 의미를 가질 수 있었던 것이다. 그러나 세계화, 개방화시대에 이러한 자산의 비교우위성은 크게 약화되고 말았다. 이것만으로는 제주의 경쟁력을 유지시켜

나갈 수 없게 된 것이다.

제주의 여러 조건을 고려해 볼 때, 지정학적 위치나 환경과 같은 천연적 자산은 앞으로도 계속 제주의 경쟁력에서 주요부분으로 기능하게 될 것이다. 거꾸로 생각해서, 만일 이러한 자산마저 상실하게 된다면 제주의 경쟁력은 어디에서 찾을 수 있을 것인지 우려된다는 말이다. 그러나 지금은 이것만으로 부족하기 때문에, 이제 다른 방향에서 제주의 경쟁력을 보완해야 할 필요성은 시급한 것이다.

제주 경쟁력정책의 구체적 내용과 관련하여 여러 가지 아이디어들이 있을 수 있다. 그러나 그런 단편적인 아이디어들을 여기에서 늘어놓는 것은 적절하지 않은 것으로 생각된다. 제주의 경쟁력 현황에 대한 분석과 구체적 대안들에 대한 체계적 이해 및 우선순위 결정이 선행되어야 하기 때문이다.

관점만 바르게 서면, 구체적인 대안은 얼마든지 제시될 수 있다는 점도 주목하여야 한다. 중요한 것은 경쟁력정책이라는 방향 그 자체인 것이다. 어쩌면, 개별 경제주체들, 궁극적으로는 지역주민들에게 경쟁력의식을 자각시켜주는 것만으로도 상황을 상당히 호전시킬 수 있을 것이다.

기본적 관점이라는 측면에 주목할 때, 경쟁력 개념은 구성요소의 문제 이외에도 내용과 방향과 관련된 문제를 내포하고 있다는 점을 지적하지 않을 수 없다. 국가경쟁력 순위를 해마다 발표하여 명성을 떨치고 있는 국제경영개발원(IMD)은 이 문제와 관련하여 몇 가지 대비항목을 제시하고 있다.

가장 중요한 것은, 매력(attractiveness) 대 공격력(aggressiveness)의 대비이다. 매력은 주로 투자유치 경쟁력이 강한 것을 의미하는 것이고, 공격력은 외부시장에서의 상품경쟁력이 강한 것을 의미하는 것이다.

투자유치 경쟁이 치열한 최근에는, 이 중에서 매력이라는 관점에서의 경쟁력 강화에 중점을 두는 경향이 널리 발견되고 있다. 물론 이러한 측면의 경쟁력 강화도 필요하지만, 너무 이런 쪽으로만 문제를 설정하는 것은 세계화, 개방화 시대의 이점을 제대로 파악하지 못하는 것이다.

세계화, 개방화 시대는 우리만이 아니라 상대방 시장도 개방된다는 의미를 지니고 있는 것이고, 이런 측면에서 외부시장에서의 제주상품의 경쟁력을 향상시켜나가는 방법도 동시에 모색되어야 하는 것이다.

현실성 있는 대안을 모색하는 것이 중요한데, 너무 과장되게 목표를 설정하지 말고, 우리의 역량에 알맞는 틈새시장을 지역적, 상품적으로 기민하게 파악해 나가는 정책이 필요하다고 할 수 있을 것이다. 지역적으로 역시 주된 관심은 일본, 중국 등 동아시아 시장에 놓여질 수밖에 없을 것이다.

다음은 자산(assets) 대 과정(process)의 대비이다. 자산이 많은 나라가 경쟁력이 강할 것은 당연하다. 그러나 자산이 없으면서도 경쟁력이 강한 나라들이 있다는 점을 고려한다면, 경쟁력이 반드시 자산에만 근거하는 것이 아니라는 점을 알 수 있다. 거기에서 대두되는 것이 과정 경쟁력 개념이다.

오늘날은 바로 이런 과정 경쟁력이 핵심적 문제로 대두되어 있다. 제주의 경우에도 천연자원, 환경, 인적 자원 등과 같은 자산 경쟁력을 유지, 강화해 나가면서도, 과정 경쟁력을 높일 수 있는 방안을 마련해 나가는 것이 무엇보다 필요하다.

과정 경쟁력의 구성요소 역시 매우 복잡한 것이지만, 정책적 의미에서는 우선 행·재정적 제도나 기업 등 조직 내부구조상의 비효율적 요소들을 개혁해 나가는 것이 중요할 것이다. 고통이 따르는 문제이지만, 지금과 같은 시대에 이를 피해서는 경쟁력을 높이는 것도 불가능하고, 또 발전을 모색하는 것도 불가능하다.

셋째는 개인적 위험부담 대 사회적 응집력의 대비이다. 이것은, 사회의 단합된 힘이 아니라 오히려 개개인의 책임을 중시하는 쪽이 전체적인 경쟁력을 향상시킬 수 있다는 개인주의적, 시장주의적 관점과, 사회의 단합된 힘에 경쟁력의 초점을 맞추는 집단주의적 관점의 대비이다.

이러한 대비는, 말하자면 앵글로 색슨적 입장과 동아시아적 입장의 차이라고 말할 수 있을 정도로 문화적 배경과 관련된 문제라고 할 수 있을 것이다. 물론, 일본, 한국 등 동아시아국가들은 전통적으로 사회적 응집력을 배경으로 경쟁력을 향상시켜왔다고 말할 수 있다. 유럽 대륙국가들 역시 앵글로 색슨 국가들과 비교하면 상대적으로 이러한 성향이 강하다.

문제는 시대적 흐름이 점차 앵글로 색슨적인 개인적 위험부담 쪽으로 전환되고 있다는 점이다. 이런 점 때문에 우리나라에서도 현재 상당한 충돌이 발생하고 있는 것이 사실이다. 이 점에 관한 한, 문제의 해결은 쉽지 않다. 그러나 분명한 것은, 이 둘 역시 선택의 문제가 아니라 조정의 문제라는 인식이 긴요하다는 점이다.

여태까지의 우리의 관행으로 볼 때, 사회적 응집력이 과도할 정도로 강조되어 왔기 때문에 오히려 권위적으로 문제가 처리되는 경향도 있었다. 이러한 점을 고려하면, 개인적 위험부담을 강조하는 개인주의적, 시장주의적 개혁은 어느 정도 불가피한 측면이 있다고 하지 않을 수 없다.

그러나 이것이 시대의 흐름이라며 일방적으로 강조되는 것 역시 경계되어야 한다. 앵글로 색슨적 문화전통에서 유래되는 개인주의적 제도들이 우리와 같은 공동체적 문화전통이 강한 곳에서 과연 효과적으로 운영될 수 있는지에 대한 반성적 태도가 전제되어야 하는 것이다.

결국은 모든 대립항목들이 현실에 맞게 조정되어야 하는 문제들이지만, 최근의 지역정책적 상황을 고려해 볼 때, 제주의 경쟁력 정책에서 다시 한 번 주목되어야 할 방향들은, 공격력, 과정 경쟁력, 사회적 응집력이라고 생각된다.

지역산업의 상품이 세계시장에서 경쟁력을 가질 수 있도록 하는 방안, 주어진 자산적 조건 속에서도 제도의 내용과 운용을 효율화시켜 경쟁력을 높일 수 있는 방안, 사회적 갈등을 최소화하고 오히려 단합된 힘으로 경쟁에 대처할 수 있도록 하는 방안, 이런 관점의 정책개발이 시급하다는 것이다.

국제자유도시론과 비교하여 경쟁력정책의 특징을 한마디로 요약하자면, 국제자유도시론은 개방론이지만 경쟁력정책은 개혁론이라는 것이다. 세계화라 부르든, 무역자유화라 부르든, 대외개방의 차별적 효과로 말미암아 어려움을 겪고 있는 제주지역 실정에서, 더구나 지역정책으로 개방론을 주장하는 것은 잘못이다. 국가가 전체적으로 개방론으로 나아가고 있는 현실을 고려하면 더욱 그러하다.

개방이 개혁의 수단이라는 논리를 인정한다고 해도 결론이 달라지는 않는다. 그것은 국가 차원, 말하자면 비교우위산업과 비교열위산업 모두를 포괄하고 있기 때문에 총체적으로 보면 개방으로 이득을 얻을 수 있는, 그런 차원에서 주장될 수 있는 논리이고, 개방으로 손해를 입고 있는 비교열위산업지역에서 주장될 수 있는 논리가 아니기 때문이다. 말하자면, 국가 차원에서는 그런 논리를 주장하고 있더라도 지방 차원에서는 개혁론으로 대응해야 하는 것이다. 그리고 바로 이런 중앙과 지방의 메카니즘 자체를, 개방이 개혁의 수단이라고 말하는 것이다.

오히려 제주국제자유도시론이 내부적인 개혁의 고통을 피하기 위하여,

독점지향적이고, 중앙의존적인 특혜를 얻어 문제를 해결하겠다는 의도에서 제기되었던 것은 아닌지 반성적으로 되돌아볼 필요가 있다. 국제자유도시라는 명칭과는 크게 어긋나 있는, 국제자유도시 기본계획 및 특별법의 내용을 종합적으로 살펴보면 그런 가능성도 충분히 감지된다.

세계화, 개방화의 시대에 그러한 특혜는 이미 비현실적인 것이기도 하지만, 설령 그러한 특혜가 부분적으로 가능하다 하여도 지역주민의 입장에서는 너무 위험한 개념을 내걸었다고 하지 않을 수 없다. 중앙정부의 지원을 얻기 위해서 사용해야 할 논리는, 앞에서 설명한 대로 무역조정지원이라야 하는 것이다.

제주국제자유도시특별법이 입법되어버린 현재의 시점에서, 어쨌든 최소한의 방향은 제주국제자유도시라는 개념을 경쟁력정책의 관점에서 재정립하여 과도한 개방론적 의미를 축소하고 부족한 개혁론적 의미를 보강하는 것이라고 생각한다. 제주국제자유도시 개념은 여전히 혼란스럽고, 수도권 서부지역, 부산항, 광양만 등을 대상으로 하는 경제특구론이 제기되면서 홍콩, 싱가포르형 국제자유도시는 불가능하다는 것이 더욱 분명해졌기 때문에, 그럴 필요성은 더욱 크다고 할 수 있다.

다만 한 가지, 경쟁력의 개념이나 개혁론의 내용이 정치적으로 왜곡되어, 힘있는 자들을 위한 일방적 논리가 되는 것을 경계하여야 한다는 점은 다시 한번 첨언하여 두고 싶다.